小学语文

语文

XIAOXUE YUWEN KEWAI JIAOXUE

ZIYUAN DE KAIFA LIYONG

课外教学资源的

开发利用

范锦飘◎著

东北师范大学出版社

NORTHEAST NORMAL UNIVERSITY PRESS

长春

图书在版编目（CIP）数据

小学语文课外教学资源的开发利用 / 范锦飘著 . —
长春：东北师范大学出版社，2017.4

ISBN 978 - 7 - 5681 - 3016 - 5

Ⅰ . ①小… Ⅱ . ①范… Ⅲ . ①小学语文课—教学研究
Ⅳ . ①G623. 202

中国版本图书馆 CIP 数据核字（2017）第 096296 号

□策划编辑：王春彦　　　　　□封面设计：中联学林
□责任编辑：王春梅　　　　　□内文设计：中联学林
□责任校对：王春彦　　　　　□责任印制：张 允 豪

东北师范大学出版社出版发行
长春市净月开发区金宝街 118 号（邮政编码：130117）
销售热线：0431—84568122
传真：0431—84568122
网址：http：//www. nenup. com
电子函件：sdcbs@ mail. jl. cn
北京天正元印务有限公司印装
2017 年 5 月第 1 版　2017 年 5 月第 1 版第 1 次印刷
幅面尺寸：170mm×240mm　印张：16　字数：270 千

定价：46. 00 元

目　录
CONTENTS

导 论

受苏联影响,新中国成立后中小学课程资源只有单一的学科资源,且课程结构不合理,大多以学术性课程为主,脱离了生活。同时由于对学生要求过于统一,缺乏弹性,导致学生课业负担过重,所学知识与生活实际脱节,不利于学生生动、活泼、主动地发展,很难完成全面提高学生素质、促进学生个性健康发展的艰巨任务。

随着我国新一轮课程改革的不断深入,开发和利用课外教学资源已成为大家的共识。《基础教育课程改革纲要》指出,语文教师要高度重视课程资源的开发和利用,创造性地开展各类活动,增强学生在各种场合学语文、用语文的意识,多方面提高学生的语文素养。可见,重视语文课外教学资源的开发与利用,是语文课程观的更新和完善,也是现代语文教育发展的必然和新世纪语文教学改革的方向。搞好语文课外教学资源的开发与利用,对于全面提高语文教育质量必将产生深远而深刻的影响。长期以来,由于多种原因把教材视为唯一的课程资源,教师们为了单方面提高学生的测试成绩,罗列教材上的知识点,对学生不断重复进行枯燥、烦琐、机械的训练,严重扼杀了小学生的想象力、创造力,导致学生学习兴趣下降,阻碍了小学生语文素质的全面发展。这种观念已不能适应当前语文教育改革与发展的步伐,也不能适应社会的发展,要想全面提高学生的语文能力和综合素质,就必须合理开发利用语文课外教学资源。

学校和教师作为课外教学资源开发的主体,只是了解课外教学资源的含义和种类是远远不够的,还要对课外教学资源开发的价值有深刻的认识,获得科学、主动积极地开发和利用课外教学资源的思想动力。

课外教学资源开发的价值取向首先是学生的发展。这里有两层含义:一方面,大量丰富的、具有开放性的课外教学资源对学生发展的价值是不言而喻的,它给学生提供了教科书和配套教辅资料无法比拟的感官刺激、信息刺激、思维刺激；另一方面，学生也是课外教学资源开发的主体，学生的生活经验、感受、兴趣、爱好、知识、能力等构成课外教学资源的有机成分。

在以具体形象、生动活泼、亲自参与为特征的社会和自然课外教学资源面前，学生将从被动地学走向主动探究，从而真正达到学会学习、成为有一定独立学习能力的人的发展目标。为学生提供丰富的课外教学资源，重在逐渐培养学生独立学习的意识、能力和习惯。面对丰富的课外教学资源，学生将面临如何获取信息、如何筛选信息、如何从这些信息中归纳出对解决问题有用的东西等问题。这些问题的解决过程就是信息处理能力的形成和强化过程。丰富的课程资源不仅要满足教师的需要，而且更要满足学生的学习需要。只有当学生可以在任何需要的时候都能获取课外教学资源，包括教师曾经使用过的资源来解决自己学习中遇到的困难时，课外教学资源的作用才能充分得到发挥。所以，丰富的课外教学资源不仅是指学生所处的教育教学环境中客观存在的相当数量的资源，同时也指学生可以方便地使用这些资源。学生最终应该成为课外教学资源的主体和学习的主人，应当学会主动地、有创造性地利用一切可用的资源，为自身的学习、实践、探索性活动服务。

课外教学资源开发的价值还在于促进教师的发展。新课程对教师开发课程资源提出了明确的要求。教师以往的专业发展主要集中于教学、教育手段和方式等，课外教学资源的开发对教师提出了新的专业能力要求，即课外教学资源开发的专业素养和能力。从这个意义上说，教师本身构成了课程实施中最有价值的教学资源。

教师应该成为学生利用课外教学资源的引导者、开发者。要围绕学生的学习，引导学生在必要的时候走出教科书，走出课堂和学校，充分利用校外各种资源，在自然和社会的大环境里学习和探索。教师必须具备根据具体的教学目的和内容开发与选择课程资源的能力，充分挖掘各种资源的潜力和深层次价值的能力。教师在一定程度上决定着课程资源的鉴别、开发、积累和利用，是课外教学资源的重要载体。

课外教学资源的开发将给教师的工作提出更多更高的要求，教师在获得专业成长的同时，也要付出更多的心血和努力。课外教学资源的扩展，使教师选择的余地加大，选择的机会增多。这样的优势能够满足教学的多种需要，但同时也增加了选择的难度。这对教师自身素质的提高是一个挑战。

第一章

课程、课程资源与课外教学资源

　　《基础教育课程改革纲要(试行)》的颁布,标志着我国基础教育进入了一个崭新的时代——课程改革时代。课程改革是教育改革的核心,课程、课程资源与课外教学资源三者之间既有区别又有联系。它们都体现着一个国家对学校教学的具体要求,关系到学生的知识结构、智力结构和个性结构。

第一节　基本概念

一、课程的概念

　　"课程"一词,简单地说是指课业及其进程。我国宋代教育家朱熹说过:"宽著期限,紧著课程。"①其中,"课程"一词就包含有学习的范围和进程的意思。

　　在西方,"课程"一词的英语是 Curriculum,是源于拉丁文 racecour,意为"跑马道",指赛马场上的跑道而言。用在教育上,指学校的课程。意思是学校学生所应学习的学科总和及其进程和安排。近代学校兴起以来,课程有广义和狭义之分。广义指为了实现学校的培养目标而规定的所有学科(即教学科目)的总和,或指学生在教师指导下各种活动的总和。如中学课程,小学课程。狭义指某一门学科,如数学课程、历史课程等。

　　课程与学科、教材有联系,但又不完全相同。所谓学科(subject)是根据教学目的而划分的教学内容的各门科目,但有时也和狭义的课程混用。教材

---

　　① 《朱子全书·学六》

（subject－matter）则为各门学科的具体内容。如中小学的语文、数学、外语等皆为学科。各门学科的具体内容则为教材。而广义的课程则包括以上所有的内容。

课程是随着社会的发展而演变的，它反映一定社会的政治、经济的要求，受一定社会生产力和科学文化发展水平以及学生身心发展规律的制约。例如，在我国长期的封建社会中，封建统治者为巩固其统治，学校课程主要表现为识字并诵读体现封建伦理的书籍，蒙童大都读《三字经》《百家姓》《千字文》《千家诗》《幼学琼林》等，随后则读儒家经典，而轻视反映生产斗争的知识。这一方面是由于封建统治者轻视生产劳动；另一方面也是由于封建社会生产力发展水平不高，在客观上还没有大量传递生产知识的迫切需要，而且科学技术发展水平也不高，所以课程内容就比较简单。但也反映了人类世代积累起来的文化成果，其中有不少是各个时代的人们都必须掌握的基本知识，所以课程有一定的继承性。例如，读、写、算的内容都是各国基础教育中课程的重要组成部分。

二、课程资源的概念

课程资源是新一轮基础教育课程改革的一个重要概念，要开发和利用各种课程资源，就必须对课程资源的概念有一个恰当的理解和认识。

凡是有助于实现课程目标的一切因素都可以叫作课程资源。简单地说，课程资源就是与课程相关的一切资源；具体地说是课程设计、实施和评价过程中可利用的一切人力、物力以及自然资源的总和，包括教材以及学校、家庭和社会中所有有助于提高学生素质的各种资源。如，学生家里那一台电视，那一位能说的父亲，就连教室里的一把扫把也包含着一定的课程资源。由一把扫把引发开去的教育是很多的，如果我们把这些资源充分地为我们的教学所用，那就是课程资源了。因而，我们可以说，课程资源的合理开发与有效利用是任何课程目标顺利达成的必要条件。

语文课程资源，就是凡有助于实现语文课程目标的一切因素。根据《语文课程标准》，语文课程资源的基本理念，主要体现在：

1. 语文课程资源包括课堂教学资源和课外学习资源，例如，教科书、教学挂图、工具书、其他图书、报刊、电影、电视、广播、网络、报告会、演讲会、辩论会、研讨会、戏剧表演、图书馆、纪念馆、展览馆，布告栏、报廊、各种标牌广告等等。自然风光、文物古迹、风俗民情、国内外的重要事件、学生的家庭生活，以及日常生活话题等也都可以成为语文课程的资源。

2. 各地区都蕴藏着自然、社会、人文等多种语文课程资源。要有强烈的资源意识，去努力开发，积极利用。

3. 学校应积极创造条件，努力为语文教学配置相应的设备；还应当争取社会各方面的支持，与社区建立稳定的联系，给学生创设语文实践的环境，开展多种形式的语文学习活动。

4. 语文教师应高度重视语文课程资源的开发与利用，创造性地开展各类活动，增强学生在各种场合学语文、用语文的意识，多方面提高学生的语文能力。

三、课外教学资源的概念

所谓"课外"，并不是指课堂之外，而是指除了教科书以外。因此，课外教学资源，指的是凡有助于教师落实课程目标的、教科书以外的一切因素。它与课程资源有较大的联系，同时又有区别。课程资源包括课内和课外两种资源，包括教科书。而课外教学资源，仅是指课外的资源，不包括教科书。

按照课外教学资源的功能特点，可以把课外教学资源划分为素材性资源和条件性资源；而按照空间分布的特点，可以把课外教学资源划分为校内资源和校外资源；按照资源开发的途径和方法来划分，则可以把课外教学资源划分为认知性的资源和活动性的资源，如下表所示。

课外教学资源的基本类型

角 度	类 型	含义和特点	举 例
功能特点	素材性资源	是课程特别是教学的素材或直接来源，是学生学习、获取或内化的对象	知识、技能、原理、经验、感受、创意、问题、困惑、活动方式与方法、情感态度和价值观
	条件性资源	不是形成课程本身的直接来源，但却决定课程实施的范围和水平，有时对课程的实施是特定的、不可替代的	人力、财力；时间、场馆、媒介、设备、设施和环境；课程意识……

角　度	类　型	含义和特点	举　例
空间分布	校内资源	存在于学校范围之内	校园、老师、学生、图书馆、实验室、运动场……
	校外资源	存在于学校范围之外	社区人士、家长、自然与人文环境……
方法途径	认知性资源	是以学生的认知为对象的，并从中获取知识、形成经验和能力	课外读物、电视、电影、广播、互联网络、报告会、展览馆、各种标语广告……
	活动性资源	是以活动的形式存在的资源	课外活动、社会实践、实习作业、调查采访……

当然，对于课外教学资源的分类，我们需要做出一些说明：

首先，按照课外教学资源的功能特点，可以把课外教学资源划分为素材性资源和条件性资源。当然，这种分类更多地是为了说明问题的方便，其实两者并没有不可逾越的界线。现实中的许多课外教学资源往往既包含着一定的素材，也包含着一定的条件，比如图书馆、博物馆、实验室、互联网络、人力和环境等资源就是如此。在课外教学资源普遍紧张的情况下，课外教学资源的建设要因地制宜、有所侧重地进行，通过重点突破来带动整个课外教学资源结构的优化发展。比较符合教育规律而又切实可行的做法可能是，在优先保证最基本的条件性课外教学资源的基础上，重点通过广大教师创造性地开发和利用多样化的素材性课外教学资源来促进整个课外教学资源的优化发展，因为这更能反映出教育发展的本质特征。

其次，按照课外教学资源空间分布的不同，大致可以把课外教学资源分为校内资源和校外资源。凡是学校范围之内的课外教学资源，就是校内课外教学资源，超出学校范围的课外教学资源就是校外课外教学资源。校园资源可以包括素材性资源和条件性资源，校外资源也同样包括素材性资源和条件性资源。校内外资源对教学实施都是非常重要的，但它们在性质上还是有所区别的。就利用的经常性和便捷性来讲，校内资源的开发和利用应该占据主要地位，校外资源则更多地起到一种辅助和补充的作用。只是以往我们忽视了对校外资源的开发和利用，今后应该予以足够的重视，但不意味着在整个基础教育范围内从根本上改变校内为主、校外为辅的教学资源开发与利用的基本策略。

应该引起重视的倒是建立校内外教学资源的转化机制。一方面学校要善于合理发掘和运用社区及其他兄弟学校的课外教学资源，另一方面校内资源也可以向社区和其他学校辐射。各级行政部门有责任加强管理，在政策上建立健全校内外教学资源相互转换的机制，强化各种公共资源之间的相互联系与共享。从技术层面来讲，网络技术的发展开始逐渐打破校内与校外教学资源的划分界线，从而在很大程度上使得课外教学资源特别是素材性资源的广泛交流和共享成为可能，校内资源和校外资源相互转化、融为一体的可能性越来越大了。

由于划分标准的不同，课外教学资源还可以划分出许多不同的类型，在此很难一一涉及。不过，按照功能特点、空间分布和方法途径对课外教学资源进行分类，足以帮助我们建立课外教学资源的基本概念框架。

四、小学语文课外教学资源的概念

了解了课外教学资源的概念以后，我们就更容易理解什么是"小学语文课外教学资源"了。它是指，在小学阶段，凡有助于教师落实语文课程目标的、除了小学语文教科书以外的一切因素。和前面所述的课外教学资源的分类一样，我们也可以按照功能特点、空间分布和方法途径来对小学语文课外教学资源进行相应的分类，这里不再一一赘述。

第二节　开发和利用语文课外教学资源的原则和渠道

一、开发和利用语文课外教学资源的基本原则

从当前我国课程改革的发展趋势来看，凡是有助于创造学生主动学习与和谐发展的资源都应该加以开发和利用。但究竟哪些资源才是具有开发和利用价值的语文课外教学资源，还必须通过筛选机制过滤后才能确定。

从课程理论的角度讲，至少要经过三个筛子的过滤筛选才能确定语文课外教学资源的开发价值。第一个筛子是教育哲学，即课外教学资源要有利于实现教育的理念和办学的宗旨，反映社会的发展需要和进步方向。第二个筛子是学习理论，即课外教学资源要与学生学习的内部条件相一致，符合学生身心发展

的特点,满足学生的兴趣爱好和发展需求。第三个筛子是教学理论,即课外教学资源要与教师教育教学修养的现实水平相适应。所以,开发语文课外教学资源,特别是开发素材性课外教学资源,必须反映教育的理想和目的、社会发展需要、学生发展需求、学习内容的整合逻辑和师生的心理逻辑。

在对课外教学资源进行筛选时还必须注意坚持优先性、适应性和科学性的原则要求:

第一,坚持优先性原则。学生需要学习的东西很多,远非学校教育所能包揽,因而必须在可能的语文课外资源范围内和在充分考虑课程成本的前提下突出重点,精选那些对学生终身发展具有决定意义的素材性课外教学资源,使之优先得到运用。比如,教育特别是中小学教育要承担自己的责任,要帮助学生学会建设性地参与社会生活的各种本领,那么它就必须对有效地参与社会生活所应该具备的知识、技能和素质以及社会为个人施展才能所提供的各种机会进行综合了解,做出恰当的判断,筛选出重点内容并优先运用于课程。同时,那些必要而直接的条件性课外教学资源应该优先予以保证。

第二,坚持适应性原则。课程的设计和语文课外教学资源的开发利用不仅要考虑典型或普通学生的共性情况,也要考虑特定学生对象的具体特殊情况。如果要为特定教育对象确定恰当的目标,那么仅仅考虑他们已经学过的内容还不够,还需要考虑他们现有的知识、技能和素质以及能够提供的条件性课外教学资源背景。除了考虑学生群体的情况外,还要考虑教师群体的情况,考虑学校自身及其所处地区的经济社会文化背景。只有这样,语文课外教学资源才能得到更加充分合理的开发与利用。比如,有机构给贫困地区捐赠了大量的录像机、影碟机、电脑以及相应的教学录像带和光盘,可当地学校用电没有保障,更不用说信息高速公路的开通,结果导致这些条件课程资源变成了一堆废物。

第三,坚持科学性原则。语文课外教学资源的开发和利用,必须有一个科学的态度。一方面,语文课外教学资源特别是那些涉及客观知识的素材性课外教学资源的选择,要注意它的真实性和可靠性。另一方面,又要注意打破对于包括教科书在内的课程资源的迷信,不能把教科书之类的课程资源当作"圣经"来对待,我们甚至要宽容和培养学生对于课程资源的质疑精神。比如,长期以来,对课程资源的选择往往习惯于用是否对我们"有利"来衡量它们的价值,而不是将事实的真伪和可靠性放在首位。于是,表面上对我们"有利"的信息会不胫而走,甚至一再夸大,反之则讳莫如深,不闻不问。而评价是否"有利"的标准却既不科学,也不讲究实效,以致常常适得其反。像"太空见长城"这样的谬误在小学课本中流传,就应该引起人们多方面的反思。

二、规划课外教学资源的开发和利用渠道

从学校层面来讲,语文课外教学资源的开发和利用,要进一步规划和开通语文课外教学资源的开发和利用渠道。比如,可以大致参考以下五个原则的基本途径,来思考语文课外教学资源建设的大致方向。

第一,关注社会生活,不断跟踪和预测社会需要的发展动向,以便确定和选择有效参与社会生活及把握社会与个人发展机遇而应具备的知识、技能和素质。

第二,审查能使学生在日常活动和实现自己目标的过程中获益的各种语文课外教学资源,包括知识与技能、生活经验与教学经验、教与学的方式和方法、情感态度和价值观等方面的各种教学素材,以及开发和利用相应的实施条件等。

第三,研究和确定学生的素质现状,了解他们已经具备或尚需具备哪些知识、技能和素养,以确定制订学校课外教学资源研究计划的基础。

第四,鉴别和利用校外教学资源,包括自然环境与人文环境,以及各种机构、各种生产和服务行业的专门人才等资源,不但可以而且应该有选择地加以利用,使之成为学生学习和发展的财富。

第五,建立语文课外教学资源管理数据库,拓宽校内外教学资源及其研究成果的分享渠道,提高使用效率。可以根据实际情况,编制各种各样的《语文课外教学登记表》,把语文课外教学资源的类型、所有者、获取方式、开发动态和使用事项等登记造表、分类存档、归类管理,一方面便于查找、调用、更新和补充,另一方面据此可以不断提高语文课外教学资源的开发和利用水平,更好地创造和积累语文课外教学资源建设的经验,实现语文课外教学资源更大范围的交流和分享。

除此之外,语文课外教学资源的开发和利用还要考虑各地和各学校的实际情况,广开思路,多渠道发掘校内外更加具有针对性和适应性的素材性课外教学资源和条件性课外教学资源,从而更好地发挥各种课外教学资源的作用。

第三节　语文课外教学资源研究的意义

在这次新课程改革中,语文课程的目标体系发生了重要变化,要求语文课程要加强综合性,沟通与其他学科的联系,拓宽学语文、用语文的天地,在语文课程中建立跨领域的学习平台,因此深入挖掘语文的课外教学资源对于语文教学具有重要的意义。

一、继承传统语文教学有效经验的需要

传统语文教学强调语文知识的积累,包括基础知识(常用文字符号、词汇、语法等)和语言典范(古今中外精彩语篇)、语言规律(听、写、理解等)的积累。古人云"读书破万卷,下笔如有神",说的就是积累的道理。因为小学生的语文素养,是在长期的模仿学习、语言实践中经过反复多次的感性接触形成的,这就要求学生通过大量的读、写来达到这一目的,它必须以大量的阅读材料为依托。而如果学生阅读的材料仅限于教材本身,那么学生所得就非常有限,不利于经验的传承和知识的积累。要想提高学生综合的语文素养,培养学生的人文精神,积累优秀的文化成果,除了教材以外,还必须通过有效地利用课外教学资源才能更好地达到这一目的。所以从"传承经验"这一方面来说,强调语文积累是学好语文的一个行之有效的手段。例如,小学语文教材中有关传统文化的知识是十分有限的,而这些知识对于提高学生的人文素质和语文素养又是十分必要的,因此,我们就应该更多地去开发课外资源,引导学生学习人类优秀的文化遗产,包括让学生学习更多的诗词歌赋,了解更多的作家、作品等。学生积累得越多,反过来又会对语文能力具有促进作用,不管是运用语言的能力,还是阅读理解和写作的能力,都将大大地提高。

二、语文学科自身特性的需要

"语文是最重要的交际工具,是人类文化的重要组成部分,工具性和人文性的统一,是语文课程的基本特点"。因为语言是交际工具,是表情达意、交流思想、传递文化的工具,学语文就是要让学生牢固掌握语言工具,在社会中应用,因此,必须学习书本以外的东西,以教会学生运用语言工具与人沟通。同时语

言作为载体,它所载负的文化科学知识都具有一定的思想情感内涵。语言是交流思想感情的工具,是思维的工具,尤其是文学作品,其表情达意的功能更强。不管是工具性还是人文性都决定了语文学科的这一大背景,这就需要大量的资源进行补充,才能完成语文学科的任务。充分利用语文课外教学资源,使学生在掌握科学文化知识的同时,还学会了如何更好地运用语言进行交际、表达思想感情等。学生是社会的个体,个体的成长离不开环境,学生应该更多地从社会和自然环境中汲取营养,并把它内化为知识加以积累,才能适应社会生存和发展的需要。如果学生的学习脱离社会、脱离现实,而只限于教材的内容,那么,学生又如何与人交往、如何更健康地成长呢?毕竟教材是死的,而人是活的,不能充分地认识到这一点,就不能很好地在生活中运用已经学过的知识,就不利于学生更好地发展。

三、新课改目标落实的需要

"新课标"要求改变课程过于强调接受学习、死记硬背、机械训练的现状,倡导学生主动参与、乐于探究、勤于动手,培养学生搜集和处理信息的能力,获取新知识的能力,分析和解决问题的能力,交流合作的能力。因此小学语文教学要与生活紧密相连,也就意味着要从生活中吸收大量的语文资源。学生学习课外资源的过程,也是一个积极主动地参与和探究的过程。学生通过有目的、有计划、有组织地开发和利用课外资源,既丰富了自身的知识积累,又发展了自身的能力。如果只是整天围绕着语文课本"读死书,死读书",那么,既读不好,而且读了也不会用,压抑了学生的个性,扼杀了学生的创造力。因此,语文教学既要"依标靠本",又不能只囿于课本,而应该帮助学生开拓更大的学习空间,才能培养学生全面的能力。

四、社会发展的需要

社会的发展取决于全民的素质,全民素质的提高关键在教育。一方面,全面提高教育质量,必须全面提升教师素质,充分利用教师本身的人才资源,也是语文课外教学资源的一个较为重要的内容,所以加强对教师的培训,提高其教育水平,促进教师的专业发展,并在此基础上不断积累经验,从而引领学校各项工作向纵深发展,这也需要大量的资源做基础。另一方面,社会的快速发展要求人们不断地学习,学会学习,必须树立"终身学习"的思想,才能不断地适应社会、改造社会,因此,开发和利用课外教学资源的过程,也是培养学生自学能力、帮助其树立"终身学习"思想的基础。

总之，小学语文课外教学资源的开发和利用是新一轮课程改革的要求，是教育发展的必然趋势，它是传承传统优秀教学经验的需要，是语文学科发展自身特性的需要，更是落实新课改目标、促进社会发展的需要，通过开发和利用现有的诸多小学语文课外教学资源，培养了学生的全面素质，优化了教学模式，提升了教师教育科研水平，有效地提高了教学质量和办学效益。

以下这篇案例是笔者在教学实践中关于小学语文课外教学资源开发与新课程改革的一点感悟：

语文课外教学资源的开发与课程改革

课堂教学是课程实施的主要途径，教学改革是课程改革的一个有机组成部分。新课程必然呼唤新教学。

过去，我们把语文教学圈于课堂之内，一切教学活动均在课堂内解决，教学内容也仅限于语文教科书，在一定程度上限制了学生素质的发展。小学6年的语文就是学懂12本书，为了达到这个目标，教师就牵着学生的鼻子去"钻"教材、学教材，甚至去背教学参考书。教材被神化了、被绝对化了，教学变成了教书，在应试教育背景下，教书被窄化为教要考的书，最后陷入"教师教死书、死教书、教书死，学生读死书、死读书、读书死"的怪圈。不容置疑的事实是，我们的学生擅长于从书本中学习，擅长于解书本的习题，而不擅长于从生活中学习，不擅长于解决实际问题。

为了改变这种现状，我们必须改革课堂教学，而其中一个十分重要的方面就是要开发课程资源，让学生不再受限于教材。教师要形成大课程观、大资源观，努力拓展课外教学资源，开拓学生的视野，培养学生的能力。语文作为一门开放性的课程，内容是开放的，教学手段也是开放的，因此，教师要努力地开发课外教学资源，使校园的每一处场馆都成为会说话的地方，使校外的事或物也成为语文的教学资源。学生无论走到校园的哪个角落、走到社会的哪个地方，都能受到熏陶，受到教育。

一、开发课外教学资源，使语文教学从"狭义教学"走向"广义教学"

狭义教学以书本知识为教学对象，把毫无遗漏地传授教材内容视为教学的根本和唯一的目的。广义教学以课程资源为教学对象，教材无疑是重要的、最基本的课程资源，但课程资源绝不仅仅是教材，也绝不仅仅限于学校内部。

对教师来说，教学不再只限于课堂之内，社会、家庭、校园都可以成为教学的场所，都可以开发相应的教学资源。对学生来说，学习也不再仅限于课堂之内，他们更多地接触社会，更多地走向生活。这样，教师教的内容和学生学的内容都变得更加丰富多彩了，凡是能让学生获得知识、信息、经验、感受等的载体与渠道都可以是教学或学习的资源，从而使课堂教学发生了根本的转变，走向了更广阔的天地。图书馆、生物园、操场、博物馆、公园、街道、工厂、农场……都成了教学的资源，学生从课堂里走出来，见到了更广阔的世界，接触到了更真实的生活，也必将收获更多。

二、开发课外教学资源，使语文课堂教学从"封闭"走向"开放"

"开放"和"封闭"是两个相对的概念，语文课程的开放性是针对传统教学"书本中心、课堂中心、教师中心"的封闭性弊端提出的。语文课程只有解除封闭状态，才能充满生机和活力。开放的语文课程强调语文学科与其他学科和其他教学资源的有机联系，密切语文课堂与社会生活之间的关系，既关注语文教育的生活意义，又关注语文生活的教育意义。

封闭的结果只能使学生围于"象牙塔"中，教材中的内容就只能通过朗读去感受，为了考试而死记硬背，为了考试而一心只读"教科书"，严重地封闭了学生的思维，扼制了学生的创造力，这种现状是"应试教育"的恶果。因此，我们要让学生走出"封闭"，走向"开放"。只有开放的课堂，才是有活力的课堂。

三、开发课外教学资源，使语文教学从"依赖性教学"走向"独立性教学"

从人性的角度来说，人既是主体性与客体性的统一，又是能动性与受动性的统一，也是独立性与依赖性的统一。传统教学是建立在学生依赖性的基础上的，最终培养的也是学生的依赖性。它表现为学生只能跟着教师学，教师先教，学生后学；教师教多少，学生学多少；教师怎么教，学生怎么学，教支配、控制学，学无条件地服从教，学生的独立性、独立品格丧失了，教也走向了其反面，最终成为遏制学生成长的"力量"。低估、漠视学生的独立学习能力，忽视、压制学生的独立要求，从而导致学生独立性的不断丧失，这是传统教学的根本弊端。

而通过开发语文课外教学资源，让学生走出课堂，接触到了更广阔的生活，图书馆、科技馆、博物馆、公园等都成了他们学习的好地方，教师不再是他们的依赖，他们学会了在生活中学习，学会了自己搜集和处理信息，学会了独立地提出问题、解决问题，而这不正是教育的真谛吗？

第二章

国内外语文课外教学资源开发的研究

随着课程改革理论的日益精深,课外教学资源这一概念也日渐纳入人们的视野,成为课程理论研究的一项重要内容。课程的实施不仅需要深入挖掘教材,还需要各方面的人力、物力、知识、方法等课外教学资源的支撑,因此,课外教学资源的开发和利用,对课程的实施起着重要的作用。

第一节　国外语文课外教学资源开发的研究

课外教学资源就其形式,分布的范围,来源、功能、性质等的不同,可以划分成多种多样的类型。这些教学资源以显性或者隐性的方式存在,对教育活动起着直接或间接的作用。

一、语文课外教学资源内容的丰富性

教学资源在人类知识经验和语文教育活动之间构建起了一座桥梁,语文教学内容的丰富性决定了课外教学资源的丰富多彩。语文教育的目的之一,就是使儿童拥有这些经验以便在未来的社会中生存竞争。因此,课外教学资源的开发者势必尽可能拓展语文教材内容的领域,向社会、生活、儿童的身心发展以及语文学科自身等各方面拓展。

以德国和美国为例,德国的语文课外教学资源的开发内容十分丰富,名人逸事、广告、作家传记、报道、圣经文章、卡通、文件、歌曲、卷宗、戏剧、研究报告、漫画、采访、随笔、课外活动等都可作为资源开发的对象。还有一些反映社会时代进步和知识更新的内容,以使语文教学具有时代感。美国的语文教育内容更

加注重向社会生活的各方面拓展,课内外的阅读以时文为主,报纸、杂志、各种单行本都可以作为重要的教学资源,甚至把路标、图表、时间表、新闻栏目、社会实践活动等都作为教学的补充内容。

随着课程资源研究的进一步深入,教材的概念和范围也在扩展。传统意义的作为教学全部依据的教科书和教学参考书正在淡化。许多国家,电影、图画、网络以及其他一些影像资料等辅助性的内容也作为一种教学资源出现在语文课堂上。语文教学内容在社会规定与学生个体需要之间,通过对教学资源价值的充分挖掘得以充分地展现。

二、语文课外教学资源的多元价值取向

语文教学作为一种知识和信息传递的途径,其终极指向大体相同。但在不同国家、不同地区以及不同历史时期,由教学内容和形式的具体差异所体现出来的教育功能是不完全一致的。如某一历史时期,世界许多国家的教育都出现了这样的状况,语文教学作为一种领导阶级的语言、文化和价值观的传输工具,甚至成了一种政治砝码。在语文教育取得极大进步的今天,受到不同的社会、文化环境、学科发展和教育水平的影响,教育的功能也仍然有相当显著的差异。如美国语文教学侧重贴近儿童的实际生活和儿童的个性身心发展;日本的语文教学较为突出民族精神和文化传统的传递;而英国的语文教学在强调对传统的热爱和尊重的同时,还十分注重语言实践技能的培养。

语文教育功能多重性的确立有许多复杂的因素,但其重要的背景之一就是语文教学资源(包括课内和课外)的多元价值取向。不同的国家传统和不同的社会需要都从自己的视角和立足点对语文教学资源的价值进行取舍,以使教学资源的开发和利用与语文教育工作者的功能构成对话。如法国的语文教学资源可以行四种功能:①意识形态和文化功能;②参照性功能;③资料性功能;④工具性功能。这些功能中的某一项可能一时占有强势,但教学资源的多元价值取向在一定程度上使得语文教育的多种功能在不同情境下交替优先或同时并存。

三、教师——不可或缺的教学资源

在语文教学资源的理论探讨中,教师的话题不可回避,人们在很多时候是把语文教师作为一种"课程资源角色"来定义的,在这里,"语文教学资源"等同

于"课程资源",包括课内和课外两种资源。语文教师的知识与态度、情感与价值观,以及教师在成长过程中认知结构的不断充实都是语文教学资源的重要源泉。因此,教师在语文课外教学资源开发与利用中的地位举足轻重。

1. 语文教师是课程资源的重要仲裁者

教师的"课程资源角色"是 20 世纪 70 年代以后逐渐在课程领域凸现的一个术语。人们在反思语文课程改革运动之后认识到,一些教学资源的开发设想并非因为不科学才遭遇失败,而是因为没有在课程实践中被真正推行下去。由此,学者们开始关注教师的课程资源角色,探讨语文教师与教学资源的关系、教师在教学资源的开发和利用中的作用。这些研究使教师的课程参与成为课程领域一个日益突出的话题,从而确立起教师由课程资源问题的"边缘人"到"参与者"的理论导向。

事实上,人们对教师在这一方面的作用曾经存在误区。20 世纪 50 年代以来的课程资源研究认为,课程资源的开发可以绕过教师的影响力并直接作用于实践。人们普遍认为课程改革和教育实践的推进只要依赖外部的资源,由专家学者开发出详细的课程资源然后由教师去实施即可。在此期间,学术界也发表大量的文章来探讨开发这些把教师排除在外的资源的可能性。但是进入 20 世纪 80 年代以来,人们意识到,语文教师在实施课程方案的过程中从来就不是"中立"的,他们为了自己的课堂教学而对外部提供的课程资源进行修改、调整和转换,通过这些活动介入了自己的知识和观念。

在美国、法国、德国等许多国家,教师对语文教学资源都有选择和使用的自由。每一位教师按照自己的教学背景和教学进程来选择和使用教学资源,他们可以比较忠实地遵从教材的内容和结构,或者只是偶尔参照一下。至于其他一些自然和社会资源、校内和校外资源、显性和隐性资源、物质和生命资源,语文教师在把这些内容纳入到语文教育的过程中时掺杂了更多的主观因素。对于语文这样一门学科而言,教师的这种主观行为又是无可厚非的。除此之外,教师在课程的制度规定与特定课堂中学生的需要之间充当了调解人。起初的课程设计者在课程资源的开发中并不完全了解语文教学具体的课堂情境,或者说课程的设计者更多地考虑制度对学生的要求。这样,教师就要以一种平衡的观点看待课程资源问题。无论设计者对课程资源的计划精确到何种程度,在任何一种具体的教学情境中语文教师的经验和智慧都要以不可取代的方式进入课程资源的开发与利用过程,教师对课程资源的选择与修改是课堂情境中的首要因素。从这一视角来看,语文教师在课程资源的开发与利用过程中拥有制度化的权力,尽管在这个过程中的其他人也拥有权力,但是教师的权力是独特的。语文教师对课程资源的裁决能够决定课程从制度向实践的转化是否成功,并对学生有着更为现实的意义。

由于上述原因,现今国外语文课程资源的研究和决策往往都要吸收一线的语文教师参与。在国外的研究者看来,教师毫无疑问是愿意参与到课程资源的决策中来的,一方面他们可以获得对课程资源筛选的直接信息,减少上行下效过程中的矛盾冲突,更重要的是教师的参与打破了课程资源实施过程中的障碍并获得责任感。

2. 语文教师是课程资源的重要源泉

教师在课程资源中的价值与意义,不仅在于教师是其他常规课程资源开发和利用的主体,更在于其本身就是一种重要的课程资源。教师是课程资源的生命载体之一,掌握课程素材、具有教育素质的教师在课程资源的开发与利用过程中有很大的内生性,它可以推动一般课程资源产生比其自身价值更大的教育意义。

首先,语文教师的知识结构是重要的课程资源。通常情况下,语文教师不仅决定课程资源的鉴别、开发、利用和积累,教师自身的知识结构与教学用书、音像资料等其他物质形式的课程资源载体一样同时对教育活动发挥作用。且由于教师行为指向的能动性而使得其在自己的知识、情感、价值观发生作用时显得更为灵动。例如教材作为筛选过的课程资源在具有代表性和浓缩性的同时,也不可避免地出现覆盖面狭窄的局限,语文教师的知识积累、内在底蕴、综合素质不仅仅是教材的补充和辅助,更是一种积极意义的拓展和延伸,是对课内教学有很大帮助的课外教学资源。

其次,语文教师的教学方法是课程资源。语文教师的实践知识是教育活动的一个重要背景。在这种背景下,教师的各种教学方法也是课程实践的根本资源。在美国的语文课堂上,教师通常要创设出一定的教学氛围,为学生营造出大量的问题情景,或者开发出一系列的活动主题,以带动学生的学习行为。即便是单纯的知识传递、讲授、训练等较为传统的教学行为,也充满了技巧性。好的教师能发现常规课程的不完善,并发挥创造性以适应个体学生的兴趣。许多教师因其教学方法的不同而形成了自己的风格和范式,而这无疑又是不可忽视的课程资源。

最后，课程资源促进语文教师的个体成长。语文教师的知识结构和教学方法都不是一成不变的。教师对新的课程方案、教育资料和教育理论的参与研究可以促进教师在深层次上的成长，教师探究行为的本身就是新观念的源泉。所以，在相当多的国家里，教师在语文课程改革与设计的过程中占有相当重要的位置，并且教师的参与权利是受到教育法规明确规定的。

20世纪后半期，英国课程领域经历了两次大规模的课程改革运动。第一次改革浪潮是由教师发起的，教师在其中的积极姿态给我们传递了一个信息，即教师的发展对课程实施的方式进行着持续的重建和改造。第二次由国家发起的改革浪潮，由于教师角色的萎缩而带来的问题至今是一个遗憾。

总之，教师在主动探究教育教学活动的行为中，其智慧的释放和创造性价值的实现，是课程资源发展的不竭动力。对教师课程资源意义的关注，代表了课程研究的时代走向。

四、学生——最易被忽视的课程资源

在语文教材开发多元化发展、弹性课程出现的条件下，参与课程资源开发的主体由单一的课程与教学专家主导正在向多元主体方向发展。以往的教育理论将学生定位于课程资源的消费者，而忽视了学生的其他角色，而课程资源开发主体多元化理论的发展，将学生的课程资源角色纳入到研究者的视野中来。

从学生自身的角度来讲，学生的经验、情趣和学生之间的差异都是有效的课程资源，因此在课程资源的开发与利用中，对学生资源的价值是无法置之不理的。同时，学生也构成了课程资源的开发主体，尤其是在现代信息技术广泛运用到教学与人们生活的各个方面的背景下，学生获取知识与信息的途径多元化，学生之间的相互交流与学习显得越来越频繁和重要了，学生本身成了特殊的课程资源的开发者。

在合作学习、探究学习、研究性学习、自主学习等学习行为中，学生往往以丰富多彩的课程资源的姿态互相呈现。例如美国的语文活动课，其外在形式就是学生拥有了更多的选择权利和动手机会。学生搜集的课程资源在教师的指导下，还可以进一步加工与筛选，形成一些有代表性与典型性的课程资源带入校内，成为校内的课程资源，他们还可以将零碎的课程资源整合成为系统完整的课程资源。开发与利用课程资源的过程本身，就是学生学习的过程，而且这

种学习过程还可以影响到其他学生的学习行为。

值得注意的一点是,在世界范围内,美国、法国、德国、日本、英国、加拿大等国家相继出现并盛行的这些语文课程模式,如果抽取出具体内容上的区别,所留下的因素具有相当高的一致性。概括起来就是学习方式的改变:学习对象改变了——不再是现成的理论知识和书本知识,而是来自社会和自然的某种问题或现象;学习途径改变了——不再是理解和接收来自教师和教科书的结论和答案,而是为解决某个问题、揭示某种现象的一些系列活动;学习结果改变了——不再是主要获得系统的间接经验,而是由直接经验而来的包括态度、能力、知识等的多方面发展。这是学生在课程资源中的地位得以凸显的重要原因。人们普遍注意到,以这种自主的学习方式为基础的语文课程,除了要让学生获取知识外,通常十分强调课程资源对于学生各方面发展的意义,强调态度和价值观、能力等因素对于受教育者的重要性。人们也普遍同意,教师讲授所能够起到的作用是十分有限的,教师的讲授很容易使学生知道什么是正确的态度,什么是科学的态度,却无法使学生真正形成这样的态度。同样,教师的讲授充其量能够使学生懂得哪些能力对于人的工作和生活必不可少,甚至可以解释这些能力的结构和形成条件等等,但这些也不等于学生能力的提高。无论是态度的形成还是能力的提高,都必须依靠个体的行为,通过活动中各种心理成分与外部环境的反复相互作用及由此产生的亲身经历和体验才可能实现。所以,如果说以前学生确实主要充任课程资源消费者的角色,而今由于学习方式的改变使得学生在课程资源的消费者和开发者的角色之间难分轻重。

随着我国新一轮语文课程改革的不断推进,课程资源的开发和利用逐步引起了语文教育工作者的重视。而实际上,我国语文教育对课程资源的研究和探讨起点较低,尤其是语文教师的课程资源观念淡薄,而课程资源的开发和利用必须有成熟的理论支持,有章法可循,这些都是迫切需要我们认真加以讨论的问题。国外的语文课程资源的开发与利用不仅限于教材、教师和学生三个方面。本文只以此为代表,希望对我国的语文教育有所启示,广开思路,使我们能够在课程资源的开发与利用方面与语文教育的其他环节平衡协调,使语文的课程改革和教学工作有一个坚实而可靠的基础。

第二节　国内语文课外教学资源的研究

《语文课程标准》指出:"各地区都蕴藏着自然、社会、人文等多种语文课程资源。要有强烈的资源意识,去努力开发,积极利用。"重视语文课外教学资源的开发和利用是新一轮课程改革提出的新目标,使过去过于强调书本知识传授的倾向变为课程内容与生活和社会密切联系与整合,关注学生的学习兴趣激发、体验学习,注重学生的自主学习,合作探究综合实践能力培养。它对学生的语文能力、人文素养和学生可持续性发展的综合素质起着课本起不到的重要作用。目前,国内的研究主要集中在"课程资源"这一大的范围上,而专门针对"小学语文课外教学资源"这一方面的研究非常少。

一、语文课外教学资源开发现状的调查

为了了解语文教师开发利用课程资源的情况,笔者对东莞市部分公办小学语文教师开发利用课外教学资源的情况进行了调查。调查是以问卷和访谈形式进行的,目的是通过对调查结果的分析,了解普通小学对语文课程资源开发利用的现状。此次调查共发放问卷 120 份,回收有效问卷 120 份,回收率为100%。

通过调查,我们发现,在普通小学中的语文教师对课外教学资源的认识及其开发和利用基本处在初级阶段。

第一,教师在思想认识上与现实的差距。几乎所有的教师都一致认定课外教学资源对于提高学生语文素养有促进作用,但是88%的教师对课外教学资源的概念、内涵和作用并不是很了解,仅仅知道一点,只有12%的教师对课外教学资源的概念比较了解。

第二,狭义理解课外教学资源。虽然91%的教师都能认识到教材并不是唯一的教学资源,但大多数教师只把在教学过程中会用到的各种诸如教科书、课件、报纸、杂志、影视资料等认为是教学资源,而没有意识到教师自己和学生的知识、经验、情感、态度、价值观等也是教学资源。对课外教学资源概念理解的缺乏将会成为制约教师进行课外教学资源开发的因素。

第三,教师对自己在课外教学资源开发和利用中的主体地位不清晰。对谁

是课外教学资源开发的主体的认识上,45%的教师认为教育专家是课外教学资源开发的主体,28%认为是教育主管部门,27%的教师认为教师应该成为课外教学资源开发的主体,这说明教师忽略了自己在课外教学资源开发利用中的主体地位,缺少开发课外教学资源的动力与意识,这也成为制约教师进行课外教学资源开发的因素。

第四,由于学校对课外教学资源开发利用不太重视,影响了语文教师对课外教学资源开发和利用的主动性和积极性。在进一步的访谈中,有90%的教师认为在普通小学中,学校对语文课外教学资源的开发与利用不太重视,学校最关注的仍然只是学生最终的考试成绩。

虽然在普通小学中语文教师对课外教学资源的开发利用存在着一定的问题。但在实践中,他们也在做出各种努力,尽量开发和利用各种课外教学资源。

在语文教师对校内教学资源的开发利用中,调查结果显示:有73%的教师,除使用语文教材和课程标准外,会经常参阅其他教学参考资源。由于学校的经费有限,普通小学的学校图书馆藏书量都很有限,最新出版的图书都比较少,所以有55%的教师几乎不去学校图书馆。但为提高自身的教学质量,丰富语文教学内容,有82%的教师都会上网查找资料或订阅和语文教学相关的杂志。在所调查的学校中都会经常开展语文教研活动,如,共同备课、教案评比、校内教学交流、技能竞赛等。并且教师的教学交流不局限于语文学科组内部,有82%的语文教师会和其他学科的教师进行教学交流。此外,教师还会组织学生开展丰富多彩的语文活动,如演讲、辩论赛诗歌朗诵、摄影书画主题讲座等。这类语文活动为提高学生语文实践能力提供了良好的机会,同时也拓展和丰富了语文教学资源。对学生资源的开发利用中,所有被调查的教师都会尊重自己的学生,体现出我们的教师都有良好的师德,这为教师开发学生资源奠定了良好的前提,而且有64%的教师会经常和学生交流语文学习中的体验和感受。

在语文教师对校外教学资源的开发利用中,调查结果显示:只有36%的教师会经常带学生外出参观,在访谈中大部分教师都认可外出参观可以丰富教学形式,提高学生的兴趣,但是组织学生外出,在学生安全、纪律方面需要花费大量的精力,所以都不太愿意带学生外出参观。在对家长资源的开发中,只有9%的教师会经常邀请家长协助完成某一方面的语文教学任务。部分教师认为"请家长"就只是适用在"问题学生"身上,而多数家长在和教师的联系中只是关心学生成绩的好坏而已。在对媒体资源的开发利用中,82%的教师都会利用网络查找一些和语文相关的资源,如在备课时搜集一些相关的教学材料、下载课件等。有27%的教师会向学生推荐影视作品。现代社会传媒发达,影视资源丰富,有各种寓教于乐的专栏节目,影视作品已成为学生信息来源的渠道之一。影视作品资源是一种活跃的语文课程资源,它具有形象性、生动性,富有感染力,因此教师应该加强对影视资源开发利用的力度。

从教师对校内和校外教学资源开发利用的情况可以看出,虽然教师对教学资源的概念没有系统性的理解,但在教学实践中都会有意无意地开发和利用各种教学资源。只是教师通常获得教学资源的途径都是依赖于教材、报纸、影视资源等这类物质资源,而对教师和学生的知识、经验、情感、价值观等人力资源涉及较少。从总体来说,教师对校内语文教学资源的开发和利用还是比较重视的;而对校外语文教学资源的开发利用,教师有一种"怕麻烦""增负担"的思想。

二、我国目前的课外教学资源条件和开发利用状况

就目前我国课外教学资源条件及开发利用的状况,有专家做了如下的分析。

1. 从课外教学资源的开发主体来看,主要依靠的是少数专家特别是学科专家。他们开发的课外教学资源在内在的学术性品质上可能是很好的,但就这些教学资源反映不同地区、不同学校和学生的差异性与多样性来说,他们是无能为力的。对于那些反映地区和学校差异性的课程需求,具体的教学资源的开发和利用,地方、学校和教师应该具有更大的发言权。因此,要给地方特别是学校以较大的机动时间和自主空间。

2. 从课程实施的活动空间来看,班级课堂成为最主要的条件性教学资源,许多中小学还缺少相应的专用教室、实验室、图书馆和课外教学资源库等。学习方式和内容主要集中在学科内容的课堂教学上,缺少包括研究性学习、社区服务、社会实践以及劳动与技术教育等综合实践活动形式。

3. 从教学资源素材或内容上看,偏重知识资源特别是学科知识资源的开发,忽略了关注学科知识的新进展和各学科知识间的相互渗透和融合,也远离了儿童的生活经验。

4. 从课外教学资源的载体形式来看,课外教学资源的开发往往偏重于纸质印刷品,甚至把教学参考书作为唯一的教学资源加以固化,而对于开发多样化

的课外教学资源载体形式则重视不够。

5. 校内与校外教学资源的转换协调机制还没有很好地建立。学校在图书馆的藏书结构、服务时间、服务方式和使用效率上，还需要进行调整和不断地加以完善。学校肩负着特殊的责任，帮助学生有效地接触体现在学者、科学家及艺术家取得的成就中的人类遗产。这些成就的意义在于它们的资源价值，在于学生能从中吸取终身受益的教诲。此外，基础教育还要拓展利用各种校外教学资源的途径，包括图书馆、博物馆、展览馆、科技馆、青少年活动中心、工厂、农村、部队、政府机关、企事业单位、高等院校和科研院所，还包括广泛的自然资源，同时还要积极开发信息化的课外教学资源，有效发挥各种公众网络的资源价值。网络不仅是课外教学资源共享的手段，而且它本身就是一座具有巨大发展潜力的课外教学资源库。

总的来说，不同地区，课外教学资源的分布情况存在较大的差异，特别是在需要较大经济投入的条件性课外教学资源方面，往往很不平衡。一般来说，经济较发达的东南部地区的状况，比中西部地区优越，城市比农村优越。但从理论上来说，即使条件相对落后的西部地区和农村地区，课外教学资源特别是素材性教学资源也是丰富多彩的。正如《语文课程标准》所说，"各地区都蕴藏着自然、社会、人文等多种语文课程资源。要有强烈的资源意识，去努力开发，积极利用"。有人说，大自然就是"活的多媒体"。问题在于我们许多人对课外教学资源的地位和作用重视不够，由于课外教学资源意识的淡薄，使大量课外教学资源被埋没、闲置或浪费，不能及时被加工、转化，进入中小学课堂。

语文课外教学资源源远流长，内涵丰富，取之不尽，用之不竭。自然风光、人类文化、社会生活、世态百相……语文具有其他课程无可比拟的资源优势和开发利用的广阔途径，锐意改革、积极进取的现代语文教师是大有用武之地的。

三、目前国内关于语文课外教学资源研究的几种观点

1. 树立全新的语文课外教学资源观。

学生应该成为课外教学资源的主体和学习的主人，教师应该成为学生利用课外教学资源的引导者。从本次课程改革的课程标准来看，要改变过于注重教科书、机械训练的倾向，加强课程内容与现代社会、科技发展及学生生活的联系，倡导学生动手实践、主动参与、探究发现、交流合作，就必须开发和利用校内外一切教学资源，为实施新课程提供环境。

过去，对课外教学资源开发利用的价值认识不够，一方面是有教育意义的自然和社会资源未纳入教育资源范畴，其教育的功能和意义没有被充分地认识和利用；另一方面是教师、学生和家长不知道从哪里找到自己所需要的资源，或者是不知道如何利用这些资源来对儿童进行有效的教育。由于学校教育体系的封闭性，资源拥有者缺乏为社会、为教育服务的意识，不了解学生的需求和教育的规律，造成各种校外教育资源闲置浪费的现象十分突出。

课外教学资源对学生的发展具有独特的价值，与传统教科书相比，课外教学资源是丰富的、大量的，具有开放性的，它以其具体形象、生动活泼和学生能够亲自参与等特点，给学生多方面的信息刺激，调动学生的多种感官参与活动，激发学生兴趣，使学生身临其境，在愉悦中增长知识，培养能力，陶冶情操，形成正确的态度和价值观，这是传统教科书所无法代替的。为此，在每一学科的课程标准中，都开辟了开发利用课程资源一节，为学校、教师利用课外教学资源提出了具体建议；教师在执行新课程中，应当树立新的课程资源观，发挥课外教学资源的作用，使各种资源和学校课程融为一体，更好地为教育发展服务。

2. 努力构建语文课外教学资源内容体系

小学语文教学资源按照教学资源的来源，可以分为校内教学资源和校外教学资源；根据性质，可分为自然教学资源和社会教学资源；根据呈现方式，可分为文字资源、实物资源、活动资源和信息化资源；根据存在方式，课程资源还可以分为显性资源和隐性资源。

目前我国教育界对课外教学资源的研究，一般从校内、校外和网络等几个方面去研究。

首先，学校里教学资源中最直接、最亲密、最显现的资源就是教室、图书室、阅览室、文化宣传长廊、科技室、展览室等以及校园环境。因为这些资源方便、快捷，所以应充分挖掘，让可以利用的校园教学资源活起来。因此，校内的各种教学资源是我们在教学中最常见最直接的，对学生的学习具有重要的作用，必须用好这些资源。

其次，校外教学资源包括博物馆、展览馆、科技馆、工厂、农村等广泛的社会资源以及诸如乡土资源在内的丰富的自然资源。可以说范围相当广泛，内容极其丰富。但由于条件和时间的限制，这些资源不可能全部被吸收利用。因此，结合学生的乡土实际对资源进行选择性的利用，成了开发和利用校外课程资源的关键。乡土资源主要指学校所在"社区"的自然生态和文化生态方面的资源，包括地理、民风习俗、传统文化、生产和生活经验等。对乡土资源进行开发和利用能陶冶学生情操,激发学生的学习兴趣,能更好地培养学生爱自然、爱家乡的感情。

再次,网络资源的开发与利用。以计算机网络为代表的信息化资源具有信息容量大、智能化、虚拟化、网络化和多媒体的特点,起着延伸感官、扩大教育教学规模和提高教育教学效果的作用。利用电脑多媒体制作的教学课件具有具体形象、生动活泼等特点,它能给学生多方面的信息刺激,调动学生运用多种感官参与活动,激发学生兴趣,使学生身临其境,在愉悦中增长知识、培养能力,这是传统教科书和其他课程资源所无法替代的。网络资源的开发更能突破传统课程的狭隘性,在相当程度上突破时空的局限。网上充足的信息可以使思路更开阔,多媒体强大的模拟功能可以提供实践或模拟实验,网络便捷的交互性可以使交流更及时、开放。

3. 多渠道开发和利用语文课外教学资源

(1)倡导生动活泼的自主学习方式,改变单一的以讲授文本为主的教学方式。一定要改变把学生禁锢在课堂里,日复一日地口耳相授、单调枯燥的教学方式。采取多种多样的能充分体现学生自主学习、自主实践的形式,如上网、读课外书、咨询、讨论,在课前、课后收集资料,组织新闻发布会、故事会、朗诵会、讨论会,演课本剧、办手抄报、编习作集等。让学生在丰富多彩、生动活泼的语文实践中学习语文,在讲述、讨论、交流、品评、操作等活动中促进发展,形成扎实的语文能力,并且体验语文学习的乐趣。

(2)开展丰富的语文实践活动,拓展语文学习的空间。课堂只是小天地,天地乃为大课堂。要充分利用当地的自然、人文景观,引导学生观察、调查,获取信息,学习语文。要根据学生的心理特点和兴趣爱好,开展丰富多彩的语文实践活动,让学生根据自己的学习方式,将自己学到的知识、技能恰如其分地运用于实践,在实践中锻炼,在实践中成长。

(3)创设多彩的有利于母语学习的校园环境。校园是学生学习、生活的主要场所,合理地利用校园、教室等场地,创设多彩的校园文化,将这些设施赋以生命的活力,将这样的环境作为语文教学资源之一,以熏陶学生的情感,促进学生语文能力的发展。有些学校在教室里张贴学生自己的书法、绘画作品,发动学生精心布置班级的"图书角""阅读栏","我会读""我真行"评比栏,"看谁写得棒"习字栏,在校园的草坪上书写"小草正在睡觉,请不要打扰她"等充满爱心和诗意的话语,让学生在多彩的校园环境中通过各种渠道感受语文,学习语文,在充满真、善、美的环境中陶冶情操,健康成长。

(4)开发并形成各具特色的校本课程。在课程教材改革中,不少学校在分析学校的办学优势和资源配置的基础上,结合实际情况开发出各具特色的校本课程。根据学校特点开设的校本课程往往形式活泼,新颖有趣,能激起孩子学习语文的兴趣。比如有的学校开设了"画与写"的课程,让孩子在画画的同时,为图配话,并将这些作品编成班级刊物;有的学校开设了"每周一诗"的课程,让孩子从小认识优秀的中华文化,促进学生的全面发展。

以下这篇案例是本课题组开展的调查问卷资料:

语文课外教学资源的调查问卷——教师

尊敬的各位老师:

首先祝愿各位老师在新的学期中能取得更大的进步!新的学期,我们学校准备开展一个课题研究——小学语文课外教学资源的开发与利用。我们希望通过此项研究,能够初步解决学校语文课外教学资源缺乏的问题,为丰富学校的建设补充丰富的语文课外教学资源;能够培养学生对祖国语文的热爱,使之学得快乐,学得轻松;并能帮助教师通过语文教学的实践,更加明确如何针对语文教学问题开展课外教学资源开发和利用的研究,提高教师的对教育科学研究的能力。

9月初,我们将开一个《小学语文课外教学资源开发与利用》课题的启动研讨会。届时,本课题组成员将和各位老师交流小学语文课外教学资源开发的意义与价值、小学语文课外教学资源的含义与类型、小学语文课外教学资源的开发方式,以及如何与语文课程整合等等。我们希望在平等、尊重、合作、互补互惠的基础上,与志愿参加此课题的教师一起探讨、交流,踏踏实实地开展我们的研究。更希望此项研究能够真正解决学校的实际问题,为学校的发展尽微薄之力。

下面是对各位老师关于小学语文教学资源观念的调查,希望大家能在百忙之中抽出时间,完成下面的调查问卷,谢谢!

1.您认为什么是语文课外教学资源?都包括哪些类型?

2.您认为身边有哪些语文课外教学资源可以开发利用？您认为应该如何开发利用这些资源？

3.在我们学校或者您的教学中，您认为我们都利用了哪些课外教学资源？您是如何开发利用的？

4.在您开发和利用课外教学资源的过程中，遇到了哪些问题？是如何解决的？

5.您认为我们在开展语文课外教学资源的开发和利用研究的过程中可能会遇到哪些问题？您有什么解决办法？

第三章

充分开发校内的场馆资源

学校的教室、走廊、墙报、宣传栏、图书馆等是学生在学校的主要学习和活动场所,如何有效地开发和利用好这些主要的场馆资源,使之体现以学生发展为本的教育理念,成为丰富学生物质和精神生活的重要场所,是所有学校都要面对却又常常容易被忽视的问题。

第一节　生物园——"活"的语文课外教学资源

在课程改革的形势下,生物园的开发设计必须以课程改革理念为指导。新颁布的《语文课程标准》倡导探究性学习,要求教师引导学生主动参与、乐于探究、勤于动手,逐步培养学生分析和解决问题的能力,以及交流与合作的能力等,突出创新精神和实践能力的培养。因此,学校生物园的开发设计理念必须扎根于以上思想基础,一切以有利于教学活动的开展和便于学生开展实践、探究等学习活动为准则。

一、生物园的建设

生物园不一定要建在一大片土地上,其规模也是可大可小的。在我国,许多城市学校校园狭小,就因地制宜将生物园建在屋顶或墙角的一小片空地上,地方虽小,但动、植物和各种设施配置合理,建立了立体化的生态系,功能区齐全,成为教学的乐土。

生物园是师生生物学教学活动的实践园地。因此,必须重视实践区的建设。实践区面积至少占总园区面积的四分之一;强化实践区的功能,既提供实物观察,更提供活动区域。总之生物园建设以满足师生观察、实践与探究活动需要为主,兼顾园林式。

在功能区建立和物种配置时,要满足教学内容以及相应的观察、探究、课外实践等各种活动。因此,首先要了解学生学习活动的内容,所需要的生物标本种类,以及活动所需的仪器设备。在选择物种时还应充分考虑本土化物种,以适合当地气候,便于学生观察。

二、生物园资源的扩展和信息化

生物园的资源是有限的,可通过扩展校园资源和校园信息网来扩展生物园。如在校园园林建设时,尽量避免校园植物与生物园植物重复。有条件的学校,可将生物园资源以及通过生物园开展的试验、探究活动或实践活动拍成图片、录像并信息化,提升资源利用的系统性和效率。

三、用好生物园

1. 发挥生物园的实践园地作用,给学生提供综合实践和探究的场所。

"新课标"强调学生通过探究提高实践能力和获取知识。新课程改革下的教材,如人教版义务教育课程标准实验教科书《语文》,特设了许多探究、教育阅读材料、调查、课外实践、综合性学习等内容,这是课堂教学无法落实的,而借助生物园恰恰可以开展一些相应的课内外活动,有效地弥补课堂教学的不足。

2. 强化实践区的建设,提供足够的活动空间

以种植实践区作为重点,做好统筹工作,以班级为单位划分区块,满足学生最基本的实践用地要求。同时,要充分利用立体空间,进行"吊培"、分层式"立体栽培""无土栽培"等试验;动物饲养区小笼化管理,采取班级认养责任制;部分观察、课外实践要扩展到校园指定区域完成,如设计并安放人工鸟巢或饲养台。通过让学生参与实践,培养学生观察和探究的能力,对语文教学有较大的帮助。

3. 科学统筹,合作学习

为尽可能让更多的学生参与到实践活动中去,可采取小组合作的学习方式,以小组为单位分配材料和场地;如资源仍不够用,也可以点带面。如无土栽培采取实践活动时,可以各班生物兴趣小组为主,参观则面向全体同学;同时,要安排好学生的实验时间,各班相对错开,以免时间冲突。

4. 结合地方实际,发挥生物园优势,开发课外教学资源

课外教学资源是对教材的重要补充。要发挥生物园优势,积极开发综合性实践活动和研究性学习活动等方面的课外教学资源。例如:结合南方的气候特点,进行真菌的养殖活动;开展年橘、菊花等花卉的栽培试验,苏铁的无性繁殖试验;成立组织培养组,进行香蕉苗的组织培养与种植;观察蜜蜂的授粉等。这些活动让学生在学中做,在做中学,并通过撰写小论文得到进一步提高,由此锻炼动手能力,培养创新意识。

下面的一篇文章是我校课题组的教师在教学中就生物园在语文教学实际运用中的实践经验总结,相信对小学语文课外教学资源的研究有所启发。

【案例 3—1】

将生物园建设成语文学习和实践的园地

在南方的许多学校,生物园曾盛行一时,但随着计算机多媒体的普及,大部分学校的生物园几近荒废。近两年,随着新课程改革的不断深入,生物园作为重要的课程资源,又重新焕发了青春。建设和利用好生物园,使之在师生的语文学习、实践活动和探究活动中扮演重要角色,对语文课程改革会有较大的帮助。

一、生物园作为语文课外教学资源的优势

1. 提供实践和探究活动所需的原材料

园内有针对性地种养的许多动植物,可为语文教学活动提供实物观察和综合实践的原材料。例:各种花类、各种树木等植物,让学生进行综合性学习,可以培养他们探究的兴趣。

2. 对学生进行人文教育的重要场所

生物园提供了一个和谐的大自然环境,给了学生亲密接触大自然的机会,在给植物浇水施肥、给动物送水喂食的过程中培养学生热爱自然的情感和关注自然的兴趣,形成人与自然和谐相处的人文思想,对语文的教学有很大的帮助。

3. 提供一个"绿色"的学习休憩环境,激发学习兴趣

生物园良好的环境吸引着学生经常徜徉其中,在生物园的所见所闻,将成为学生在语文学习中的一种隐性资源。这种资源将有利于教师寻找课堂教学的切入点,并与语文课程紧密联系起来,从而在无形中起到激发学生兴趣、强化

学习动机的作用。

二、巧用生物园的资源进行作文教学

在教学《学校的生物园》这篇习作时,老师给出了大量描写植物、池塘、昆虫的好词、好句,让学生在课前朗读、熟读于心,有时还要动用一些激励措施。比如:比一比谁能用上最多的好词说一句话,谁就是今天的"积累之星"。到作文课上,学生就能很轻松地说出来,老师就给予肯定的表扬。这些,对于一个初学习作的学生来说,是一个多么大的鼓励!下面是积累后,学生在课堂上的表现。

师:请你选择一个最了解的、最感兴趣的景点(小池塘),用一个词语或一个句子形容它。

生:怎样形容呢?

师:从形态、颜色、感受等方面说事物的特点。

(板书:形态、颜色、动态、想象)

师:与同桌选择一种或两种景物讨论。例如:石桥、荷花(睡莲)、金鱼、水面、泉水、水珠、周围的花草树木等的特点。(学生讨论)

师:下面请同学们说说最了解的、最感兴趣的景物或景点。

生1:碧绿的荷叶像一个个碟子。

生2:水珠在阳光下闪闪发亮,像一颗颗美丽的珍珠在碟子中闪动,美丽极了。

师:你的"一颗颗美丽的珍珠"的比喻用得好,让人产生一种美感。

生3:有的荷叶排得很整齐,一片挨着另一片,围成了一个半圆,我数一数,却成了一个个快乐的音符。

师:听了你的描绘,老师真想去生物园亲身体验一番。

生4:淡粉色的荷花盛开了,中间还有一个金黄色的小莲蓬,像一个荷花仙子蹲坐在荷叶中间。

师:你用"淡粉色"把荷花的颜色点出来了。

生5:绽开的荷花发出阵阵清香,还引来了一只可爱的蜜蜂。叮叮咚咚的泉水,给小池塘带来了活力。

师:真不错,你把生物园的动态美讲出来,让我们真正体会到了"生物园"里的勃勃生机!

师:你能把我们刚才讲到的用一段话形容出来吗?先在小组内试讲,再汇报。

生讨论,试讲。

师:好了,谁来试一试?

生:在水池的中央长着一些荷花。碧绿的荷叶像一个个碟子,水珠在阳光下闪闪发亮,像一颗颗美丽的珍珠在碟子中闪动,美丽极了,大自然真神奇!有的荷叶排得很整齐,一片挨着另一片,围成了一个半圆,我数一数,却成了一个个快乐的音符。淡粉色的荷花盛开了,中间还有一个金黄色的小莲蓬,像一个荷花仙子蹲坐在荷叶中间。(生鼓掌)绽开的荷花发出阵阵清香,还引来了一只可爱的蜜蜂。那一朵朵娇嫩的荷花,看起来是那么诱人,那么舒服。荷叶下面有几条小金鱼在休息,还有几条红色的在水中嬉戏。(再次鼓掌)

师:你真了不起啊,如果下次有外宾来参观我们的校园,就请你去做导游,好不好?

生:好!(开心笑)

由此可见,在新课程改革阶段,作为重要的课外资源,生物园有着不可代替的优势。

第二节 图书馆(室)——语文课外教学资源的宝库

书籍是人类进步的阶梯,图书馆(室)在小学语文教学中有着不可替代的作用,因此,要建设好、使用好图书馆(室)的教学资源。

一、图书馆(室)的危机

1. 管理思想落后导致管理工作不到位

由于学校管理者思想观念的落后,对图书馆(室)的建设往往采用封闭式管理,使得图书馆(室)中大量的"语文课外教学资源"因长期以来受到"合法保护"而丧失了其有效的利用价值。普通学生鲜有经常到图书馆阅览和借书的。因此,宝贵的"语文课外教学资源"成为摆设品、参观品。

2. 经费制约

任何时候经费都是制约学校发展的一个瓶颈,同样,语文课外教学资源的充分利用也需要经费作为后盾,有些学校为缓解经费紧张,就减少包括图书馆建设在内的费用,但这样也就降低了资源的利用效率。

3. 服务意识不强

一是图书馆的开放时间有限,有的学校图书馆每天甚至每个星期只对外开放两三个小时,让学生和教师往往集中在这一段时间内借完书就完事了,根本不提供阅览的时间;二是不提供阅览的环境,有的图书馆(室)就一间房子,几架书,借完以后马上得走人,更谈不上其他方面的服务措施和条件了。

4. 藏书不足、结构不合理

藏书是一个图书馆(室)的重要标志,然而时至今日,在相当多的学校图书馆(室),不仅自身藏书存在着种种问题,而且书籍结构也很不合理。

二、图书馆(室)——语文课外教学资源的宝库

书籍是人类进步的阶梯,图书馆(室)在小学语文教学中有着不可替代的作用,因此,要建设好、使用好图书馆(室)的教学资源。

图书馆本身就是教育文化设施,与语文课外教学有着一种天然的联系。学校图书馆的发展、建设和管理,在语文课外教学资源的开发和建设中,发挥着如下几方面的积极作用。

1. 让师生在图书馆中受到语言文化的熏陶。

图书馆是学校重要的隐性教学资源,具有很强的教育功能。它能在潜移默化中感染、熏陶师生,使其内化为信念与情感。图书馆中有大量的书刊可以供师生借阅,这些书籍有历史、语言、文学类的,其中不乏文化泰斗的力作,不乏古今中外的圣贤、文人墨客所撰写的名著,学生徜徉在这样的文化海洋里,受到祖国语言文化的熏陶,自然而然地增加了对祖国语言文字的兴趣,从而激发了他们热爱祖国的语言文化、热爱读书的情感,在读书中提高自己的知识文化水平,提高语文的素养。

2. 图书馆是师生学习语文的知识宝库。

图书馆是文献信息资源的集散地,是学校的基本教育设施,它被誉为"知识的宝库""学校的第二课堂",同样承担着培养学生的重任。在语文的教学中,图书馆作为教学资源的作用十分明显,师生可以在图书馆借阅学习资料,特别是文学类的、语言文字类的资料等,内容十分丰富。图书馆可以通过对馆藏的文献资料进行遴选、加工、集萃,向师生提供文献信息服务,满足师生对文献的各种需求,把精神化成物质,向师生提供健康有益的精神食粮。师生置身于如此浩瀚的语文知识的海洋中,博采众长,开阔视野,活跃思维,其个性能得到充分

的张扬和发展,从而提高了他们的语文素养。

3. 让图书馆帮助学生提高语文的读写能力。

学生读写能力的提高,固然离不开教师对语文基础知识的传授,对优秀文学作品的分析、评点以及对组句结篇的指导,但更重要的还必须培养学生阅读和写作的兴趣。要让学生出口成章,下笔有神,就必须让学生做好知识储备。俗话说:"读书破万卷,下笔如有神。"这是古人的经验。读写能力的高低,与是否重视课外阅读关系很大,因此要让学生养成坚持天天读报,经常翻阅杂志和每学期认真读几部好书的习惯,使学生可以从中感受到时代脉搏,接受新鲜思想、汲取丰富的词语、学习灵巧的写作方法。而图书馆正好给学生提供了这样的阅读场所,从而帮助学生提高语文的读写能力。

4. 让图书馆成为学生开展语文综合性学习的重要场所。

学生开展语文综合性学习活动的时候,往往受困于资料的匮乏,不知如何开展。图书馆为广大师生的综合性学习研究提供了大量的资料和场地,语文、社会、实践活动、美术等许多学科都从图书馆获取了大量有益的课外知识作为有益的补充。这时,教师可以指导学生学会到图书馆去收集和整理资料,在图书馆中多阅读相关的书籍,增加对该学习内容的了解,开阔自己的视野,提高自己的能力。同时,在开展综合性学习活动时,学生可以利用图书馆内的资料学习别人的经验,学会如何去研究、创新,从而提高自己研究问题的水平和能力。

三、开发图书馆资源的方法和途径

图书馆是重要而宝贵的课外教学资源库,用好图书馆的资源,对促进语文学科的教学有十分重要的意义。

1. 利用图书馆资源,教给学生搜集和处理信息的能力。

美国实用主义教育家杜威说:"学校中求知识的目的,不在于知识本身,而在于使学生自己获得知识的方法。"[①]

随着教学改革的深化,教学也不应再局限于书本的内容、教师的传授,而应注重培养学生将书本知识与丰富的社会信息相结合,引导学生充分运用信息资源,使学生善于将书本知识与选择、收集、利用社会信息相联系。这样就深化了

---

① 参考资料:《中外教学法选编》(万国学术出版社出版 1992 年 7 月第一版)

教育内涵。

在教学中,教师可根据教学的需要,指导学生到图书馆去搜集和处理信息:

(1)要对信息材料进行加工:教师要指导学生对收集到的资料进行加工,将资料提炼、概括、分类,删除与学习内容无关的材料。对于有些不适合学生理解的语言、内容应进行编辑,使之符合学生学习、展示、交流的需要。

(2)展示交流要做到简洁清楚、协调配合:学生收集、处理信息的最终目的是为了课堂上进行展示交流。由于课堂容量有限,学生在展示信息时应简洁、清楚,将图、声、像等各种资料与本人讲解相配合。在培养学生收集信息、处理信息能力的同时,要锻炼学生的语言表达、逻辑思维等多方面的能力。

2. 在图书馆上阅读指导课

图书馆是阅读最好的园地,那里是书的海洋,学生置身于图书馆的环境中,就会产生阅读的欲望,因此,我们不妨把课堂搬到图书馆,指导学生读书,指导学生搜集资料,这样的教学效果比在课堂上空讲要好很多。

例如,我校李小燕老师就在图书馆里上了一堂阅读教学指导课,下面是这节课的教学实录:

【案例3—2】

读书有道

——读书方法指导课

师:同学们,今天上课有点特别,我们在哪里上课啊?

生:图书室。

师:是啊,我们今天就在图书室上课。来到了图书室,我总有种欲望,就是想读书,你们是否也有同感呢?

生:是!

师:同学们,上课前我已经让你们到图书室里找一本自己喜欢的书,你们找到了吗?

生:找到了。

师:你们能不能告诉我,进入图书室,你们是怎样寻找自己喜爱的书的?

生1:通过目录检索。

生2:通过分区分类很快就可以找到了。

师:那么,你们又是如何选择要看的书的呢?

生:我们根据书名、书的目录、书的内容简介来确定要不要选择这本书。

师:你们可以告诉我你们手上都拿着什么书吗?

生1:童话寓言故事类。

生2:诗文类。

生3:小说类。

生4:报纸杂志类。

……

师:同学们,书的类型各种各样,你们手上的书是你们喜爱看的吗?

生:是的。

师:好,请同学们按照老师提供的这几种类型的书籍分组坐好。下面让我们一起交流一下我们是怎样看各种类型的书的。

生1:我们选的是童话、寓言故事类的书。童话要读懂其中的内容,学习其拟人写法的精妙;寓言则在理解故事内容的同时要明白其中蕴含的道理。

生2:诗文类的书,我们不仅要读懂其中的意思,还要学习其创作上富有节奏的韵律美,以及高度概括的语言艺术。

生3:读小说时,要学会欣赏小说所描写的环境及人物的对话、行为、心理活动等手法,以便理解其中蕴含的更深一层的意思。

生4:对于科普类书籍,我们要充分发挥自己的想象力,进入科幻的世界,领略科技的进步与发展。

……

师:你们对于不同类型的书用不同的读书方法有了大概的了解了吧? 对于不同类型的书有不同的读书方法。现在,老师介绍几种常用的读书方法供你们参考。

一、泛读法。你们知道什么叫泛读法吗?

生1:泛读法就是博览群书,不管大书、小书、名著、报纸杂志,所有的一切,只要能了解的我们都要了解一下。

师:说得真好。是的,在信息飞速发展的21世纪,书籍琳琅满目、信息铺天盖地,我们要了解大量的信息,不可能把所有的书都详细读一遍。因此,这就要求我们要"读浅",即采取浏览的方式来了解大量的信息。比如,对于那些浅显易懂的书籍以及报纸、杂志或网上的信息等,我们可以采取一目十行的方法,看看标题、目录,前言、内容提要等以达到了解其内容的目的即可。这就是泛读法。我要介绍的第二种方法是精读法。谁来说说什么叫精读法?

生2:精读就是静下心来细细品读,揣摩其谋篇布局、立意构思,欣赏其好词妙句。

师:你只说对了一半。精读首先要品读,对于一些名著、文质兼美的优秀作品,我们要静下心来细细品读,揣摩其谋篇布局、立意构思,欣赏其好词妙句。其次要"读思",所谓"读思"就是要一边读书一边思考,多想想书中的内容写得怎样结局为什么这样安排,这个词用在这里有什么好处,能不能换成另外一个词……对于一些存在疑惑的句段,我们还要多问几个为什么。总之,我们在读书的过程中,要学会分析、比较、综合,以达到了解书中的内容的目的。最后,精读还要求我们要把书读透。对于一些名言警句,诗歌、散文,短小精悍、富有哲理的文章以及名著里的一些精美片段,我们可以采取读透的方式,在理解文章的意思后反复读,直至把它背下来为止。可谓好书不厌百回读啊。第三种方法是"笔墨不离书"法。那么谁再来说说什么叫"笔墨不离书法"?

生3:就是说在读书的过程中要边读边写边画。

师:是的,常言道,"好记性不如烂笔头"啊!我们在读书的过程中要养成"不动笔墨不读书"的好习惯。1. 圈点勾画。圈点勾画即在读书的过程中用相关的符号如"—""…""△"等在书或文章上标出重点词句、精美片段,或疑难困惑的句子,甚至文中出现偏差错误的句子等。2. 作批注。作批注即在文章中点评遣词造句的精妙,在旁边写出自己的见解和感受。3. 写读书笔记。写笔记是积累知识的一种好方法,它能把我们读过的书的内容记录下来。写读书笔记还能帮助我们提高阅读能力、分析能力、综合归纳的能力以及文字表达能力,是一种手脑并用、阅读和写作结合的综合训练。第四种方法叫"睡前回忆法"。请一个同学来说说什么叫"睡前回忆法"?

生4:就是说把读过的书在睡觉前尝试着去回忆一下。

师:我们在睡觉以前静静地回忆我们所读过的书,所记过的东西,这样的记忆方法非常好,它的记忆率是最高的。同学们,对于我们读过的书或背过的知识,不妨在睡觉前用这种方法去记忆。除了老师介绍的这几种读书方法,同学们,你们还搜集到哪些读书的方法呢?

生:我还知道鉴赏法,就是去鉴赏作者的文采、写法等。

生：我还知道朗读法和默读法。

同学们搜集到的读书方法可真多啊！有了好的读书方法，我们读起书来就会游刃有余啊！现在，我想知道，在读书的过程中，你们是怎样搜集、整理这些信息的。

生：我们可以阅读书籍、报纸、杂志，也可以上网查，还可以通过访问他人等方式搜集资料。

师：搜集到这些资料后我们该如何整理呢？

生：1. 做卡片。在读书的过程中，我们要把文中的好词佳句、精彩片段、精美的文章摘录下来做成小卡片，然后分门别类地把它整理好。

生：2. 剪报。把一些杂志、报纸或价值不是很高的书籍上有用的资料或美妙的文章剪下来，并在每一张剪纸上做好批注，然后分类整理好以便积累。

师：同学们，通过今天的学习，你们有什么收获呢？

生：我学到了很多读书的方法，受益匪浅。

生：我学会了搜集和整理资料的方法。

师：同学们，学习有法，读书有道，各人有各人的读书方法，每本书有每本书的读书方式，我们要根据自己的实际需要去寻找一条最适合自己、最有效的读书方法，并养成搜集信息、整理信息的良好习惯。让我们多读书、善读书、读好书，做一个知识渊博的学者吧！

第三节　校园文化长廊——语文课外教学资源的长廊

当你走进一所有着丰富文化底蕴的学校时，你立刻会感受到独特的校园文化氛围。放眼望去，悬挂在教学楼走廊墙壁上的"古代、现当代教育家"宣传画廊，图文并茂、内涵丰富、色彩浓重，展示了人类宝贵的精神和物质文化财富，把学生带入充满人类智慧的精神家园。文化长廊不仅是校园中一道独特而亮丽的风景，而且是重要的语文课外教学资源，具有启迪智慧、陶冶情操、净化心灵、提升精神境界等育人功能。

1. 建设传统文化长廊。

在教室外走廊墙壁上挂一些古诗、对联、书法作品、名言警句、传统文化知识等，让学生走出课室就能看到，使他们总是浸润在传统文化的氛围里，从而了解更多的诗人、墨客,学会欣赏和热爱祖国的传统文化,激发他们学习的欲望。例如,我校的走廊上挂着很多传统文化的诗文,学生耳濡目染,不会作诗也会吟,对学生的语文学习十分有帮助。

2. 建设图书文化长廊。

在各班教室门口的展板上,学生可以不定时地交流读书心得,推介好书目,让同学们共读好书,共享书中的喜怒哀乐。另外,还可以在楼梯的拐角处设立一个开放性的图书角。一排排书架上整齐地摆放着各类儿童读物:名人传记、寓言童话故事、科学百科、漫画系列丛书……这些图书可供同学们在空闲时自由取阅,为学生营造一个丰富多彩、包罗万象的求知世界。每到休息时间,许多学生们聚集在这里,饱览群书,尽情吮吸着知识的甘露。

3. 建设"趣味语文"文化长廊。

趣味语文就是能吸引学生的学习兴趣、有趣的语文知识。学校可以选择一处角落,摆放一些有趣的文字资料和图片,或者趣味故事等,吸引学生阅读的兴趣。另外,也可以在长廊里设立"猜谜语""脑筋急转弯"等栏目,在墙上挂上一些谜题,让学生去猜。

4. 建设作文长廊。

作文是语文教学的重点内容,但是要提高学生的作文水平,不能仅限于课堂上的讲授,还要让学生学会欣赏优秀的作文,只有先学会模仿才能创造。因此,建设作文长廊的意义,就是要给学生提供一个鉴赏的园地,让学生从别人的作文中吸取经验,获得重要的资源。

这些文化长廊的建设,融艺术性与文化性为一体,既有传统的文化底蕴,又有浓郁的时代气息,是语文课外教学资源的重要阵地。漫步长廊,可以跨越时空,与历史对话、与世界交流;可以聆听古今良训,欣赏中外名言;可以咀嚼名人佳作,感悟人生哲理。别具一格的校园文化长廊使整个校园充满个性化的文化氛围,为学校师生创造了优美的艺术环境,营造了浓厚的文化氛围,提升了校园文化品位,让师生在不知不觉中放松了心情,陶冶了情操,同时,丰富了学生的课外生活,提高了学生语文学习的兴趣,使学生在良好的校园环境中健康、快乐地成长。

案例3-3是本课题组整理和撰写的有关文化长廊建设的内容:

【案例3—3】

加强校园文化长廊建设,促进语文课外教学资源开发

一所学校的文化底蕴越厚,学校发展的基石就越牢,潜移默化的影响就越大。我们认为一种制度的、行政的、物质的东西,只能提供程序、规矩、命令、信息,它无法净化心灵,修炼德行,丰富感情,提升精神;更无法激发智慧的灵感,思想的火花,创造的激情。而这一切则可从厚积的校园文化中获得。所以,培植自己的校园文化传统,就是在培植一个巨大的教育磁场,能够给语文教学提供源源不断的课外教学资源。

我校除了营造一个优美的"景观文化"的环境文化外,还从深层次上设计了具有浓厚文化内涵的文化长廊。其主要内容有:

一是体现办学观念的教育文化长廊。我们在两堵六层高的墙体上以醒目的大字镶嵌了学校的办学宗旨、校风、教风、学风、员工价值观等。在两栋教学楼上,无论站在哪一个地方,它都会映入你的眼帘,提醒你、警示你,成为一种无声的鞭策,成为激发学生学习的动力。

二是哲理文化长廊。我们在每层楼的墙壁上镶嵌了42幅艺术作品、名人画像或名言警句,每幅作品一个主题,每个主题下面选用一段名人语录作为解读。例如"理想"主题下面的一段名言是:"生活好比旅行,理想是旅行的路线,失去了路线,只好停止前进。——雨果。"这42幅艺术作品,不仅美化了校园,而且让学生时时与古今中外的名人对话,聆听他们的教诲,从中受到人生的启迪。木刻艺术作品成为我校活生生的校本教材,发挥了不可替代的教育功能。

三是艺术文化长廊。我们从《诗经》《离骚》及唐宋诗词等诗歌中,选录了上百句传诵千古的名诗,制成绿色条幅,悬挂在"国学长廊"的上空,它不仅给人以书法的美感,更给人以精神的享受。我们还在每层楼都设计了一幅巨大而精美的绘画,一幅画一个主题。如二楼是环保,三楼是德育,四楼是科学等,每幅画都突出一个教育目标。在每层楼的天桥走廊上,我们还雕塑了古今中外的名人画像,在楼阁墙壁上悬挂了许多名人名画;这一切都成为陶冶学生情感的艺术享受。

第四节　运动场——会"动"的语文课外教学资源

苏联教育家苏霍姆林斯基曾说过,教育的艺术在于使环境中的各种因素都能起到教育的作用。学生在学校生活的环境并不局限在教室中,图书馆、生物园、运动场等都可以是学生生活和学习的地方,因此,我们应该让这些环境的教育因素充分发挥出来,为我们的教育教学服务。

一、让运动场热闹起来

教育部几次下令要求切实减轻学生负担,新的课程改革也要求改变课程内容的"难、繁、偏、旧"和过于注重书本知识的现状,加强课程内容与学生生活以及现代社会和科技发展的联系,关注学生的学习兴趣和经验,精选终身学习必备的基础知识和技能。课程内容和课程结构的变化,要求教师的教学方式和学生的学习方式发生根本的变化,学生不能只是埋头坐在教室读书,学习的环境和地点可以是学校的任何一个角落,甚至可以把课堂延伸到学校以外。作为学校的一种基础设施和教育资源,操场应该"热闹"起来。

有些教师容易走入一个误区,即认为"课室里的教学才是真正的教学",离开了课室,那就不属于教学的范畴了。特别是语文、数学、英语这些"主科"的老师,他们认为,如果占用一节课的时间让学生到运动场上去活动,那就等于浪费了一节课。但是,我们应该知道,运动场也可以成为课堂,运动场上的语文课也同样精彩。例如,三年级的作文课《记一次课余活动》,如果教师只是在课堂上讲,学生在课堂上说,而没有让学生真正地到运动场上去活动,那么学生就很难写出详细的经过和真实的感受。有经验的老师都会"浪费"一节课,让学生到运动场上去做游戏,让学生尽情地玩,仔细地观察,细心地体会。这样,学生的作文才会取得更好的效果。

新课程的理念已经让我们革除了课堂就是教室的观念,一切可以开展教学的地方,都可以成为我们的课堂。学生不仅可以在教室学习,也可以在大自然、在运动场上进行学习。所以,怎样拓展教室的时空,有效地利用学校资源,实现课程意识向课堂行为的转变,就成了教师应该关注并不断获得的一种课程能力。有这样一个案例,在北方的一所小学里,有一天,下雪了,本来要讲新课文的语文老师将兴奋的学生带到运动场上赏雪,因为刚接受新课程培训的他认为这是一次难得的写作良机。学生在赏雪的过程中,还发现雪花有很多形状,但大都呈六角形。最后,老师给学生布置了这样的作业:一是写一篇关于雪的作文,体裁不限;二是画出雪花的形状,并分组探究雪花为什么大多是六角形的科学道理。就这样,宋老师把本来的一堂阅读教学课上成了"赏雪作文课""科学探究课","运动场"和"雪"在这里成了现实的课外教学资源。

二、充分挖掘运动场上的语文课外教学资源

1. 运动场上的素材性资源

运动场是学校重要的组成部分,运动场也是一个教育教学的场所,不能忽视运动场作为素材性资源的作用。例如,一年级的课文《操场上》,写的就是运动场,教师要充分利用这一资源,将其运用于教学当中去,让学生观察、体会操场上的人们、操场上的情景等。另外,运动场边上竖立的一些标语也可以成为一种语文课外教学资源,如"每天运动一小时,健康生活一辈子""我运动、我健康、我快乐""花草也是有生命的"等等,这些都是非常好的"语文教学资源",不仅让学生记住,还要让学生自己去创作这种类型的标语、广告,这样能培养学生的语言表达能力,还能培养学生的创新能力。

2. 运动场上的活动资源

在运动场上,最常见的就是同学们的身影,同学们在那里玩游戏、跑步、打篮球、踢足球、做早操、放风筝、跳绳、举办运动会等等。这些丰富多彩的课余生活本身就是非常有用的语文课外教学资源。在口语交际课上,学生可以说说自己在运动场上的活动;在作文课上,学生也可以写自己快乐的童年生活。例如,让学生用"有的……有的……有的……还有的……"造句,学生就可以利用运动场上的资源造句:运动场上,有的同学在打篮球,有的在踢足球,有的在跳绳,还有的在跑步。

3. 运动场上的情感资源

《语文课程标准》明确指出:培养学生的高尚情操和健康的审美情趣,形成正确的价值观和积极的人生态度,是语文教学的重要内容,不应该把它们当作外在的附加任务。应该注重熏陶感染、潜移默化,把这些内容贯穿于日常的教学过程之中。从提高学生的人文素养出发,《语文课程标准》中特别增加了情感态度和价值观主定维度,并占有较长的篇幅和重要的比例。情感态度和价值观

对学生的学习具有重要的现实意义。学生只有学得高兴,才会更有兴趣去学,只有形成积极乐观的人生态度,才能学得更积极主动。而运动场就给我们提供了一个培养学生情感态度价值观的场所,教师要充分地挖掘运动场上的这一情感资源,激发学生的学习积极性。例如,下课或课余的时间,老师和学生一起玩游戏、打篮球、打乒乓球、打羽毛球等等,既可以增进师生之间的感情,又可以调动学生学习的热情。

案例3-4是本课题组负责人范锦飘老师上的一节作文课片段。

【案例3—4】

运动场上的作文课

这是一节三年级的语文课,学习习作《有趣的游戏》。

我和学生一同来到运动场上,运动场上阳光明媚,路边的小树仿佛在微风中点头微笑,树上的小鸟仿佛在叽叽喳喳地唱歌,更高兴的是班上的同学们。因为这一节课外语文课,我带领同学到操场上做游戏来了。

我让同学们先排队立正站好,由我宣布游戏的规则。这次我们做的游戏有两个,一个是"老鹰捉小鸡",另一个是"丢手绢"。男同学先来做第一个游戏,女同学先做第二个游戏。在做游戏之前,我提出了几点要求:1. 要遵守游戏规则,输的同学要表演一个节目;2. 要认真地观察同学们的动作、表情等;3. 游戏结束后,要说一说自己的感受。

游戏开始了,全班同学按男女分成了两组,各自开展活动。在男同学这一组,他们玩得可快乐了,"老鹰"一会儿扑向东,一会儿扑向西,"小鸡"东躲西藏,传来了一阵阵欢笑声。女同学那边也毫不逊色,玩得不亦乐乎,被抓到的同学表演节目,发出了一阵阵喝彩声。

第一回合游戏结束,老师召集同学们集中在一起。

师:在刚才的游戏中,你觉得谁给你留下了最深的印象? 为什么?

生1:我觉得吴健给我留下了最深的印象,因为他的一双大手展开的时候,把"老鹰"挡住了,不让他靠近,救了我们,吴健真是一只很棒的"母鸡"。(同学们发出一阵笑声。)

生2:我觉得余佳乐同学给我留下了最深的印象,因为她丢了手绢以后跑得太快,不小心滑倒了,当她又迅速地爬起来,正想跑的时候就被抓住了。她落落大方地唱了一首歌,唱得真好听。

生3:我觉得温星炫扮的"老鹰"给我留下了深刻的印象,因为他好像几百年没吃过肉似的,把我们这些"小鸡"往死里赶,追得我们四处逃散,最后一个个都被抓了。

……

师:同学们观察得真仔细,把其他同学的表情都详尽地表述出来了,那么,你能不能把刚才说的这些写在作文本上呢?

生(异口同声):能!

师:上完这节课以后,你有什么感受?

生:我觉得这节课太有趣了,真让我难忘。

生:这节课让我很开心,有很多收获。

……

通过在运动场上的一节特殊的作文课,学生有了写作的兴趣,有了写作的素材,有了真实的感受,这些都是在课堂上光靠讲解和想象所无法达到的。可见,利用运动场上一节生动的作文课,不仅有利于培养学生的写作兴趣,还有利于提高学生的作文水平。

第四章

社区语文教学资源的开发

本次课程改革实验,社区课程资源开发作为语文新课程的一项内容被正式纳入了我国中小学的课程框架之中,这实际上反映了学界乃至整个社会的教育及课程价值观的一种转变。具体到社区语文教学资源这一内容的社会化功能,即使未成年人了解、适应、融入、维持乃至变革现存的社会秩序的这项功能的凸现,而社区语文教学资源的开发恰恰是在语文教学和课程领域打破学校的"围墙",使学生以接近真实的体验来领悟现存的社会秩序,以实现自身社会化的一条必由之路。

第一节　社区语文教学资源的内容、特性和价值

一、社区语文教学资源的内容

社区语文教学资源指的是学校所在社区周边环境中蕴含的具有语文学科教学价值的各种资源的总和。主要包括社区人员、工厂、农场、田园、科技实验基地、植物园、动物园、各类场馆(如图书馆、科技馆、博物馆、少年宫)等。

社区语文资源的开发与利用,目的就在于打破学校和社区的隔阂,使学校与社区之间的围墙由"有形"变成"无形",从而增强学校教学的开放性及办学特色。具体地说,社区语文教学资源包括以下几个方面:

1. 社区"人力资源"。这里主要包括的是对某一历史事件或者某个特定历史发展时期有亲身体会或者感受的关键人士。例如,东莞市大岭山镇是革命老区,早年东江纵队曾经在这里建立了抗日革命根据地,留下许多可歌可泣的英

雄事迹。而在该镇，熟知东江纵队历史的老人并不多，这些老人就是一种语文教学的"人力资源"，教师可以带领学生去拜访这些老人，让他们给同学们讲课，讲述革命的历史。又如，该镇鸡翅岭村是著名的莞香产地，而村里的一位八十多岁种香老人汤洪焕，就属于这种类型的"人力资源"，因为他熟知莞香的历史，他知道怎么种植莞香。只要找到他，他就会带领我们去他家的山地里看他种的莞香树，给我们讲故事。这种"人力资源"比老师自己讲述更生动、更能感染学生。

2. 社区"活动资源"。这里主要指具有历史教育意义的事件、活动，或者学生参加的一次社会实践活动。学生通过参加或亲历这样的事件，会在头脑中产生相应的映象，在以后的教学中，教师可以把它提取出来，用于教育学生。例如，教师组织学生到社区开展志愿活动，打扫卫生、帮助孤家寡人、参加社区文艺演出、举行环保宣传、参与社会调查等，在以后的作文或者口语交际教学中，这些活动就是一种可贵的资源，让学生有话可说、有事可写。

3. 社区"地点资源"。这里指的是可以供语文教学使用的地点或场所，包括自然物理环境和人为物质环境等。例如，在讲述三年级课文《蜜蜂》一文后，为了让学生更多地了解蜜蜂，我带着学生来到学校附近的前连平小学校长李寿华老人的家里，让同学们参观他养的蜜蜂，听他在屋后的小山坡上讲述养殖蜜蜂的情况。他家屋后的小山坡就成了我们教学的"地点资源"。

4. 社区"实物资源"。这里指的是社区里那些可以使用的工具或物品，例如社区图书馆、各类建筑、花草树木、交通工具、文字音像制品、传统工艺等。例如，为了让学生写好介绍植物的作文，我让学生回去观察连平计岭村后山的荔枝林以及村里的古榕树；为了开展语文综合性学习活动《生活中的传统文化》，我让学生回去调查家乡的传统手工艺品、传统小吃、古建筑等。

5. 社区"文化资源"。社区文化包括物质文化和精神文化两方面，至于"物质文化"，上一点已经讲过了，在这里主要讲的是社区的精神文化，是社区的内在文化，也称隐性文化。具体地说，包括社区的价值观念、道德风尚、行为规范、管理方式、法规制度、宗教信仰、生活习俗、文艺娱乐、教育科技……社区精神是社区文化之魂，它是社区全体成员在共同的生活实践中形成的规范社区成员行为的社区意识形态文化。社区精神以价值观念为主体，还包括社区发展目标和社区特色风貌。价值观念引导全社区成员向一个共同目标前进，以价值观念为主体的社区精神具有强大的凝聚力,团结、指导社区全体成员为建设自己的家园而努力奋斗。

二、社区语文教学资源的特性

1. 广泛多样性。

社区语文教学资源具有广泛多样的特点。不同的地域,可以开发与利用的语文教学资源不同,其构成形式和表现形态各异;不同的文化背景下,人们的价值观念、道德意识、风俗习惯、宗教信仰等具有独特性,相应的社区语文教学资源各具特色;学校性质、规模、位置、传统以及教师素质和办学水平的不同,学校和教师可以开发与利用的语文教学资源自然有差异;学生个体的家庭背景、智力水平、生活经历的不同,可供开发与利用的社区语文教学资源必然会有所区别。

2. 价值潜在性

多种多样的社区资源为语文学科和教师因地制宜地开发与利用提供了广阔的空间。只有那些真正进入语文课程、与语文教学活动联系起来的社区资源,才是现实的语文教学资源。从这种意义上看,一切可能的教学资源都具有价值潜在性的特点。同一资源对于不同课程具有不同的用途和价值。例如,动植物资源,可以成为学生学习生物学知识的资源,也可以成为学习环境学、生态学知识的资源,还可以成为学生调查、统计的资源。如学校附近的山,既可以用于体育课程中的体育锻炼,也可以用于劳动技术教育中的植树绿化;既可以在艺术教育中陶冶学生的情操,也可以在科学课中用来调查动植物的种类。课程资源这一特点,要求教师独具慧眼,善于挖掘课程资源的多种利用价值。

3. 地域性。

社区语文教学资源的主体和客体分别为社区内的机构、民间组织、社区居民、社区文化生活设施,这是由社区的特定地缘经济、政治、文化和社会需求所决定的。没有地域性,就不成其为社区。通过社区语文教学资源的开发,可以增进对社区的了解,可以加强与社区的联系,使社区真正地发挥教育的功能,促进学生个体社会化,培养社区的认同感和归属感。

三、社区语文教学资源开发对学校教育改善的价值

1. 促进学生个体社会化,培养社区的认同感和归属感

个体社会化是个体与社会的相互作用中,将社会所期望的价值观、行为规

范内化,获得社会所需要的知识和技能,以适应变迁的过程。对学生个体而言,社会是个抽象的存在,而社区才是具体的、可触摸的,因此,学生个体的社会化首先应是认识社区,学会在社区中生活的过程。但长期以来学校一直是封闭的"象牙塔",学生往往只是从课堂和书本中获得一些关于社会抽象的、笼统的、一般的经验,而对其生存的社区的状况知之甚少,这便导致两种结果:其一,学生缺少对真实的社区事务基本的评价和参与能力,影响了学生个体的社会化进程;其二,有时甚至会出现因课堂所学与社区实际相悖,又得不到良好的解释而使学生的社会化过程出现混乱和困惑的情况。可见,完全脱离社区实际的教学只能导致学生社会认识的偏见与傲慢,只有坚持因地制宜,积极地组织和利用社区的人才、物质环境与文化的优势,将其纳入学校的教育教学中,才能使学生更好地认识社区、理解社会,增强其对丰富多彩的社会的接纳与判断的能力,培养对社区的认同与归属感。

2. 促进学习化社区的形成

学习化社区是指以社区终身教育体系和学习型组织为基础,能保障和满足社区成员学习的基本权利和终身学习需求,从而促进社会成员素质和生活质量提高,以实现社区的可持续发展而创建的新型社区。可见,学习化社区着眼于社区成员的教育及社区生活、发展水平的提高,与学校组织和开发社区教育资源的着眼点—— 改善学校教育、促进学校发展有一定的区别,但后者是实现前者目标的重要支持系统。首先,学校作为社区文化与教育工作的中心和前沿,它积极组织广大社区成员参与,必将在社区形成关心教育、关注学校发展的良好氛围,而这是学习化社区形成的内在动力和基础;其次,以学校为中心的社区教育组织的建立,以及其对于社区内人力、文化及物质资源的积极组织则构成了学习化社区形成发展的基本条件和组织保障。因此,在当前学习化社区的设计与建构中应将学校对社区教育资源的组织利用视为重要的动力。

3. 实现教育创新的重要环境支持

创新人才培养是当前各国教育的一个共同的目标,而要培养学生的创新能力则首先需要教育,特别是学校教育的创新。但笔者以为,当前我国封闭的学校教育体系必将成为实现教育创新的严重障碍。因为,其一,社会学的一个基本的认识,知识与信息的丰富与流动程度总体上是与一个人或一个民族、一个集体的创造力成正比的,任何形式上的封闭与缺少交流必将导致内容上的贫乏与僵化;其二,学校的封闭性必然导致其缺少社会监督、评价与建议,而成为违背教育的原有之义,为追逐功利(显性为升学率,隐性为教师、领导的收入和职位)而放弃一切的工具。很显然,在这种改革与提高的动力缺失的情况下很难实现学校的教育创新。因此,为了大量创新人才的培养,学校必须积极开发社区的教育资源,营造一个教育创新的有利环境。

第二节　社区语文教学资源开发的现状

一、社区语文教学资源开发的现状

在本次课程改革之前,社区语文教学资源就已经在我国中小学广泛存在,并实施了相当长的一段时间。学校中最常见的资源是社会实践活动,例如"学雷锋做好事""青少年志愿者活动""兴趣小组"等。还有一些活动是为辅助语文科教学的需要而设计的参观、访问、社会调查等活动,其目的是为了通过这些社会实践活动,加深对语文学科内容的认识和理解,提高语文素质和能力。

社区语文教学资源开发的出发点是语文课程,关注的是社区和社会生活中与语文学科的知识或学科内容相关的社会事物。从学校或教师的角度来看,社区语文教学资源的选取遵循的是以下三个原则:一是这些资源要同语文学科课程内容相吻合;二是这些资源的利用要有助于完成语文教学目标;三是这些课外教学资源要便于利用,由此开发出来的社区教学资源也便于被纳入语文学科课程原有的框架中。不符合以上这三个条件中任何一个条件的社会资源,都难以被学校或教师采纳为语文学科教学资源。社区语文教学资源的开发主要依靠教师,由于语文教师的社会触及面有限,紧密联系语文科的社会资源也比较有限,因此开发出来的社区语文教学资源就出现了种类单一、各地各校"千人一面"的现象,具体情况如下。

在语文学科中常见的社会实践活动,就是参观或感受语文课文中所描述的事件或人物。如在学习《狼牙山五壮士》《小英雄雨来》《金色的鱼钩》《丰碑》等这些描写革命先烈事迹的文章时,就组织学生去烈士陵园、革命遗址或历史博物馆参观、凭吊;在学习有关春天、秋天的文章时,就到公园、植物园去参观,等等,从这些地方回来之后,还通常要求学生根据游览、参观的情况写一篇观后感或游记。

从以往中小学所进行的社区语文教学资源开发利用情况来看,其存在的问题主要有以下几方面。

第一,以往开发的社区教学资源范围较窄。主要表现在:所涉及的社会机构较少,仅限于博物馆、展览馆、科技馆、革命遗址、历史遗址等富有教育职责的社会机构;所涉及的主题少,仅限于环保、助残、献爱心等;利用资源的方式少,限于参观、访问、捐助等。从语文学科来看,由于很多社区语文教学资源的选择和开发以语文教学为指导,同时又由于内容难度太大或过于抽象,使得教师很难把语文知识同现有社会现实直接联系起来,使得语文教师很少利用各种社会资源,甚至不会利用社区资源进行教学。

第二,由于现有社会实践活动强调语文学科文化知识的价值偏向,致使活动内容和目标过于单一,习惯于从语文学科知识中寻找资源开发的着手点,导致社会资源利用的方式过于单调,从而使本来就有限的资源无法得以全面、深入的利用,其结果使原本学生非常感兴趣的社区资源变得机械乏味,降低了实际的教育和发展价值。

总之,这些社区语文教学资源,在以往的以课堂教学为主的语文教学活动中,起到了丰富教学活动、让学生接触社会的作用,但按照新课程改革的理念及课外语文教学资源发展趋势来看,这些活动开展得还远远不够,学校和教师对社区语文教学资源的认识还需要深入,开发社区语文教学资源的能力还需大大地加强。

二、影响社区语文教学资源开发与利用的因素

通过反思行动过程中遇到的困难、出现的问题以及一些有利的条件,我们发现对学校社区课程资源开发与利用有直接影响的因素主要有两大类:一类来自于学校;一类来自于社区。

(一)学校文化

1.校长和教师的社区语文教学资源的意识

学校的周边环境可能会有很大的差异,但是学校员工的社区语文教学资源意识直接决定着这项工作的进行。我校之所以能够开展这项工作,而且有了这么大的进展,与校长和老师对于这项工作的态度有很大关系。校长一开始就意识到社区语文教学资源缺乏是阻碍学校发展、学生进步的一个关键问题,所以才能致力于社区教学资源的开发与利用的行动研究。而校长对社区教学资源

的态度影响教师的参与程度,教师会在校长的积极支持下投入更多的精力。

2.学校传统的工作方式

传统的学校管理方式和工作方式,不但使学生脱离社会生活,也使学校的管理者和教师对于走出校门有一种陌生感和恐惧感。一方面他们怕遭到社区一些单位和人士的拒绝;一方面又怕学生走出校门会出现安全问题。一些教师认为这种开发社区教学资源是"可做可不做的事儿",能不做就不做了。同时,学校传统的社区活动也限制了教师的思维,他们很难想象(也没有时间想)除了这些活动,还有哪些社区教学资源开发与利用的形式。而一旦学校打破这种传统的工作方式,变封闭为开放的工作方式,僵化为灵活的工作方式,并给教师更多思考和创新的空间,鼓励他们勇于设想、大胆实践的时候,学校的社区语文教学资源开发与利用的工作就焕发出勃勃生机。

3.学校的人际关系

中国的传统文化非常注重人际关系,而这种人际关系直接影响着学校工作的开展,尤其是一些需要大家合作开展的工作。很多的学校教师不习惯与别人合作,同事之间很少就工作的情况进行沟通,一般都是独自工作,直接对上级负责。在研究中,我们也发现,当教师之间不能很好地沟通时,就会阻碍研究工作的进行,而当他们能够主动地参与进来,分工合作、相互配合时,课题就能够顺利开展。因此,学校需要有意识地培养教师的合作精神,并给予一定的鼓励和支持,促进教师之间的沟通与配合,这样才能更有效地开发与利用社区课程资源。

(二)社区文化

1.社区的发展目标

社区作为语文教学资源的提供者,它的发展目标影响着学校的社区语文教学资源的开发与利用。尽管社区的物质环境和条件会有差异,但是一个有长远战略计划的社区,必定愿意和社区内的学校联合。但很长时间以来,除了社区的教育部门之外,社区很少走进校园,学校对于社区也不是十分了解,二者很少能够资源共享。如果一个社区愿意建设学习化社区,愿意在与学校的合作方面投入一些精力,给学校的发展和学生的成长提供一些帮助的话,这对于学校打开校门走进社区,参与社区生活是非常有利的支持。

2. 社区的治安环境

很多学校在与社区合作，打开校门的时候，最不放心的就是学生的安全问题。因为我国城市的社区治安情况实在不敢恭维。越来越多的国外校园成为"没有围墙的学校"，学生可以在操场、山冈、社区尽情地玩耍。可是如果我们的一些城市学校拆掉了围墙，后果则难以想象。很多中、低年级的学生，还需要家长去接送，因为"过马路"实在太危险了。如果这样的社区环境不加以改善，让学生进入社区进行调查、学习，确实是对学校管理者、教师和家长信心的一个挑战。

3. 社区人士的社区教学资源意识

学校要走向社区，必须有社区的工作人员、居民（包括家长）的配合。而他们对于社区教学资源的态度也影响着这项工作的开展。不但教师习惯了在教室里工作，就是我们的家长和社区居民也习惯了学生每天在学校里学习书本知识。一些教师担心带领学生到社区去进行职业体验，或者这样的活动搞得比较频繁，会引起反面的社会舆论。因此，在社区教学资源开发与利用的同时，也应该在社区进行社区教学资源方面的宣传。只有在社区内形成社区教学资源的意识和对新课程相关理念的理解，学校开发和利用社区教学资源的工作才能顺利进行。

三、新课程对社区语文教学资源开发提出的要求

《语文课程标准》指出：（1）语文课程资源包括课堂教学资源和课外学习资源，例如：教科书、教学挂图、工具书、其他图书、报刊、电影、电视、广播、网络，报告会、演讲会、辩论会、研讨会、戏剧表演、图书馆、纪念馆、展览馆，布告栏、报廊、各种标牌广告等等。自然风光、文物古迹、风俗民情，国内外的重要事件，学生的家庭生活，以及日常生活话题等也都可以成为语文课程的资源。（2）各地区都蕴藏着自然、社会、人文等多种语文课程资源。要有强烈的资源意识，去努力开发，积极利用。（3）学校应积极创造条件，努力为语文教学配置相应的设备；还应当争取社会各方面的支持，与社区建立稳定的联系，给学生创设语文实践的环境，开展多种形式的语文学习活动。

语文教学本身的特点，决定了学生的学习场所必须从课堂走向社区、走向社会，学习内容的载体也必须从教科书转向丰富多彩的社区、社会生活实际。因此，如何有效地开发和利用课堂外的、蕴藏于社区及社会生活之中的语文课

外教学资源,直接影响到语文教学的实效性。

社区语文教学资源的开发包括两方面内容:语文教学对社区、社会教育资源的有效利用;社区、社会为语文教学有效利用其教育资源创造条件。

首先,学校、家庭、社区及整个社会必须树立大教育观,把教育看作是所有公民的社会责任,教师、学生、家长和社会都应把社区及至整个社会作为学生学习和成长环境中一个不可缺少的部分来看待。

其次,学校应有效利用校外语文教学资源。社区是学生生活、成长的地方,学校应优先考虑社区语文教学资源的开发。应充分利用社区的各种有益场所、机构与环境,如图书馆、少年宫、敬老院、车站、公园、商场、工厂、农场以及社区其他的自然与人文环境;应充分联系社区中的各界人士,如学生家长、各行各业的劳动者、知名人士等,使他们都了解并关心社区教学资源的开发;既要充分利用有形的教学资源,又要使学生受到无形的教学资源的感染和熏陶;既要利用正面的教学资源,又要利用反面性质的教学资源使学生进行反思和内省。学校还可以与有关部门建立相对稳定的活动基地,整合各种教学资源,并通过多种途径不断开发出新的资源。

第三,社会各界应了解课程所需的教学资源,应制订相关制度和措施支持课程改革,支持社区教学资源的开发,关心学生的成长,向学生开放蕴藏于学校之外的各种教学资源,为学校教学活动的有效实施创造充裕的物质条件和良好的精神氛围。

第四,学校应做好社区语文教学资源的储备和管理工作,加强社区语文教学资源库的建设,学校之间应加强联系,互通信息,互相支持,注重教学资源的共享。

以下是我校课题组成员通过对不同人士的调查、访问,总结出来的一则关于社区资源开发现状的案例:

【案例4—1】

不同视野中的社区语文教学资源开发与利用

在我校师生的帮助和配合下,课题组成员通过问卷、访谈、交谈、观察等方式了解了校长、教师、学生、家长和社区人士对社区语文教学资源开发与利用的看法。

一、校长眼中的社区课程资源开发与利用

通过与我校正、副两位校长的接触,发现他们都认为学校的社区语文教学资源缺乏(或者说社区语文教学资源利用不当)。欧阳校长说,"虽然以前学校搞过一些社区活动,但都是无意识的,是为了活动而活动。例如,到连平村的街道打扫,是为了开展学雷锋活动,并没有想到这也是一种教学资源。"虽然校长们认识到了学校在社区教学资源开发方面的问题,但并没有引起重视,也不知道如何去开发和利用这些资源。

自从本课题开始实施后,校长们看到了教学活动的变化,发现教师上课不仅限于课堂,有时还走出课堂、走出社区,不仅丰富了学生的知识,还开拓了学生的视野,收到了不错的效果。欧阳校长说:"我们现在搞社区语文教学资源开发,跟以前的活动不一样了,有了明确的目的,能够有意识地把这些活动当成是一种资源,用在教学方面,而且注重这些资源的积累运用。""以前的活动德育的内容较多,现在各个学科的内容都有。例如,语文学科的社会实践活动,就明显带有课外教学资源开发的目的,教师有意地把活动与语文教学联系起来,让学生从活动中学语文、用语文,这种教学资源比在课堂上讲生动得多,学生也更感兴趣。"

校长们对社区语文教学资源开发与利用的进一步开展也是踌躇满志,他们打算在我市搞出一个"率先"来。"咱们这么搞课题,是有规划的,有实施、有总结的。在活动过程当中,我们还会总结经验,查漏补缺,看我们在这个活动过程当中,哪个(资源)还没挖掘到。没有挖掘到,我们接着再挖掘。挖掘到的,我们怎么把它变得更好。这是咱们率先搞的活动。率先就要整出一个榜样来。如果率先,然后灭火了,那不行。"他们不但对社区语文教学资源"缺乏"的问题给予了重视,积极地与社区进行合作,争取在全市搞出一个率先来;同时,也希望给孩子提供的不单单是课本上的知识,要让每个学生在体验和实践的过程中,能构建适合自己的课程。

二、教师眼中的社区语文教学资源开发与利用

从问卷和访谈中,我们发现教师普遍认为社区语文教学资源的开发与利用无论对学生,还是对于学校都是必要的。但很多教师也反映,由于走出学校限制的因素比较多,所以这类活动开展得比较少。首先,学校的工作太多,使得教师没有时间想这个问题,而且他们认为这样的活动需要花费大量的时间;其次,学生的时间比较紧,很多学生放学后,还要参加一些课外班,而且学校的课程也

安排得非常紧,想要从紧张的时间表中抽出半天的时间来搞一些社区活动几乎不可能,只能占用假期时间;再次,很多教师顾虑学生的安全问题,因为学生一旦出事儿,学校和教师的责任非常大,所以轻易不敢带学生出去;另外,教师们认为到社区联系活动比较麻烦,很多社区人士对于学校的活动并不支持,而且尽管家长会协助开发一些资源,但是部分家长对社区活动不是十分支持;他们认为以前学校社区活动的目的性不强,学生的收获不是很大;最后,教师的态度也影响一些社区活动的开展,部分教师对于社区活动的态度是"可做可不做的事情,就不做"。刘老师说:"学校在前几个学期的社区活动还是比较多的,会到社区慰问孤寡老人,去街道捡白色垃圾等,但是由于去年要评市一级学校,这学期学校又非常忙,所以这样的活动就比较少了。"

课题组在开展的培训活动对教师的触动很大,一个老师说,"孩子们的反应远远超出我的意料。"他说,"我们培养的是父母怀中的宝贝,是老师眼中的乖学生,还是社会中的人?没有亲身的体验怎能培养学生的社会实践能力,将来又怎能在激烈的社会竞争中立于不败之地?教育是一个系统工程,它需要我们为孩子们的成长搭设更多的平台。孩子要健康地成长,实现人生价值的超越,必须亲身进行各种体验,这样学生才能够在体验中获得丰富的内心感受,从而形成良好的、稳定的心理素质,以适应未来快速变化发展的社会。"这些本来认为"可做可不做的事情,就不做"的老师,如今也被孩子的热情感染了,他们愿意为孩子的健康成长搭设平台,希望能够多给孩子提供一些社区实践和体验的机会。总的来说,教师们认为学校周围可利用的资源很多,可是学校真正开发的却比较少,他们很希望能在保证学生安全的情况,给学生提供更多这样的机会。

三、家长眼中的社区语文教学资源开发与利用

从家长资源调查访问的情况看,家长对于参与学校的丰富教学计划比较感兴趣。在随机抽取的26个家长的访问中,只有两个家长暗示"不愿意和学生分享他们的才能和兴趣",而其他家长都愿意以不同的形式参与学校的工作和活动。

通过访谈发现,家长非常支持孩子参加一些学校搞的课外活动,他们平时也会给孩子提供一些了解社会的机会,让孩子学习独立处理一些事情;而且他们对于孩子的安全问题并不是十分担心,他们相信,只要学校带(孩子)出去,就没有问题。访谈的家长有不少是家长委员会的成员,他们和其他家长接触的机会比较多,他们认为"绝大部分"家长都非常支持学校的活动。他们认为带孩子

出去搞一些社会实践活动不会耽误太多时间，这种实践活动多一些挺好的，他们的孩子在参加一些活动之后，变化都非常大，动手能力增强了，也愿意劳动了。

四、学生眼中的社区语文教学资源开发与利用

学生对于社区活动的兴趣和需求是我们开展社区语文教学资源开发与利用的前提和基础。在对学生的社区活动的兴趣和经历进行调查的过程中，发现学生对于参加社会实践和社区服务非常有兴趣；他们参加过学校组织的社会实践活动，以及一些展览等活动，对于这样的活动印象非常深刻；很多学生希望对天文、历史、社会常识等课外知识有进一步的了解；很多学生想到工厂和单位进行参观学习。

通过交谈和体验报告，发现学生愿意经常到社区参加一些活动，愿意多了解社会，而这种活动也使他们开阔了视野，增长了知识，提高了实践能力和生活能力，更培养了健全的人格。

五、社区人士眼中的社区语文教学资源开发与利用

大部分社区工作人员对社区语文教学资源的开发利用都比较感兴趣，愿意提供一些帮助。一个工作人员说"这正是我们（社区）现在需要的，这个课题非常有意义……如果这项工作开展得好，学校和社区联手，正好可以互相促进，共同发展，为学校发展、社区建设服务。"连平村管教育的刘委员对学校和社区的合作给予了非常大的推动作用，他不只是一个资源提供者，更是一个合作者。他不但帮助我们发放了社区资源的调查问卷，还帮助我们联系信立农批市场以及东江纵队史实陈列馆等一些社区人士参加我们的活动。他认为，我们要搞活动就搞点有特色的，有意义的，"你小小气气捅咕两个活动，也没人知道是什么，没有什么意思，好的活动有一两次就行。"而连平村的曾主任更表示，"只要是对培养孩子有利的，咱们连平村在人力、物力、财力上一定给予大力支持。"

社区居民也认为学校与社区合作非常有意义，一个居民说，"从来没有参加过这样的活动，太好了"。

从和这些社区人士的接触中，可以发现社区人士并不像我们想象的那样难以接近，而且他们都认为学校和社区合作是非常有价值的，也愿意为这样的合作创造机会，给孩子的发展提供力所能及的帮助。

第三节　开发社区语文教学资源的方法和原则

一、开发社区语文教学资源的主要方法

学校、教师、学生是社区语文教学资源开发的主体,同时社会各机构、家长以及社区居民应该积极地配合学校的工作,进而发展到积极为学校和学生提供服务和实践的机会,从而形成一个大的社会教育实践环境。在现阶段,这样的环境还尚未建立起来,因此仍需要学校、教师和学生主动地获取社区语文教学资源,具体可以参考以下几个做法。

1. 直接观察法

由学校中负责组织和开发语文教学资源的部门和教师,实地到附近的社区去走一走、看一看,细心观察寻找社区语文资源开发的机会。如是否有社区文化活动、是否有特色建筑或者民俗风情、是否有乡土资源等等。搜集、整理这些信息,同时考虑怎样把这些信息分解、整合以设计成有新意、有教育意义的语文教学资源。

2. 问卷调查法

这是开发社区语文教学资源较常用的一种方法。可以设计一些社区资源问卷调查表,发放给社区居民委员会、小区的物业管理委员会、业主委员会等;可以设计一些学生实践活动调查问卷,由当地教育行政部门或学校发放给当地的企事业单位,还可以发给学生家长以及社会个人,探究一下他们对社区语文教学资源开发的态度,以及可以给予合作的项目。这些问卷收回后,要加以整理、归类,以作为社区语文资源开发的原始资料。

3. 分析现有文献法

利用政府部门或民间机构所编印的《地方手册》了解当地的自然、政治、经济、文化、历史、民俗等状况;还可以利用《地方志》以及专家学者有关本地的研究报告和资料来掌握当地情况;除此之外,还可以利用网络来了解各单位、各部门的情况。把这些情况汇总之后,就可以着手分析哪些机构有哪些方面可供开发的教学资源。

4. 访谈法

当地的政府部门、社区的自治机构,包括村委会、居委会、街道办事处、城管部门等负责人,他们不仅熟悉本地情况,有一定的组织协调能力,而且也负有一定的教育责任,对他们进行访谈,不仅可以获得有关社区语文教学资源开发的信息,还可以得到他们的协助和支持。

二、社区语文教学资源开发的原则

1. 要善于捕捉机会,勤于积累资源

社区语文教学资源的内容来源于学生的日常生活和社会生活,涉及的范围很广泛。要开发学生感兴趣的活动资源就必须使学生和教师共同关注现实生活,关注周围的事物,多参与身边的社会活动,以便从中发现问题,确立有意义的活动项目。以社会小调查为例,社会中处处都有可调查的问题,注意留心皆可以开发为活动资源。如,学生在街上经常会看到一些商店或商品的广告语,学生上学或放学的路上经常会问"这些广告语是什么意思""为什么用这些广告语",于是教师根据这一现象组织学生开展以"生活中的广告语"为主题的语文综合性学习活动,引导学生认识生活中的各类广告语,了解广告语的意义、特征,从而丰富其生活经验,增强其学习语文的兴趣。在这个活动中,学生不仅深刻领会到现代社会是一个充满注重信息宣传的社会,信息对我们生活的重要性,还潜移默化地促进了学生留心观察身边的语言现象,在生活中学语文、用语文。作为组织和利用课外教学资源的教师,一方面要帮助学生发现问题,提出问题,确定问题的价值;另一方面要善于在适当的时候将问题提升为小课题,使其更具体、更具探索性,使语文教学资源的开发更具挑战性和实践性。

2. 关注热点、难点,整理资料归类

通过当地的报纸、电视等新闻媒体,收集有实践价值的社会问题,归类整理后可作为开发社区语文教学资源的素材库。这些资料具有适时性,内容鲜活,不仅可以供学校、教师、教学研究人员开发语文教学资源之用,还可以让学生根据自己的爱好从中选择实践课题。比如"神舟十号"飞船成功发射后,翻开报纸,打开电视,到处都是介绍中国航天的辉煌成就,很多学校的学生对航天问题也兴趣盎然,在学校的组织下,校园内掀起了宣传、了解航天科技的热潮。在此基础上,学校和教师可以组织学生搜集有关中国航天的文字和图片资料,做成剪报,在同学之中交流、阅读,既可以增进对航天的了解,又可以增加学生的课

外阅读量,让学生在阅读中培养兴趣、语感和语文素养。这些热点问题无须教师激发,学生们的学习热情就十分高涨,这也是利用这类资源的一个独特优势。

3. 认真调查研究,按学生的兴趣开发社区语文教学资源

通过对学生的兴趣及社区语文教学资源的调查,了解哪些项目有实践价值、有教育意义并具有一定的挑战性,并按照学生的发展需求设计教学资源。如有学生对环境保护感兴趣,希望了解河流污染的原因,就可以组织学生逆流而上,调查工厂直接向河中排污、生活污水直接流入河里、居民把生活垃圾直接倒入河中等情况,由此根据实地调查的情况设计进一步活动的方案。

在学习活动中,学生还可以自己组建活动小组、自己选择活动课题、自己制订活动计划、自己开展活动,使社区实践活动成为他们童年幸福生活的一大乐趣,成为他们学习生活的真切需要,做真正意义上的学习与活动的小主人。而只有这种真正意义上的自主,他们才能有真实的体验,才能真切感受到学习的快乐,体验活动的社会意义。这种在实践中学习的过程,充分体现了学生的主动性,并培养了学生关注社会的能力,发展了学生的创新力。

以下是我校课题组根据校园周边社区的情况而制订的语文教学主题资源库。

【案例4—2】

连平小学社区语文教学主题资源库

为了有效地进行社区语文教学资源开发,我们对社区教学资源的类型进行了归纳,构建出适合小学生、学校发展的社区语文教学资源结构体系。社区语文教学资源的结构分类方法多种多样,根据我校实际,社区语文教学资源分为两类:语文综合性学习活动课与兴趣特长课。语文综合性学习活动课是指全体学生或几个年级学生参加的社区语文教学资源,如搜集错别字活动、广告语收集活动、春联收集活动等。兴趣特长课是指有共同兴趣的部分同学参加的小组活动,如采访活动、调查活动等。

经过一年多的实践研究,我们已经开发了许多有大岭山镇特色的社区语文教学资源。(附:连平小学社区语文教学主题资源库)

连平小学社区语文教学主题资源库

序号	社区资源	主题或活动	适合对象	设计者	与相关教学内容的整合
1	东江纵队革命陈列馆	弘扬民族精神	4—6年级	刘辉霞	阅读教学、综合性学习
2	烈士陵园	缅怀革命先烈、清明节扫墓	4—6年级	刘辉霞	阅读教学
3	华润、天和超市	绿色食品调查	4—6年级	黄小梅	综合性学习
4	莞香种植基地	乡土资源、环保活动	3—6年级	范锦飘	综合性学习
5	户外广告牌	广告语的搜集	3—6年级	李小燕	语文实践活动
6	学校周边的村落	民俗、传统文化	3—6年级	吴小梅	综合性学习
7	大岭山公园	环保活动	3—6年级	刘辉霞	阅读教学、综合性学习
8	商场、社区宣传栏、路牌等	错别字的调查	1—6年级	刘梦萍	识字教学、综合性学习
9	信立农批市场	农产品的调查	3—6年级	幸建新	综合性学习
10	环卫所	垃圾的处理	4—6年级	刘辉霞	综合性学习
11	东莞图书馆	阅读活动	1—6年级	范锦飘	阅读、作文教学
12	大岭山广场	采访、写作	5—6年级	范锦飘	口语交际、写作教学
13	连平村荔枝园	调查、采访、参观、写作	3—6年级	李小燕	写作、综合性学习
14	蜜蜂养殖基地	调查、采访、参观、写作	3—6年级	范锦飘	阅读、综合性学习

第四节　如何有效地开发社区语文教学资源

　　学校要有效地开发社区语文教学资源以支持学校语文课程发展,其前提是建立起学校与社区的有效互动机制,其途径是建立起社区语文教学资源与语文课程的有效融合机制:

一、社区语文教学资源开发的前提：建立学校与社区的有效互动机制

1. 促进学校与社区在观念上的交流与对话是学校与社区有效互动的思想基础。社区要从可持续发展的战略高度出发，树立教育在社区建设中应当优先发展的现代社区发展观，向学校提供充足的教育教学资源和良好的育人环境，使学生在与社区的接触中接受教育。而学校则要从社区发展的实际和新一轮课程改革的要求出发，改变单纯注重青少年发展的传统模式，树立全员、全程、全方位的社区大教育观和大课程资源观，走出校门，走进社区，主动与社区交流与对话，使学生在具体的教育情境和社区环境中主动地、富有个性地学习，取得社区的理解和支持。

2. 促进学校与社区有效互动的组织与制度建设是学校与社区有效互动的制度保障。国外的许多研究和实践表明，需要建立诸如学区教育委员会、社区教育委员会、学校董事会、家长委员会一类的组织机构，以协调学校与社区各方面的交往互动关系，促使学校与社区各方面在语文教学方面形成合力，形成学校与社区在资源上的共享。同样，学校要有效开发利用社区语文教学资源以支持语文课程发展，必须借助相应的法律、法规和政策，明确学校与社区的权利与义务，促进社区资源的产权转化，使社区资源在时间、空间、内容、运行机制和管理体制上适合学校对其有效的开发利用。

3. 加强学校与社区关系的理论和实践研究是学校与社区有效互动的理论保证。早在上世纪初，欧美的一些学校就有了专门的学校社会工作者，他们的责任是研究社区、家长等对学生发展的作用，协助处理学校与社区关系，充分地利用一切资源服务于学生发展，同时开展学校与社区关系的大量理论研究，内容涉及学校与社区关系的基本理论。学校与社区有效互动的要素、特点、过程和策略以及方式与手段等诸多问题，极大地促进了学校与社区的交往互动实践。学校要有效开发社区语文资源，以服务于语文课程，欧美的理论与实践研究对我们是一个很好的借鉴。

二、社区语文教学资源开发的途径：建立社区语文教学资源与语文课程的有效融合机制

1. 创新并重构学校和教师的教育观念。开发社区语文教学资源有着与开发校内课程资源不同的教育观念，要求学校和教师在教育观念上自觉地创新与重构,要扩充课程概念,突破语文教科书的限制,重视语文教学情境、社区语文环境和师生互动的过程与结果;要树立大语文教学资源观,改变校内语文教学资源"唯一"的观念,将视野投向整个社区,积极挖掘社区语文教学资源,以服务于语文课程发展。要改变传统的语文课程开发主体观、课程管理观和评价观,确立创新的语文教学资源开发、管理和评价的社会行为模式,让社区内所有与语文教学有关的专家学者、教师、学生、家长及社区人士都参与到语文教学资源开发、管理和评价的过程中来。要立足于学生生活以及社区需要和科技发展,对语文教学内容进行删减、拓展补充或整合,实现语文教学资源内容的现代化、综合化、人文化和生活化;要关注学生的个别差异和个性发展,积极建构适宜学生创新精神和实践能力的发展平台。

2. 强化教师教育工作,提高教师的开发意识与开发能力。语文课程改革是人的改革,语文课程发展是人的发展,没有教师发展就没有课程发展。教师是社区语文教学资源开发和语文课程发展的主体。因此,语文课程改革要真正把教师的专业化发展纳入范畴,无论是职前还是职后的语文教师教育,都要能适应社区语文教学资源开发和语文课程发展的需求。职前语文教师教育要改变我国师范教育过分注重基础知识和专业知识的现状,适当开设与语文课程发展密切相关的课程,以培养学生将来参与语文课程发展的能力,为形成科学的大语文教育观和大语文教学资源观打下基础。职后语文教师教育要改变过去偏重于教师专业知识技能和教育知识技能的现状,帮助语文教师进一步内化职业价值,认同职业规范及形成新的语文教育理念,掌握新的语文教学方法和教学手段。也就是说,语文教师教育既要使教师成为一个成功的语文课程实施者,又要帮助他们成为语文教学资源的研究者和开发者,使教师有主动解释、开发课程的意识和能力,这是开发社区语文教学资源支持语文课程发展的关键所在。

3. 利用社区语文教学资源开发校本课程。学校要系统地、有计划地、有组织地开发利用社区语文教学资源支持语文课程发展,利用社区语文教学资源开发校本课程无疑是一个有效平台。校本课程开发是立足于学生及其所在社区的特点与发展需求,以独立的教育理念为指导,由教师、家长和社区人士共同参与的课程资源开发。在课程内容上,它更多地关注学校及其社区的一些具体特点,有效地将社区文化、物质环境等方面的特点组织进课程和教学中。在课程开发过程中,它更强调学校教师及家长和社区人士的参与、评价和管理。校本课程的开发实现了课程民族性、传统性与本土性、现实性的统一,使得学校的课程更为丰富灵活。

案例4-3是笔者在教学三年级课文《蜜蜂》一课后,带领学生到连平村民李寿华老人家了解蜜蜂,开发与课文《蜜蜂》相关的社区语文教学资源的一次实践:

【案例4—3】

自然界的精灵——蜜蜂

【活动主题设计】

蜜蜂是一种常见而神奇的昆虫,也是大家最熟悉的昆虫之一。蜜蜂在地球上出现至少已有八千万年的历史,大约在七千年前,原始人类就开始从岩洞中采集蜂蜜食用。蜜蜂为取得食物不停地工作,白天采蜜,晚上酿蜜,不但采收了花粉与花蜜,同时替美丽的花朵完成授粉任务;让花朵传宗接代结出种子、长出甜美的果实。

蜜蜂是对人类有益的昆虫类群之一。它为农作物、果树、蔬菜、牧草、油茶作物和中药植物传粉,使其产量可增加几倍至20倍。蜂蜜是人们常用的滋补品,有"老年人的牛奶"的美称;蜂王浆更是高级营养品,不但可增强体质,延长寿命,还可治疗神经衰弱、贫血、胃溃疡等慢性病;蜂毒对风湿、神经炎等均有疗效;蜂蜡和蜂胶都是轻工业的原料。

蜜蜂对人类有这么大的益处,为了更好地认识它、了解它,可在校内外开展一系列的实践活动。如观看录像,利用书刊及互联网搜集有关蜜蜂的资料,搜集与蜜蜂有关的文学作品,到养蜂基地参观,出版黑板报等等。

【教学目标设计】

1. 知识目标

学生通过搜集资料、参观蜜蜂养殖基地等,了解蜜蜂的知识。

2. 能力目标

激发学生积极参与的意识,培养学生主动从生活中发现问题、解决问题的能力及综合运用知识、创新等能力,养成合作、交流、探究的行为习惯和良好品质。

3. 情感目标

了解蜜蜂的知识,让学生学习蜜蜂那种团结守纪、辛勤劳动、为人民服务的美好品质,受到思想教育。

【活动过程设计】

(一)制定研究方案

1. 激发兴趣。

播放介绍蜜蜂相关知识的录像,向学生形象、具体地介绍蜜蜂的有关知识,激发学生学习的兴趣。

2. 明确活动内容

要认识并了解蜜蜂,应该从哪些方面着手呢? 为此师生共同展开讨论、交流,明确:必须了解蜜蜂的种类、生物特征、生活习性、授粉、经济效益等,而且还要了解和蜜蜂有关的文学、音乐作品。要了解这些内容,离不开对资料的查询,还要到蜜蜂养殖基地进行实地观察,对养蜂人进行采访。

3. 分组、拟定小组人数。

根据活动内容,我们将班里的 42 名学生分成四组,分别是:

序号	组别	人数	组长	主要工作
1	生物组	10	肖若琳	了解蜜蜂的种类、生物特征等
2	考察组	11	张佳军	采访养蜂人、观察蜜蜂的生活习性
3	人类组	10	陈晶晶	了解蜜蜂授粉的情况、与人类的关系
4	艺术组	11	黄淑怡	搜集与蜜蜂有关的文学、音乐作品

4. 师生共同拟定整个活动计划、步骤。

日期	活动内容	活动形式	活动负责人
第1周	确定主题及调查方式、内容和地点	集体讨论、分组讨论	指导老师、小组长
第1-2周	第一组查资料;第二组采访、实地观察;第三组搜集资料;第四组搜集作品、出黑板报、手抄报。	搜集、访问、考察、参观等	各组小组长
第3周	交流总结(小组),整理分类	讨论会	指导老师
第4周	成果展示	展览	指导老师

5. 研究注意事项,便于顺利开展活动。

(1)活动前选好组长,事先交流讨论,并准备好研究工具。

(2)各小组成员将当天的活动情况、有价值的信息和体会以日记或其他形式记录下来,并及时将当天访问调查到的资料集中起来,在小组长的组织下进行分类处理,指导教师主动向学生了解当天的信息。

(3)各组长要加强组员之间的协作,并向带队教师报告探究进度,存在问题。

(4)各小组活动结束,再将所有的资料进行综合整理,列出主要内容,并写出简单的活动总结。

(5)将整理好的资料及体会在班上交流讨论,并商量以怎样的形式展示活动成果,以避免探究活动变得漫无目的。

(二)活动实施

1. 老师指导各小组在小组长的组织和带领下进行调查、采访、资料的收集和整理工作,做好蜜蜂观察记录的工作,并作好活动记录表:

时间	地点	活动内容和形式	对象	活动记录
参与人				

2. 指导老师及时跟踪了解各小组进行的情况,为他们出谋划策,当好参谋,并积极为他们解决难题。随着活动的开展,不断修改实践方案,调整活动方式,使活动得以顺利进行。

3. 通过访问养蜂人、观察蜜蜂的生活习性等,走进蜜蜂的王国,去探究这种小精灵的神奇世界。通过查阅书籍、上网搜索等方式了解蜜蜂的相关知识、与人类的关系,并搜集与蜜蜂有关的文学和音乐作品,各小组及时做好信息的收集处理工作。

4. 各小组成员行动结束,再将所有的资料进行综合整理,列出主要内容,并写出简单的活动结论。

5. 展示活动成果。

【成果展示设计】

1. 图片、摄影、音像资料展;

2. 学习卡展;

3. 文字资料展(含手抄报、剪报、墙报、收获和体会等);

4. 学习方法成果;

5. 撰写科技小论文;

6. 活动记录;

7. 收获和体会(如举办书画展、诗歌朗诵、作文等)。

第五章

现代教育技术资源的开发

随着我国现代化水平的不断提高,一些新的技术和设备也应用到了教育领域,包括电视机、幻灯片、投影仪、电脑、互联网等。尤其以电脑为载体的多媒体及网络技术在当今的教学中发挥着日益重要的作用,对改进教师的教学手段、提高教学水平和教学质量起着举足轻重的作用,现代教育技术成为语文课外教学资源建设的一个重要生长点。

第一节 现代教育技术资源在语文教学中的功能和作用

《基础教育课程改革纲要(试行)》指出:"大力推进信息技术在教学过程中的普遍应用,促进信息技术与学科课程的整合,逐步实现教学内容的呈现方式、学生的学习方式、教师的教学方式和师生互动方式的变革,充分发挥信息技术的优势,为学生的学习和发展提供丰富多彩的教育环境和有力的学习工具。"可见"课程整合"的教学模式是我国面向 21 世纪基础教育教学改革的新视点,它是与传统的学科教学有一定的交叉性、继承性、综合性,并具有相对独立特点的教学类型。它的研究与实施为学生主体性、创造性的发挥创设了良好的基础,使学校教育朝着自主的、有特色的课程教学方向发展。

"课程整合"不仅是《基础教育课程改革纲要(试行)》对我们提出的根本要求,其实质也是时代对我们的要求。我们在教学过程中如果充分利用现代教育的技术优势,把信息技术教育融合在课堂教学之中,会取得更好的教学效果。语文教学要注重听、说、读、写的训练,培养学生听说读写的能力,在教学过程中渗透认知教育、情感教育和人格教育,培养学生的思维能力、想象能力、创造能力、个性特长等。下面结合语文学科的特点,谈谈开发现代教育技术资源,在语文教学中的功能和作用。

一、运用现代教育技术,提高学生学习的兴趣

"兴趣是最好的老师。"教师恰当地利用现代教育技术,向学生展示一些利用多媒体电脑制作的图文并茂的课件,可以激发学生的学习兴趣,调动学生强烈的求知欲望。如讲《秋天的雨》一课,教学的重点是第二自然段,写的是秋天的雨带来了很多种颜色。那么,教学时就可以利用多媒体制作出表现秋天各种景物不同色彩的图片,如枫叶、杏叶、橘子、菊花、稻田等,并配以《秋日私语》钢琴曲,让学生在欣赏美丽图片的同时,聆听优美的旋律,以加深对课文内容的理解和学习的兴趣。另外,还可以根据课文内容设置这样的扩展练习:( )的葡萄像一串串( )。学生们的积极性一下子被调动了起来,有的写道:"紫色的葡萄像一串串玛瑙。"有的写道:"紫色的葡萄像一串串珍珠。"总而言之,通过这样的练习,既提高了学生的学习兴趣,又使学生加深了对课文内容的理解。又比如讲《火烧云》之前,先向学生展示多姿多彩、千变万化的云,以及各种飘浮的云彩的形状,同学们在这样的情景世界里,情不自禁地流露出对云彩的极大兴趣,为下一步学习课文打下坚实的基础。朗读课文时,配上优美的音乐,甚至插入动态的画面或一段剪辑好的录像课件,可以化抽象的文字为具体可感、形象生动的影音材料,再现课文的场景和意境,使学生如临其境,如见其人,如闻其声,使原来枯燥无味的文字变得兴趣盎然,这种效果是单纯朗读课文无法比拟的。在进行阅读训练时,利用音效播放学生自己朗读的效果,一定能引发学生极大的兴趣,达到良好的学习效果。

二、用现代化教育技术,优化课堂结构,提高教学质量

现代教育技术用计算机控制音响设备,为课文配以优美的背景音乐,加上鲜活的画面,使课文更具有强烈的感染力,更能充分调动学生的视觉、听觉神经。在学生方面,勾画出一幅幅令人心旷神怡的景色,虚拟出一幅幅动人心弦的画卷,从而变抽象的文字叙述为优美的诗情画境,带给学生听觉、视觉等感官上的享受,促使学生深刻地体会祖国语言文字的优美,使学生更好地体会课文作者所要表达的思想情感、意境,从而加深对课文的准确理解。如教师在讲解朱自清先生的《春》时,不失时机地展示一幅幅风和日丽、山清水秀、草长莺飞、

百花争艳的江南之春的景色,一定能将学生带入那美妙的境界里,让学生感知春的美景、春的气息、春的声响和春的生机。又如讲《送元二使安西》一诗时,可以用萨克斯曲《送别》配乐。曲中描绘的意境与《送元二使安西》恰有异曲同工之感,让人产生联想,情不自禁进入到诗歌所描绘的意境中,这正是这首诗最牵动人心的地方。

多媒体计算机具有功能齐全的音像设备,可以用来指导学生说话和阅读的训练。有些声像资料是专门为使用多媒体设计的,其示范作用和模仿效果更为理想。多媒体在提供语言训练和模仿上起到了其他教学手段无可比拟的作用。那些经过认真揣摩、反复练习后精心录制的作品,能给学生提供发音、语速、声调、重音、停顿等方面的示范。教师或学生可以用鼠标随意选取一篇或一段进行反复跟读,这样的练习对其朗读、说话水平的提高有相当大的帮助。

除了课文的朗诵以外,我们还可以把其他好的朗诵作品,配上与主题一致的背景音乐、画面,让学生爱上阅读,扩大学生的知识面,提高学生使用语言的能力。我们还可以利用多媒体电脑为各年级学生制作一个"电子阅览室",选择适合各个年级的文章供同学们自主性地选择阅读,使每一个学生都能够饱览丰富的文学作品,从而提高他们的文学素养和写作能力。

三、用现代教育技术,突出教学重点,突破教学难点

现代教育技术能将课文中抽象的内容具体化,静止的内容动态化,枯燥的文字内容形象生动化,帮助学生主动探索与发现、思考与解决问题,达到突出重点、突破难点的目的。

如说明文的教学中,利用现代教育技术,可把简单的文字说明变成一幅幅生动有趣的图像再现于学生面前。如小学课文《颐和园》一文,介绍的是我国古代杰出的园林——颐和园,课文对颐和园的几大建筑作了介绍,但绝大部分学生没有参观过颐和园,尽管文字的介绍形象生动,同学们还是难以弄清园子的结构和相互关系。我们通过 CAI 课件的帮助,带领学生随着镜头"游览"一次颐和园,参观一下实物照片,学生就能更好地体会课文是如何进行说明的。再如讲解《富饶的西沙群岛》时,先让学生观看介绍西沙群岛的影像资料,使海水、珊瑚、鱼群、贝壳都展现在学生的面前,教学难点也就顺利突破了。由此可见,巧妙运用现代教育技术,会收到事半功倍的效果。

四、用现代教育技术,培养学生的创新思维和实践能力

新一轮课程改革强调培养学生的创新思维和实践能力。为学有余力的学生营造宽松的教育环境,给予相应的特殊政策,提高学生的求知欲和创造欲,是创新教育的重要内容。信息技术的使用过程,是学生动手实践的过程,也是学生的创造过程。学生在利用计算机进行学习的过程中,就需要开动脑筋、大胆想象,自己动手。在课堂上通过充分运用现代教育技术,为学生创造一个和谐的教学氛围,提供大量的学习素材,学生通过"人机交互""师生交流""自由讨论"等学习形式,积极主动探索发现要掌握的知识,学生的个性和思维也得到了充分的发展。整个课堂中,学生主动地拓展认识过程、情感过程、意志过程,其口语交际能力、创造能力也得到了提高。

利用多媒体辅助教学,教师引导学生按要求动手操作,进行自学,这时计算机成为一位诲人不倦的辅导老师,时时刻刻都在帮助和关心学生个体的学习,学生不懂可随时提问,计算机立即作答并予以指导,提问不拘形式,不管难易,学生消除了通常教学中存在的顾忌和害怕心理,始终处于积极、主动的状态。计算机还可以做到个别对待,因材施教,给学生提供充足的教学、信息资源,让学生去分析、整理,改过去的积累知识为发现知识。

随着教育信息化的进一步发展,广大教师要顺应时代发展的潮流,努力学习先进的科学文化知识,不断提高自身素质,完善自己。在教学活动中,适时、适量、熟练使用计算机辅助教学等现代教育技术,发挥其优势,可以调动学生的学习兴趣,激发学生的创造思维,增强学生获取知识的主体性,培养学生的创新能力,更能提高教师的综合教学水平。

以下这篇案例是笔者在教学实践中总结的运用现代教育技术进行语文课外教学资源开发的一些体会。

【案例5—1】

影视资源在语文教学中的运用

一次,我准备上《圆明园的毁灭》这节公开课,备课时为找不到好的相关材料而发愁。晚上看了一部电影《火烧圆明园》,影片再现了圆明园的辉煌和清王朝的腐朽没落,也讲述了侵略者的残暴和卑鄙,其中有个片段讲述八国联军攻入北京,烧杀抢掠,当他们洗劫完圆明园后,再把金碧辉煌的万园之园——"圆明园"一把火烧掉,这不是一个很好的教学素材吗?对!应该让学生也看一下。

但是整部电影有两个小时那么长,不可能全部让学生看,最好能把这一片段切下,这样就既能起到很好的导课作用,又能节约课堂时间。因此我通过互联网慢慢摸索和自学,用视频编辑软件制作出了这个影视片段。课上学生都被这个影视片段牢牢地吸引住,他们在看影片的同时,既为圆明园的辉煌过去而赞叹不已,又为侵略者的残暴和卑鄙而愤恨,决心振兴中华,决不再让圆明园的悲剧重演。我通过播放这段影视片,让学生深刻地感受到了文章的中心思想,比老师讲一百遍更有用。

看到学生对教学影视片段如此感兴趣,思维、讨论的积极性如此高,我开始意识到影视资源在语文教学中独特的作用,并对我所接触到的各类影视节目留了个"心眼"。

有一次,上《只有一个地球》这节课时,我请学生谈谈他们所知道、认识的一些对地球造成伤害的自然灾害。其中有个学生这样讲道:我看过一部电影叫《后天》,这部电影非常生动、紧张,它严肃地描绘了一场灾难:由于人类滥用资源、污染环境、破坏生态,使得地球上短期内出现了极端的全球气候变异,冰雹、龙卷风、暴雨、洪水等灾害性天气频发,全球气温大幅度骤降,北半球大部分地区被冰雪覆盖,造成了巨大的灾难。

学生的回答启发了我。那天回家我立即看了这部电影,正如那位学生所讲,我也被这部电影深深地感染了。尤其是影片最后一段美国副总统的讲话最耐人寻味、引人深思:"过去几周发生的一切对人类具有深远的意义,在自然界的破坏力面前,多年来我们一直认为我们可以滥用这个星球上的自然资源,而不必承担后果。但是,我们错了!我错了!"

过去,我们经常教育学生保护环境,但教育效果差强人意。但是当我将《后天》的这些片段在随后的班级教学中播放时,学生深切地感受到了大自然的力量,大自然对人类肆意破坏环境的报复,心灵深处的震撼和由此引发的共鸣是我平时的课堂上难以体验到、感触到的!

这一案例大大强化了我对影视资源开发和利用的信心。我将平时看到的与语文学科相关的电影、电视节目有意识地收集和进行剪接,形成了我的课程资源库,并适时地在相关的教学中加以运用。

比如:讲到《小英雄雨来》《狼牙山五壮士》这些革命题材的课文时,我就会上百度视频搜索相关的影视资料，然后剪辑一些影视片段给学生看。讲到《地震中的父与子》这节课时，在课堂上让学生观看《地震》片段，使学生如临其境地感受地震的来临及地震的威力；在讲到《桂林山水》《索溪峪的野》《五彩池》等介绍风景名胜的课文时，我也会上网找到相关的影视片段，使学生从不同的角度去认识和了解这些景物的美。

影视资源的运用，使课堂教学的面貌发生了极大的变化；过去课堂上一些学生游离于教学之外的现象基本消失；参与课堂讨论的积极性显著提升；学生对语文学科学习的情感明显增强。曾有学生对我说，老师，我原来总认为语文课枯燥乏味，没有什么好学的，现在我发现语文课原来这么有趣……

通过这一段的教学实践，我真切地体会到，教师如果仅仅满足于充当课程的执行者角色，是很难真正地实施好课程教学的；教师只有在实施课程的同时也把自己当成是课程的建设者、开发者，才能更有效地实施课程，才能使课程真正成为学生发展的平台。

第二节　如何开发现代教育技术资源

开发和应用现代教育技术资源是教育面向现代化的重要途径和重要标志，以多媒体计算机和通信技术为核心的现代科学技术，是教育现代化的技术基础。现代教育技术应用于教学，将对教学质量和效益的提高产生巨大的影响，它不仅可以改变传统的教学模式、教学方法，而且可以促进教育观念、教学思想的转变。通过人机交互，信息共享，不仅可以大大拓展教师和学生的视野，而且有利于培养学生的创造性思维，提高学生获取信息、分析信息、处理信息的能力。更为重要的是现代教育技术的应用，将不仅使学生而且也使教师在全方位地接触和应用现代教育技术的过程中，增强继续学习和终身学习的能力，从而提高对现代社会的适应能力。要达到这一目标，必须创造一系列条件：信息的快速传递，丰富的多媒体教学资源，方便的课件组合平台，灵活的课件播放机制和一支热心改革与探索的师资队伍。为此，我们提出了从建网（计算机互联网络）、建库（教育信息资料库）、建队伍（网络管理、教育信息资料开发、教育信息网络应用的队伍）三个方面来开发现代教育技术资源的工作思路。

一、建立网络,逐步实现教育信息资源共享

中小学教育信息网络的建设是教育技术现代化的基础工程。例如东莞市教育局设立了"东莞教育信息网",下设各科室、各教办、各学校的网站,专门负责中小学(幼儿园)教育信息网络的规划和管理。教育局还提出了"统筹规划,市镇联动,以点带面,分步实施"的指导原则,来推动全市教育信息建网的工作。

目前,我市一批中小学校园网陆续建成,并投入使用。其中部分学校与市中小学信息资源充分共享,各校可以在信息网上互相交流、下载各科(包括语文)教学资源,有力地促进了学校的语文教学工作。

二、建设教学资源库,为应用现代教育技术创造条件

网络建设有没有效益,极为关键的是有没有适用的软件,因此,我们要始终把软件库的建设放在极为重要的位置上。

1. 语文教学资料库的建设

在建立中小学教育信息网络的同时,我们要着手语文教学资料库和教育信息资料库的工作,要本着"整体设计,分工建设,统一管理,资源共享"的建库思路,把信息资料建好,便于教师的教学工作。要注意在平时的教学实践中把有用的语文教学资料(如课件、教案、试卷等)收集起来,统一保存,教师要用的时候就可以提取出来,用于教学工作。

2. 语文教学课件的建设

为深化课堂教学的改革,提高课堂教学质量和效率,中小学迫切需要大量适合教学使用的辅助教学课件。为此,我们要狠抓课件建设,一方面要组织力量开发各种类型的语文教学课件,在教学应用中探索新的教学模式;另一方面要联合社会力量,形成一支有丰富教学经验的美工设计、课件开发等人员组成的开发队伍。同时,积极鼓励教师自制辅助教学课件。这些课件,由语文教师自己设计,计算机教师自己开发的多媒体教学课件涉及语文教学的方方面面。这些课件的使用,解决了教学难点,缩短了课时,提高了教学效率。

与此同时,我们还要注重语文教学课件开发的先进性和实效性,组织攻关力量,研究新技术在语文教学中的应用,开发适合课堂教学模式的课件(系统),对学校的语文教学开发工作,起到引导和示范的作用。

现有的语文课堂辅助教学课件往往带有适合个人教学环境的局限性,推广

使用比较困难。事实上,不同的教师,不同的教学对象,其教学过程必然不同,为此,我们要根据教师的教学需要和学生的反馈信息,设计教学过程,组合合适的课件和教学资料进行教学。这样,教师的教学思想、教学经验以及教学策略不再受程序式教学软件的约束,这种系统适合更多教师的教学需要,教学资源就得到了真正的共享。

3. 影视教学资源库的建设。教师在教学实践中,要结合语文教材有意识地搜集相关的影视作品,并把它们剪切成有用的片段,然后刻录成光碟保存,以备后用。同时,教师还可以把平时生活中的场景、有意义的活动等录制成影像资料并刻录保存。例如,《火烧圆明园》《神舟升天》《北京奥运》等这些影视资料都与语文教材联系得比较紧,教师在生活中要注意收集整理。

4. 用好数码相机。现代数码技术十分发达,其中数码相机就是开发语文教学资源的一种重要技术手段,数码相机能把有用的场景拍摄下来,并把图片通过大屏幕投影给学生看,使用起来十分方便。例如,教师要讲口语交际课,介绍春天的景物,只要用数码相机把公园、山坡、小河等地方的春天景物拍摄下来,再放给学生观看,就能勾起学生对春天的想象和回忆,激发学生说的欲望,有利于这节课的教学。

5. 制作微课资源。当前,翻转课堂、微课、慕课等教育技术已风靡全球,小学语文微课的制作、应用和推广也开展了有一段时间了,收到了显著的效果。

微课的应用,对提高教学效率,提高学生自学的能力等都有很好的促进作用。因此,我们应该大力提倡微课资源的建设,大量地制作与语文教学有关的微课,包括拼音教学、识字教学、阅读和写作,语文知识等,如果能建成一个微课资源库,那么,对语文教学的帮助将是非常大的。

三、全员培训,逐步提高教师应用现代教育技术的能力

为了提高全体中小学教师应用现代教育技术的能力,要确实地开展培训工作。在骨干教师培养的计划中,计算机应该列为必修课,青年教师评聘中高职务,必须达到计算机中级以上的水平。计算机教学和辅助教学有成效的学校可作为中小学教师该门课程的自培基地。这些措施提高了教师参加培训进修的积极性。

(1)利用多种渠道的各种培训机构进行全员培训

我们可以与市教师进修学校联系,也可与市镇的职业技术学校联系,联合

培训教师的计算机运用能力。我们还可以重点培训学校的电脑老师，然后再让电脑老师回来给全校教师培训，这样逐步形成多渠道的培训网络。

（2）对不同对象进行不同层次的培训

对各级领导的培训主要着眼于教育观念、教学思想的更新，使他们了解国内外现代教育技术的发展情况；了解应用现代教育技术对当前教育改革所产生的重大影响；了解多媒体和通信技术在教育教学中的作用。

对计算机教师的培训主要着眼于计算机的操作能力和教学课件的研制，使他们了解计算机技术的新进展；了解新技术在教学中的应用；掌握简单的多媒体制作技术；设计并制作简单的多媒体课件。此外，还应掌握微课的制作技术。

对语文教师的培养主要着眼于教学软件的应用，使他们了解多媒体和通信技术在语文教学中的作用；了解本学科辅助教学软件的功能及在教学中的应用；掌握多媒体计算机的基本操作，设计多媒体教学软件，制作语文教学微课。

以下这篇案例是我校电脑教师欧阳玉祥撰写的，阐述了如何把信息技术与课程资源进行整合；

【案例5—2】

创设信息技术与课程整合　切实提高学生的信息素养

培养学生的信息素养是信息技术学科教育的核心。现在，信息技术学科教育出现了一些不良现象：课堂上学得好，课堂外用不好。这些情况突出说明学生的信息素养亟待提高，他们还没有养成学习信息技术，并将信息技术作为一种工具为自己的学习与生活服务的意识。出现上述情况的主要原因是：信息技术学科教学没有与其他学科教学有机整合，学生们不知道如何把学到的信息技术用到别的学科中去；学生课外应用信息技术的机会少，英雄无用武之地，久而久之就用不好了。由于这些原因，校园里不能形成应用信息技术的浓厚氛围，在一个没有良好氛围的环境中，学生的信息素养提高是很困难的。

为此我提出：积极营造信息技术的应用氛围，努力创设信息技术应用机会，提高学生的信息技能，培养学生积极主动应用信息技术的意识，从而逐步增强学生的信息素养。具体做法如下：

一、信息技术教学融入其他学科内容，营造学用结合的良好氛围

许多信息技术教师都觉得奇怪：学生信息技术学得不错，就是用不好。例

如:学了 WORD 的应用,就是想不到把自己喜欢的作文输入计算机排版打印出来。学了因特网搜索引擎,却不知用它去查一下综合实践课的"中国纸币的历史"等等。出现这种情况很重要的一个原因是:我们没有积极引导学生把信息技术学习与其他学科学习有机结合起来,利用信息技术工具为其他学科服务。以学习搜索引擎为例,如果单纯从信息技术教材出发,学生掌握了相关的搜索引擎知识,知道搜索引擎网、搜索引擎框的位置、输入搜索内容后,学生的信息技能得到了发展,教学任务也可以算完成了。如果从信息素养的角度出发,上述做法是远远不够的。因为学生还没有把学到的信息技术知识内化为一种素质,还没有学会自觉地运用信息技术工具去学习新的知识,便会出现这样的情况:学了搜索引擎的应用,却不会实际运用。因此,只有在信息技术学与用结合的环境下,学生的信息素养才能稳定地提高。为此,我们对教材内容作适当充实与调整。

搜索引擎单元教学有机整合五年级综合实践课《钱币》示例。

1.要学生回忆一个常用的搜索引擎网,要求每一个学生都能上这个网或其他搜索引擎网。

2.搜索引擎框中输入"钱币"空格后再输入"历史"。然后要求学生看查到的内容,原来"钱币"两字和"历史"两字显现是红色。

3.最后点击该网页浏览钱币历史的内容,这样学生就可以了解到中国钱币的历史。

从上例中我们可以看到,搜索引擎课例教学与综合实践内容有机结合,这样学生在掌握了相关的搜索引擎知识后,能积极应用起来。如学会搜索引擎后,就试着在计算机网络中搜索其他国家的钱币,学生自然就明白,运用搜索引擎知识可以在网上搜索有关学习资料和兴趣爱好资料,还增强了学生对计算机网络的兴趣。这样,学生在搜索引擎课堂教学有机整合综合实践内容的过程中,潜移默化,自觉运用信息技术为自己的学习服务了,学生的信息素养也渐渐地提高了。时间一长,其他信息技能,学生也会慢慢用起来。

二、创设信息化学习的机会,形成学生自主应用信息技术的氛围

一个人信息素养的高低很重要的一条就是他能否应用信息技术解决生活学习中碰到的问题。学生信息素养的培养绝不是一门信息技术课就能解决的问题。各学科教师创设条件,积极倡导学生应用信息技术转变学习方式,让学生有机会运用信息技术学习,进而学会利用信息技术进行学习。这是培养学生信息素养的重要途径。

1.信息技术教师与其他学科教师合作开展教学。

信息技术教师应经常与其他学科教师联系,交流教育教学情况,商讨合作教育事宜。信息技术作为学习的工具,一旦学生掌握了便可为其在学习其他知识时发挥作用,对其他学科的学习是有帮助的。例如学习画图软件的使用时,可以与美术老师联系,探讨教学合作事宜。分析如下:

合用教学内容的作用、目的。

(1)画线。尝试运用计算机写生,提高学生的画线能力与写生能力。

(2)彩色世界。运用计算机配色图形,充分感知色彩的丰富性与搭配的基本原理。

(3)创作图画。计算机绘画创作,综合提高学生画图软件的应用能力与绘画布局技巧。

从上例我们可以看出:双方的合作无论对于信息技术还是美术绘画的学习都是有益的。

2.信息技术教师与其他学科教师联合布置作业。

教师适当布置一些运用信息技术的练习,让学到信息技能有用武之地。例如:语文科作业,学生的课外作业手抄报。学习了 WORD 的使用后,可以与语文老师联系,让学生把自己的手抄报用电子报的形式做出来,打印后供大家学习交流,想想看吧,当学生们站在讲台上播放幻灯片介绍他们的成果时会是何等的激动啊! 你能说他们的信息素养没有提高吗?

通过与其他学科教师的合作,并不增加学生的负担,相反却增加了应用信息技术进行学习的机会,在一定程度上转变了学生学习的方式,大大提高了学生信息技术的应用能力,切实有效地提高了学生的信息素养。

三、定期举行信息技术应用活动,形成浓厚的校园信息化氛围

现行的沿海版信息技术教材在教学时间上是充裕的,在教学中可以因地制宜地开展一些活动,形成浓厚的校园信息化氛围,促进学生信息技能的巩固,提高学生的信息素养。

1.安排班级年级的活动。

在每单元教学结束时可以安排一些活动,用以巩固本单元学习的信息技能。下面简要列出了一些与单元内容配套的活动。

单元内容与活动安排

①WINDOWS"纸牌"游戏。

②指法。英语课文输入。

③"画图"计算机绘画。

④WORD 汉字输入与排版。

⑤PowerPoint2000 制作反映综合实践成果的幻灯片。

⑥网络。上网查资料,发电子邮件。

……

2. 重视兴趣小组活动的开展。

开展信息技术兴趣小组活动可以增强部分学生的信息特长,有利于提高学生的信息素养。首先我们应认识到信息技术类兴趣小组活动开辟了信息技术第二课堂,其次参加兴趣小组活动的成员是喜爱计算机的,他们渴望学到更多的信息技术知识。兴趣小组学习的内容可以是课堂上知识点的延伸、拓宽,这样可以培养学生的特长,利于他们参加一些省市级的比赛;也可以是学生下一阶段学习的内容,到时这些小成员就能发挥小老师的作用。

另外,为学生课外应用信息技术提供计算机及网络设备也是十分重要的。

我曾对学校五、六年级的学生进行调查,家庭计算机普及率较低,只有10%左右,这意味着大部分学生在信息技术课堂外接触计算机的机会是比较少的。这绝对不利于学生信息素养的提高。因此,适当开放学校的计算机室,为学生学习信息技术、应用信息技术提供便利条件是非常必要的,对学生信息素养的提高是有益的。

通过在信息技术教学中融入其他学科内容,营造学用结合的良好氛围;创设信息化学习的机会,形成学生自主应用信息技术的氛围;定期举行信息技术应用活动,形成浓厚的校园信息化氛围;课外为学生提供计算机及网络设备等措施,能有效地提高学生的信息素养,信息技术教学出现了课堂上"学得好、课堂外用得好,课堂上学得欢、课堂外用得欢"的良好局面。

第三节　网络资源的开发

上面一节已经简单讲了如何开发现代教育技术资源,这一节将重点阐述现代教育技术资源中网络资源的开发和利用。随着网络技术的日益普及,大量的语文课外教学资源可以在网上获得。就教育而言,我们教师也必须充分有效地利用这一巨大的课程资源宝库,来为我们的教育教学工作服务。

一、网络教学的意义

随着高度信息化时代的到来,网络教学尤其是互联网的出现,给小学语文注入了新的活力,在实践中,我深刻感受到网络对语文教学的重大的作用。

1. 转变了教师的教育教学观念,提高了教师对教学的认识。

苏霍姆林斯基说过:"教学就是教给学生能借助于自己的知识去获取新知识的能力,并使之成为一种思维活动。"语文教育家叶圣陶老先生也说过:"教是为了不需要教。""教师的责任不在教,而在教学,教会学生学。"

互联网是世界上最大的知识库、资源库,它拥有最丰富的信息资源,这些按照全人类联想思维特点的超文本结构组织起来的信息,特别适合于学生进行"自主发现、自主探索"方式的学习。互联网的出现,为网上教学提供了丰富的资源和便利的空间,在网络环境下学生最大限度地发挥学习者的主动性和积极性,它强调在教学过程中学生处于中心的位置,教师应围绕着学生转。

当然,教师角度的转化并不削弱教师的地位,在以学生为中心的网络化教学中,教师由场上的"主演"改变成场外的"指导",教师对学生的直接灌输减少,但教师的启发、引导作用提高了,事先的准备工作、组织工作,大大增强,每一环节若要取得较理想的学习效果都离不开老师。因此,在整个学生学习的过程中,教师的作用更重要,教师是组织者、辅导者、合作者。教师以学习伙伴和合作者身份参与探索和协作学习,指点学习途径,点拨学习疑难,丰富学习交流,深化学习理论。

日新月异的科学技术革命迫切需要教育教学提供关键性的人才资源和智力支持。这对教师资源的开发提出了前所未有的严峻挑战。国家未来的发展关键在于发展现在的教育,下一代人才的培养关键在于教师,教师教育教学观念的发展是时代发展的象征。我校领导和教师不断努力,加强计算机培训,加强网络教育教学科研,努力使自己成为既精通学科教学,又熟练运用现代化教育技术与资源进行教学改革的新一代教师,是学生进行创新自主学习的先决条件。

2. 调动了学生的学习动力,激发了学生主动参与的热情。

网络环境为创新性学习提供了理想的认知工具和理想的学习环境、学习资源。增添了语言的魅力,具有其他一切传统学具无可比拟的优势,为学习者提供了巨大的选择空间。网络的多媒化、形象化,是非网络环境下的学习难以企及的,它集文字、图形、动画、影像和声音为一体。

交互式的网络教学环境为培养学生自主学习提供了良好的条件。学习的愉悦来自自己主动的探究,交互式教学过程以学生探索为主,把交互性、多样性、个性化的学习融为一体,学生获取信息,已不仅仅依靠老师,他可通过网络获取更为丰富的信息量,为学生独立自主的发展创造条件,使学生能利用自身优势,发挥自身潜能,优化自身素质结构,积极主动地得到发展。

因此,网络环境和学生学习心境的创设与激发能充分地调动学生的注意力,激发学生的学习兴趣,调动学生的学习动力,唤起学生良好的学习心境,激发学生主动参与、内化、吸收的热情。

二、主要的网络资源

要利用网络资源,首先我们要清楚,网络中有哪些资源对我们有用。大致归纳一下,应该有以下几类:

1. 各类时事专题以及社会上流行的热点问题

比如汶川大地震,全国沉浸在一片悲痛之中,无数国人捐出了自己的一份爱心;奥运成功举办,极大地激发了我们的民族自豪感,激发了我们的爱国热情;神舟十号升天,全国人民乃至世界人民精神振奋,为我中华民族的成就感到骄傲,等等,这些资源都可以成为我们语文课堂上的教学资源。还有各种各样的观点、评论、批评意见、图片等,都可以用来为展开教学服务。这样既可以补充教材的内容,又可以开阔学生的视野,引导他们关心实际问题,并培养他们以所学知识来分析实际问题的意识和能力。

2. 各类教育教学网站

我国目前已经开通了很多与教育教学有关的教学网站,提供各式各样的资料和信息,以便于教师查询和利用。比如 K12 教育教学网(http://www.k12.com.cn),中国基础教育网(http://www.cbe21.com);现代语文网(http://www.modernchinese.org);人教网(http://www.pep.com.cn);东莞教育信息网(http://www.dgjy.net)等。教师可登录这些网站寻找自己想要的信息和资料。

3. 各类大学、科研机构、电台和电视台、杂志期刊电子版等资源库

对有些问题,需要参考一些科研人员或专家教授的意见,这时就需要参看

有关专家的文章或直接与他们取得联系。这时,教师就要充分发挥网上搜索的能力,通过关键词搜索、人名搜索、文章名或著作名搜索等搜集到有用的材料。目前常用的搜索引擎包括 google、baidu、yahoo、搜狐、新浪等。

4. 校网——学校自建的网络系统,也是教师可以挖掘和利用的资源

这里必须说明,要利用网络资源,学校首先必须有自己的校园网络,以实现与外界网络的对接。但是,校园网要靠学校教师自己的建设,这就要求教师把平时在网上浏览到的有用的资料和信息储藏在学校的校园网上,建设自己的语文课外教学资源库,以备用时查找。久而久之,学校的校园网也会是一个很好的网络资源。如果实现了城域网建设的话,还可以通过城域网取得与其他学校的联系,共享课外教学资源。

以下的一则案例是笔者在教学实践中关于小学语文网络教学资源开发和利用的一点体会:

【案例5—3】

小学语文网络教学资源库的开发和利用

进入新世纪,我国基础教育改革与发展日新月异,国家实施新一轮基础教育课程改革,为小学语文注入了新的内容。新课标的实施以及现代信息技术的飞速发展,给现代教育带来了令人激动的生机和活力。特别是多媒体网络教学,它以建构学习理论为基础,充分利用现代信息技术,为学习者创设一种崭新的教学情境,在教师的组织、帮助和促进下,学生通过与教师和同学进行协作、对话与交流,自主地进行有意义的知识建构,从而获取新的知识,形成自己新的知识结构体系。正因为如此,多媒体网络正以前所未有的速度和深度在教育领域中全面推开。在新课程的教学中,教师采用多媒体辅助教学或网络教学,需要大量的多媒体网络资源,而目前缺乏新课程标准的网络教学资源,给教学应用带来诸多不便。所以,我们认为可以从以下几个方面去开发小学语文网络教学资源库。

1. 开发建立符合新课程标准的网络教学资源库。

①网络教学资源库:根据新课程标准和课改新思想,对小学语文进行设计、开发既有利于教师教又适合学生自主学习的网络教学资源。网络教学是通过网络表现小学语文教学内容及实施教学活动的总和,它包括两个组成部分:一

是按一定的教学目标、教学策略组织起来的教学内容和网络教学支持环境，也就是网络课程；二是教师和学生可以直接利用网络教学资源库进行教与学的活动，从而进行信息技术与语文课程整合，实现教学内容的呈现方式、学生的学习方式、教师的教学方式和师生互动方式的变革，为学生的学习和发展提供丰富多彩的教育环境和有力的学习工具。

②研究性学习专题资源库：主要是配合新课改设置的《语文综合性学习》中的研究性学习而设计开发的专题性资源库。是按研究主题组织学习资源，设计学习资源，设计学习策略，形成研究性学习专题库，用于学生自主学习或协作的研究性学习。

2. 研究探讨新课标新课程下的网络教学模式和规律。

本着边开发边应用、在应用中研究的原则，在建设资源库的过程中要立足于用。开发的目的是为了"用"，做到不是能用，而是好用；不仅好用，而且用好，要用好必须在使用中研究。研究探讨新课程标准下网络教学的新规律、新模式，产生新的教学效果，培养出新的人才。

3. 网络教学资源开发的方法。

对于语文网络教学资源的开发，我总结了几个步骤：分析教材——搜集资料——筛选资料——制作课件(制作交互平台)。

1. 分析教材。分析教材很重要，也是备课的一个重要方面，我们先要思考什么样的材料对学生的学习有利。《秋天的雨》这篇课文中，有很多关于秋天的景物，这些图片都可以在网上找到，因此，我们可以分析课文需要找到哪些景物，上网搜索就可以了。《生活中的传统文化》这一语文综合性学习活动，学生在学习中，要接触到生活中的传统文化，这样，我就可以到网上或者生活中拍一些照片来利用。总之，学生需要什么方面的辅助，教师就应该倾向于哪方面。每一课都面面俱到是不现实的。

2. 搜集资料。资料搜集来源有很多，比如：通过自己手绘或者制作范品，通过数码相机和扫描仪采集入电脑。比如：通过互联网，在网上找到各种图片以及文字资料。比如，找到其他书或者照片进行扫描，或者直接利用别人已经有的课件或者材料等。还可以找到 vcd、dvd 碟片中的资料进行加工处理。

3. 筛选资料。有时候，一课的资料很多，应该让学生在一节课的有限时间内，接触到对于学习最有用的资料。因此，我们应该对资料进行筛选。把最有用的资料，制作在课件中；有些资料，则可以让学生在课后通过互联网来浏览。

4. 制作课件(制作交互平台)。有了一定的资料,就需要有效地将这些资料呈现出来,以获得最佳的教育时机。课件制作的软件很多。我们用得最多的就是:powerpoint 和 flash,前者适合一些简单的动画和图片展示,例如:《秋天的雨》一课中,可以用 powerpoint 展示很多关于秋天景物的图片。

第四节　现代教育技术与语文课程的整合

虽然我们可以在只用先进的教学理念的情况下也能上出一堂好课来,但在教育现代化步伐不断加快的今天,我们没有理由拒绝使用现代教育技术,相反我们非常有必要很好地利用这一课外教学资源,为我们的教学服务。我们要不断探索小学语文教学与先进教育技术实现整合的途径。特别是,通过现代化信息技术实现教育现代化的跨越式发展,这是教育现代化的必然选择。

一、什么是现代教育技术与语文教学活动的整合

现代教育技术与语文教学活动的整合,是指在教学设计与实施中,利用各种多媒体和网络的信息资源与共享技术优势,引进先进的教学思想、观念、方法及与之相应的教学模式,解决传统教学手段难以或无法解决的问题,以收到更好的教学效果,培养学生的认知能力和创新能力。整合的核心是把计算机技术融入教学中,就像使用黑板、粉笔、纸和笔一样自然流畅。在语文教学中,教师教、学生学、学生做以及学生在技术的支持下,复习、运用旧知识,探索新知识,真正做到"教学做合一"。简单地说,就是要使现代教育技术变成教师教和学生学的工具,用现代教育技术教,用现代教育技术学。

二、现代教育技术和教学活动整合的方法

现代教育技术为教和学的工具,怎样应用于实际操作过程中,我们可以从以下几方面来考虑:

1. 现代教育技术作为教学演示工具。以前教师都是通过语言、文字(教材),部分可以通过幻灯片图像向学生展示教学内容,学生主要通过听和读来掌握信息。在具备现代教育技术的条件下,教师可以把要传达的信息通过声音、文字、图像、动画等形式生动地展示给学生,刺激他们的多种感官进行学习。有

的还可以通过简短的动画片的形式把学生带入一个情境中,从而激发他们的问题意识和思维火花,以利于教和学的顺利进行。

2. 现代教育技术作为教学交流的工具。从课堂互动的角度来看,整个教学过程,就是教师和学生在不断的互动交流过程中展开的。有教师与学生个人的交流、教师与学生集体的交流、学生个人之间的交流、学生集体之间的交流。通过现代教育技术可以扩大教师和学生以及学生和学生之间的交流面,而且可以通过多种形式加深对某一问题的讨论。

具体来看通过现代教育技术进行交流的形式有:

(1)留言簿。教师和学生都可以就某一问题发言,表达自己的意见,学生可以在看到其他学生的留言后,分别和与自己持相同或不同意见的学生进行交流,也可以与教师交流。

(2)论坛。采用讨论版模式,提出议题或针对议题发表意见。学生可以对任何同学发表任何意见,也可以只与某一部分同学交流。

(3)电子邮件。如果说以上两种方式具有及时性的话,那么这种方式具有延续性。更可以便于教师和学生以及学生之间的单独交流,而且具有隐蔽性,属于个人的私人空间。教师和学生以及学生之间可以就某一问题进行深入的探讨。

3. 现代教育技术作为教学辅导的工具。教学辅导主要通过制作交互性很强的练习型软件来实现。通过这种软件,对学生的练习及其结果做及时的反馈,并对做错的内容提供相应的指导和说明。但是这种软件的制作对于教师自己来说比较困难,除用 Authorware 等具有较强交互性的软件来做之外,其他都难以达到这样的目的。教师可以直接从市场上购买相应的练习软件。

4. 现代教育技术作为获取信息的工具。这种工具主要体现在网络的使用价值上,而且教师很有必要有意识地设计相应的课题,让学生通过网上获取有用的信息,并自己来解决相应的问题。这种设计可以直接放在课堂上,教给学生利用网络获取信息的手段后(一般通过搜索引擎和各种教学网站、主题网站等),让学生自己在网上去搜集相应的资料并用来为自己服务。这种能力是目前的小学语文教学中教师应该着重培养的一个方面。既是对学生网络素养的培养,又是对网络语文课外教学资源的利用。

三、现代教育技术与语文课外教学资源整合的过程中应注意的几个问题

1. 务必确保每一位学生基本的操作能力。教师要学生讨论,而学生却不知怎么输入、怎么发送，教师要学生通过网络查询资料，而学生却找不到网站，那要学生如何来讨论、学习和探究？计算机和网络是学生既喜欢又陌生的东西，所以，在师生共同利用这一个工具时，务必把握好这一点。

2. 教师必须进行有效的监管。如果学生通过计算机和网络，不是在讨论与学习有关的话题，不是在网上搜索有用的相关信息，而是在干一些别的事的话，那么还不如不会用电脑。学校和教师必须对此形成相应的管理制度，以确保用好、用足这一课外教学资源。

3. 教师在教学法时，必须突出主题。教师必须时刻牢记，运用计算机和网络技术，只是为了自己更好地教学，为了学生更好地学习，而不要为了用计算机而用计算机，为了用网络而用网络。或者最糟糕的是在使用计算机进行教学的过程中，教师偏离了原来的教学主题，到最后弄得连教师自己也不知道这堂课究竟要达到一个什么目的。

下面是我校课题组在语文教学实践中就如何开发和利用现代教育技术资源的一则教学案例：

【案例5—4】

《长城》教学例谈

——现代教育技术与语文教学整合案例

（教学片段及反思）

研究背景：

现代教育技术在知识信息爆炸的今天，小学生作为学习者，充分利用网络、计算机、多媒体等设备资源，改变过于强调接受学习、死记硬背、机械训练的现状，倡导学生主动参与、乐于探究、勤于动手，培养学生搜集和处理信息的能力、获取新知识的能力、分析和解决问题的能力，以及交流与合作的能力，使教师、学生和文本之间进行更加亲密地对话。

另外，充分利用学校计算机多媒体和校园网络资源，提高教学质量和整体办学水平等都是摆在眼前，急需解决的问题。而作为传统的语文学科，更好地与信息技术整合，在教学中取得最佳的效果，也正是现在研究得最多的问题。下面，结合课堂教学实际，就人教版小学实验教材第七册《长城》一课，谈谈如何结合多媒体课件、网络资源环境等进行学生自主的课堂教学。

案例描述：

【创设情景诱发感情】

师：通过上节课的学习，我们初步了解了伟大的万里长城，同学们回去搜集了许多关于长城的资料，现在就请你们用一到两句话简单地说说你对万里长城的感受，好吗？

师小结：通过上节课的学习，同学们或深或浅地对长城有了一定的感受和理解，那课文中是怎样来概括长城的呢？请同学们快速浏览课文，找出关键词。

（板书：气魄雄伟、历史久远、工程浩大）

师：也就是说，课文就是写了长城的这三个方面。那么找到关键词以后，接下来咱们该干什么呢？（生：研究……）

嗯，很会学习，想亲眼见见长城的气魄吗？［播放录像］

上述教学片段中，我结合课文内容运用多媒体计算机精心创设情境。当学生看到电脑显示的长城巨龙般的身躯时，他们被长城的气魄震撼了，有的同学甚至发出了"哇"的轻声惊叹。此时，任何语言都已失去了意义，一幅图片已诱发了学生的感情，为他们学习课文做了铺垫。学生在强烈的情感驱使下，听到了课文的配乐朗读，看到了气魄雄伟的长城，此时，他们的心弦已被拨动了。

【媒体辅助研读课文】

◆长城的雄伟气魄

1. 看了录像，你有什么感觉？

2. 课文中哪些地方写出长城的雄伟气魄？

3. 随机出示：

远看长城，它像一条长龙，在崇山峻岭之间蜿蜒盘旋。从东头的山海关到西头的嘉峪关，有一万三千多里。

4. 看了这段录像有什么感受？［出示句子］

策略：从"龙"体验长城的雄伟气魄。

层次一：形似（视频展示）

层次二：神似（收集出示相关资料）

师：从"龙"这个词你还能想到些什么吗？

生：龙是我国古代传说的神异动物，身体长，有鳞，有角，有脚，能走，能飞，能游泳，能兴云降雨。

师：你的知识真丰富。

生：中华民族的子孙都是龙的传人，龙是吉祥物。所以用巨龙来比喻长城，不仅因为形似，而且蕴涵着我国人民对长城的热爱和赞誉。

生：我知道一些关于龙的成语，比如龙凤呈祥、龙腾虎跃，这些都说明龙是吉祥的，有气魄。

生：古代帝王穿龙袍、坐龙椅……可见自古龙都是至尊至贵的象征。

师：对呀，咱们古代的天子可以说与"龙"这个象征物是分不开的。看来龙一直是我们中华民族的象征，它崇高、庄重、权威，是一种精神象征，正如××同学说的，我们都是龙的传人呀！作者把长城比作龙也正是这个意思。

【借助网络研读课文】

◆长城的建筑年代久远

1. 导语：如此让人赞叹不已的长城，是一蹴而就的吗？万里长城主要经历了哪几个朝代的修筑和扩建？

2. 分组合作上网搜索学习。

师：好，一起上网去找一找关于这些朝代的长城的资料，并集合全组人的智慧筛选出你们觉得最有意义的资料，用简单的几句话介绍或者展示给全班同学，好吗？

3. 小结：今天长城已经失去了它防御的功能，但是作为我国古代劳动人民智慧和创造力的结晶，它那巨龙般的身躯正是我们中华民族永不弯曲的脊梁的象征。

网络能给孩子提供一个资源的大空间，当学生觉得书本介绍的知识不能满足他的知识需求时，便想到利用互联网来搜索自己想要获取的知识。而此时教师就提供给他们这个空间，并引导他们进行合作讨论，有效地筛选，并且利用软件，让他们展示自己的搜集成果。这样一来，原本枯燥的说明段落，在学生生动图片和资料的补充下，显得丰满了很多。

教学反思：

整节课文，充分利用现代教育技术的优势，利用多媒体、网络进行有效的辅助教学。在课上，学生不仅能通过多媒体视频、图片感受情景，还能随时地查阅网络，补充知识。课堂不是封闭的，语文教学不能仅仅局限于课本，应树立"大语文观"，鼓励学生积极上网查询资料，补充课本上有限的知识，对教材做补充，填补空白。这样，久而久之就养成了学生乐于查找资料，特别是上网浏览获取知识的习惯。而且，在课堂上查找、筛选和汇报的过程，也是学生一起参与、一起合作、一起探讨的过程。课外练笔的内容,我充分抓住了网络 BBS 论坛的优势,先是自己在论坛上发布一则消息作"引子",引发学生的愤慨之情,进而展示长城被破坏的图片,升华学生的情感,自然地,学生也就情不自禁地参与其中,进行了绝佳的练笔训练。

总之,教师在教学中运用多媒体和网络技术适当辅助,有助于培养学生学习语文的兴趣,提高学生的阅读能力以及搜集信息、处理信息的能力和交流与合作等能力。

第六章

人力资源的开发

　　人是最重要的资源之一,离开了人,教育教学活动就无法进行。人力资源本是一个社会学的概念,但它也可以应用在语文教学中,充分地开发人力资源,对提高小学语文的教学效率有重要作用。

第一节　为什么要开发利用人力资源

　　在这里,我们所讲的人力资源开发与社会学上所讲的人力资源开发既有区别又有联系。

一、人力资源的定义

　　社会学中关于人力资源的定义是,与自然资源或物力资源相对应的、以人的生命机体为载体的社会资源,是指在一定领域内人口所拥有的劳动能力。

　　很显然,从社会学的角度来说,人力资源指的是人的生产劳动能力,它是一种以人为载体的社会资源。

　　而从语文教学研究的角度来说,人力资源并非指人的生产劳动能力,而是指以人为载体的、在语文教学中可资利用的一种课外教学资源。它借鉴了社会学上人力资源的概念,但又与其有所区别。在这里,人力资源与校内场馆资源、社区教学资源、现代教育技术资源一样,都是语文课外教学资源的一种,它包括教师的资源、学生的资源、家长的资源和社会中其他人的资源等。

二、为什么要开发语文教学中的人力资源

在新课程实施中,教师对课堂教学中课外教学资源的强烈需求,使人们意识到新课程的实施、课堂教学有效性的提高需要丰富的课外教学资源的支持,应积极开发并利用校内外各种课外教学资源。然而,由于教学中教师缺乏对课外教学资源的正确认识,致使课堂教学中蕴含的丰富教学资源不能被开发和利用,导致大量有价值的教学资源被埋没、流失。下面,我们将通过对语文教学中人力资源的分析,谈谈为什么要开发语文教学中的人力资源。

1. 人力资源的特性决定了人力资源开发的必要性

首先,人力资源作为一种课外教学资源,具有资源的属性,与其他课程资源一样,都是为教学活动服务的。传统的教学理论在很大程度上忽视了这一点,不认为人力资源是一种教学资源,而仅将它看作是教材的执行者。但事实上,人力资源的开发,影响了教学活动的有效进行,决定着教学效果的好坏。

其次,人力资源是教学活动中的能动性因素,是教学活动中最为活跃的因素。一切教学活动首先是人力资源的活动,由它的活动才引发、带动其他资源的活动。人力资源的活动总是处于教学活动的中心位置,操纵和控制其他资源活动。只有开发利用好人力资源,教学活动中其他要素的功能才能有效地发挥出来,才能促进教学活动的有效开展。

再次,作为人力资源重要载体的教师和学生,不仅是教育者和学习者的角色,同时又是一种重要的资源原型,从他们的身上,有很多可以挖掘的因素,供其他学生学习。

2. 人力资源是语文教学中的第一资源

人是教学活动中的主体,教学活动归根到底是人的活动,是教师教、学生学的活动。教师在教学活动中是知识传授者,而学生则是知识的接受者,是教学活动的主体。之所以说人力资源是语文教学中的第一资源,是因为人从一出生就要从父母那里开始学习吃饭、走路等生存能力,而从上学的第一天开始就要从老师那里学习知识、掌握方法。离开了父母、老师这些"资源",人的身心就不可能健康地发展。一方面,学生本身所具有的学习主动性、学习兴趣等也是一种资源,需要在教学实践中深入地去激发出来,从而使学习活动获得更高的效率。另一方面,从教师的角度来说,教师只有吃透教材,具备足够的知识储备,才能更好地向学生传授知识,如果教师本身都对相关的知识一知半解,又怎么

能当好教师的角色呢？假如教师教给学生的知识是错误的，那么，学生学到的知识也将是错误的。从学生的角度来说，学生只有热爱学习，具有学习的兴趣和积极主动性，才能学得更好；如果学生对学习不感兴趣，消极厌学，又怎么能学好呢？从家长的角度来说，家长的监督、指导作用不可忽视。

所以说，人力资源是语文教学的第一资源，离开了人，什么也做不成。

3. 人力资源开发对教学活动有重大的促进作用

教材是课内教学资源，学生对教材内容的掌握，不是靠教材编写得好不好，而是靠教师的教、学生的学。教材是死的，而人是活的，只有教师读懂了教材的编写意图，正确地贯彻执行该意图，并按一定的教学方法调动学生的学习积极性和主动性，才能提高教学效率，使学生学有所获。

提高语文教学效率的条件有很多，例如教材的编写、教学参考书和教案的使用、练习和作业的设计等等，然而，归根结底这些条件都需要人去完成，缺少了人这一最为重要的条件，再好的教材和设计都只能是空的。

另外，教师和家长的知识和经验是帮助学生成长的一个非常重要的条件。教师和家长在与学生的接触、交流中，总是会有意无意地把自己的知识、经验传授给学生，这是一项非常重要的资源。

人力资源开发之所以在教学活动中能起重大的促进作用，是因为：

首先，人力资源开发能促进教学效率的提高。例如，教师的资源开发包括教师本身的知识储备、教师的情感投入、工作态度等。如果一位教师，知识丰富、工作积极、全身心地投入并以自己的情感去感染每一位学生，那么，就能极大地促进教学效率的提高；反之，则不能。

其次，人力资源能促进其他资源的开发和利用。其他资源的开发和利用归根到底是需要教师和学生去完成的，如果教师和学生缺少这方面的主动性，不会运用身边的教学资源，那么，身边的资源也就会白白地浪费、流失掉。有责任感的教师会时时留意身边的事物，善于总结和积累经验，善于开发周围的一切资源用于教学活动，从而促进教学效率的提高。

再次，人力资源的开发为今后教学活动的持续发展创造了一个有利的环境。人力资源是可持续发展的，通过开发人力资源，教师和学生积累了经验，而这些经验将会对以后的教学和学习活动产生重要的影响，并将成为教师和学生成长中的一项重要的财富资源。

总之，要提高教学效率，促进学生全面发展，不仅要重视其他教学资源的有效利用,更重要的是要重视人力资源的开发和利用。

以下这篇论文(节选)是我校教导主任刘伟老师撰写的,对理解人力资源开发在教学活动中的作用有一定的帮助。

【案例6—1】

构建教学情境平台,激活创新思维(节选)

1. 师生平等互动,构建民主情境。

民主平等的师生关系是营造创新氛围的前提。教师在教学过程中应努力建立一种相互平等、相互尊重、相互信任的师生关系,形成民主和谐的教学气氛,使学生能在一个欢乐、和谐、宽松的支持性环境中学习。而在情境中促进师生互动,则有助于良好的师生关系的形成。如在教学《赤壁之战》一课,讲到黄盖火攻曹营这一计策的巧妙周密时,我在学生充分阅读课文后创设情境检查他们对课文的理解情况。我让学生当黄盖,我则当"黄盖"(学生)手下的一名将领,让"黄盖"在火攻曹营的路上回答我的提问。我根据课文内容设计了多个问题向"黄盖"请教。由于学生担当的是黄盖这一角色,自然不愿被"手下"问住,于是他们相互补充,争相回答我的问题,从而完全弄懂了这个计策的周密巧妙之处。在以上师生互动的情境中,师生之间既有信息的传递,又有情感的交流,更有思想的撞击,师生完全处于平等状态,使课堂成为培养学生创造性思维之花的理想场所。

2. 学生良好交流,营造合作情境。

个人的创新置身于创新群体中时,群体的环境就不可避免地影响到个人的创新活动和创新能力的发展。因而,我在教学的过程中,十分重视使学生在情境中产生互动,形成相互交流、相互合作、相互补充、相互帮助的良好气氛。如教学寓言《守株待兔》一课,在揭示寓意时,我指着黑板上简笔画勾勒的画面问:"看着这种田人,田里长满了野草还在那儿守株待兔,我们应该怎么办?"学生回答:"应该规劝、教育他。"我借机问:"如果你是一位老农,当你看到这位年轻的种田人在那守着树桩子等时,你想对他说些什么呢?"接着请一位同学上来当年轻的种田人,让愿意教育这位"年轻人"的"老农"自己上来教育他。这样一来,就形成了众老农纷纷相劝,共同教育"年轻的种田人"的情景。期间,我又让坐在下面的同学参与劝说,这就形成了生生互动、相互合作的可喜局面。

3. 担当故事角色,实现人境融合。

师生互动、生生互动,对营造良好的创新氛围至关重要,但情境与人之间的互动同样应该重视。因为当学生和教师一同创设情境并成为情境的一部分,在其中思考、活动达到忘我的境界时,便进入一种人境融合的最佳创新状态。在教学《太阳》一课时,为使学生更好地弄清太阳和人类、地球的关系,我让学生根据课文内容,发挥想象,画出心中的太阳,并说说原因。笑哈哈的太阳、哭丧着脸的太阳、气愤的太阳、长着胡须的太阳……出现在教室里,孩子们尽情地说,内容丰富多彩,涉及祖国的变化、环保问题、宇宙太空等。学完了课文,我又让学生叙述太阳的特点、用途、与人类的关系。(现在,你就是太阳,要会夸自己,把自己的特点、用途、与人类的关系说清楚。当然,要实事求是,不吹牛。)教室里热闹极了,孩子们踊跃发言,争着表演。简练的语言,生动的叙述,精彩的概括,一个个形态各异的太阳闪亮登场。这样,学生融入情境之中,而情境也因学生的加入变活了。学生全身心的投入,使情境成了激发学生创新思维的最佳土壤。

第二节 教师资源的开发

从教学资源的角度看,教师的教育经验、实践智慧、特长技能、道德修养、为人处世的方式等可以是重要的教学资源。

一、教师的教育经验是宝贵的教学资源

一般来讲,教师经过 3-5 年的教学实践,都会形成自己的教学经验和心得体会,这些都是教师在实践中逐渐发展和积累起来的。教育经验包括很多方面,概括地说是指教师在教学实践中形成的对教材、学生、教学、组织管理和科研等方面的理性认识和能力的积累。具体表现在以下几方面:

1. 熟悉教学内容

经过几年的教学,教师对语文教材的内容体系、重难点、内容之间的逻辑以及如何处理教材等都有明确的认识和体会,这些能力为教师处理新教材提供了基础。在教学中,当遇到新问题时,过去的经验和方法会引领我们去尝试着解

决这些问题。由于对教学内容的熟悉,教师在讲课时,知道如何去突破重难点,并且还可以联系其他的知识点和相关的材料来为教学活动服务,使教学更贴近学生的实际,有利于学生接受。

2. 研究和了解学生

备课的一个重要环节就是"备学生",了解学生可以为教师展开语文教学提供更多的依据。教师在多年的教学生涯中,在与学生的交往中,对学生的兴趣、性格、学习方式、学习能力、学习中可能会出现的问题等都有比较熟悉的体会。因此,在语文新课程的实施中,不论是课堂教学,还是活动的开展,教师可以根据对学生的了解,真正做到基于学生的需要和特点,来安排自己的教学,改变自己的教学方式。

3. 掌握熟练的教学技能

教学技能是教师在教学过程中逐渐形成的,是教师顺利地开展教学和驾驭课堂的实践能力,包括教师的教学准备策略、教学行为策略、课堂管理策略、教学评价策略等。具体地说,教学准备中,包括备教材和备学生,尤其在新的教学理念下,根据学生的需要和基础来安排教学显得更为重要。教学行为策略中,教师需要通过激发学生的学习动机、适当地呈现教学内容、进行有效的教学交流等以实现有效的教学目的。由于新课程集中关注对学生创新精神和实践能力的培养,如何在原来的基础上,改进自己的教学方式是每一位教师所需要考虑的问题。课堂管理是进行教学的先决条件,教师必须有很好的组织能力和管理能力。教学评价包括学生的学业评价和行为评价,既是对教学效果的反馈,也是对学生的一种促进或改进。在新课程的背景下,教师要根据所掌握的多种教学技能及其操作程序,在新课程的实施中,主动地开展对各种教学模式的探索和研究。

4. 形成一定的反思意识

可以说,教师专业意识和专业能力的成熟过程,就是一个教师在教学实践中不断反思和改进的过程。只有教学经验的单纯积累,没有反思意识,教师就不会在实践中不断地改进自己的教学,而只是在原来的基础上重复自己的劳动,这样对教师专业技能的发展和成熟是很不利的。教师如果要在实践中不断地改进教学,要实现新课程理念对教学方法的要求,把新课程的理念体现在教学行为中,反思意识是必不可少的。

二、教师的实践智慧是重要的教学资源

什么是实践智慧？简单地说，就是教师在教学实践中应用和体现出来的智慧。它包括三个方面：其一，是指教师对教育合理性的追求。在教学实践中，教师除了教书之外，往往还对一些问题进行追问和思考。例如，我这样安排教学对学生来说是否合理呢？这样的教学是否符合学生掌握知识和身心发展的规律？我为什么要达到这样一目标，这些知识真的是学生必须掌握的吗？对于这些问题的思考和回答，必定对教师的专业意识和反思教学起到促进作用。其二，是指教师对当下教育情景的感知、辨别与顿悟。这一方面讲求师生之间的互动，在教学中教师根据学生不断冒出来的问题、错误和有教育价值的反馈信息不断地改变自己的教学方式甚至教学内容。其三，是指对教育道德品性的彰显。这一方面主要要求教师对学生的人文关怀，从教育的道德价值和伦理价值来思考和进行教学，不要动不动就体罚等。

对此，我们可以从以下三个方面来理解：

1. 实践智慧表现为对知识传授的超越

语文教学不仅仅是教书，不能为了教书而教书，而且教书不能只是"教教材"，而是"用教材教"。语文教学还有更重要的任务，那就是"育人"。而人是"知""情""意"的统一体，是全面发展的。教师在教书的过程中，更应该注重学生情感和意志的培养。把语文教材当作一种工具，引导学生去发现、去感悟、去体验周围的生活，形成自己的经验。"实践智慧应该视知识传授为登山的工具，而将真正的目标定位于引导学生体验攀登的酸、甜、苦、辣，感悟人生的至真、至善、至美。"①

2. 实践智慧表现为一种教学机智

"所谓机智，是一种瞬间知道该怎么做，一种与他人相处的临场智慧和才艺。而教学机智表现为教师所具有的，在复杂微妙的教学情境中迅速且恰当的行为的能力。"②教学机智体现了实践智慧对当下情景的感知、辨别、顿悟的特征。感知表明教师要抓住具体情景中的一切细节，思考该情景是怎样呈现出来的；辨别意味着教师要明白该情景和其他情景的差异，其间暗含了哪些活动的

①　吴德芳．论教师的实践智慧[J]．教育理论与实践．2003.4.

②　马克斯，范梅南．教学机智：教育智慧的意蕴[M]．北京：教育科学出版社，2001.

可能;顿悟意味着教师明白某个学生的某种表现和行为必然与"他是谁"相联系,从而形成特定情景的经历感和意义感。教学机智就是通过这些过程所表现出来的特定的行为方式。由于教学情景的复杂性,教师永远不知道或预计课堂中会发生什么事情,对课堂中的突发事件的处理,就是教师教学机智的具体表现和应用。处理得当,实践智慧水平就高,否则就低。

3. 实践智慧表现为抓住课内外出现的有利于课堂教学的因素和条件

就课内而言,学生出现的问题、错误、争论等都可以用来为教师的教学服务;就课外而言,学生的好奇心、现实中的事件或某一个有趣的现象等都可以用来为教学服务。关键是教师要凭自己的敏感、顿悟而善于抓住这些因素。例如,在讲《悯农》诗时,刚好早上有一位学生把一块吃剩的面包扔进了垃圾桶里,教师马上就抓住了这个因素,组织学生进行讨论:这名同学做得对不对,我们应该怎么做。通过讨论,让学生深入地理解这首诗所表达的思想内容。

三、教师的情感投入是独特的教学资源

众所周知,人类的任何活动,都离不开情感。正如列宁所说:"没有人的感情,就从来没有也不可能有人对真理的追求。"当然,不仅是追求真理的认识活动,任何一种活动要持续下去,达到目标,都需要有强烈而浓厚的情感作为动力。

我们的语文教学不仅仅是认识活动,也是情感活动。新课程标准把"情感"提升到了一个前所未有的高度,认为"知识与能力、过程与方法、情感态度和价值观"是共同构成一堂课的三个维度。而我们传统的课堂教学恰恰因为过分强调知识的训练,而忽视了学生情感态度和创造性思维的培养,致使课堂教学沉闷和程式化,缺少生气和乐趣,缺少对智慧的挑战和对好奇心的刺激,缺少感悟文字所引起的兴奋和激动,学生在课堂上只是重复知识的记忆、再现等枯燥乏味的活动,缺少真正的感情投入。

在学校,有一个不容争辩的事实就是:许多学生往往是因为喜欢某位教师而喜欢上该教师所教的学科。显然,情感在这里起了作用。在教学过程中,教师起主导作用,更需情感作支撑,积极的情感投入是提高教学质量必不可少的前提条件。如果教师能把学生的好奇心、求知欲、紧张感、成就感等积极的情感因素调动起来,引入课堂教学之中,那么我们的课堂教学势必会出现一个崭新的面貌。

1. 教师的情感投入是"源头"

教师的情感投入就是教师对学生付出的感情,这个投入能换取学生的信任及学习的积极性。小学语文教材,都是富含思想性和艺术性的文章,或讴歌真善美,或鞭挞假恶丑,情感色彩鲜明强烈。如人教版六年级课文《穷人》《卖火柴的小女孩》《凡卡》等,都表达了对穷人不幸遭遇的深切同情,这些无不包含着对苦难人民的深厚感情。然而,要使学生接受这样至深至真的情感,首先取决于我们教师本身。也就是说,我们语文教师首先要被感动,被字里行间流露出的作者鲜明的爱憎情感所震撼,教师要成为情感传播的源头。唯有这样,我们的教学才会动情,才能出彩,才能进入学生的心间。

2. 教师的情感投入是"基石"

情感是学生的一种基本需要,根据马斯洛的"需要层阶论"可知,一个人的深层需要就是爱和尊重。心理学家认为,影响学生成长有两个源头,一是父母,二是教师。如果教师无视学生的情感需要,学生被置于没有爱的环境中,那么一切教育教学都是徒劳的。我国著名的教育家夏丏尊说:"教育没有情感,没有爱,如同池塘没有水一样,没有水,就不成为池塘,没有爱就没有教育。"[①]

情感是打开学生心灵的"金钥匙",教师笑容可掬地迈上讲台,以真挚的微笑面对每一位学生;学生做对了,教师给他一个灿烂的笑容;学生做错了,教师给他一个亲切的微笑。这汩汩清泉般的师爱流进了学生的心田,唤起了学生心底的"爱",师生情感共鸣,学生的潜能、创造力将得到最大限度的发挥,认知效益也会大大提高。教师不仅要有丰富的学识,良好的品德,更要有真挚的情感,教师用自己的情感把握住学生的情感,引导学生与文本深入地进行情感交流和心灵对话,从而愉悦性情,陶冶情操,培养学生健康的心理和完美的个性。

3. 教师的情感投入是"纽带"

小学低年级正处于具体形象思维的时期,而高年级则处于由具体形象思维向抽象思维过渡的时期,这两个时期绝不能脱离情感。此时学生的心理特征是:还没有形成固定的认知结构,有着旺盛的求知欲和好奇心,情感丰富并且外露,有时偏激、振奋甚至洋洋自得;有时情绪消极沮丧。这就要求教师在教学中用直观形象的、充满情趣的语言动作,巧妙地调整学生的情感,使之稳定在最有利于课堂教学的状态上。让学生处在和谐愉快的气氛和"乐学"的情境中,让他

---

① 亚米契斯.爱的教育[M].夏丏尊,译.上海:华东师范大学出版社,1997.

们和课文的节奏旋律情不自禁地一同跳动,从而获得深切的情感体验,逐步形成稳定的情感。

当教师主动接近学生,感情就会不仅朝着一个方向流动,经过学生们那颗敏感的、渴望的心会激起"回流",当学生受到感动、感化,就会产生对教师的亲近感,"亲其师,信其道",如果到达这个层面教师和学生就能携手共同走向教学的成功。

以下案例是笔者在平时教学实践中所撰写的一篇教学研究论文的节选,论述了教师这一教学资源在教学活动中的作用。

【案例6—2】

让语文教学不断拨动学生情感之弦(节选)

教师的引导是落实情感目标的"利器"。

小学语文课本中的文章大多是名家名篇,不仅语言优美,而且包含了丰富的思想情感,即使是一些说明文,也写得趣味盎然,引人入胜,隐含着作者的审美情趣。因此,对于语文教育教学来说,教师的感情投入,较之其他学科更为重要。因为课文本身都饱含着丰富的感情,如果不能以感情浸润学生的心田,则无论是思想教育还是语言知识训练,都不能收到预期的效果。那么,教师要怎样才能"发掘"出作品的内蕴从而不断拨动学生的情感之弦呢?下面以人教版实验教材第十册课文《白杨》为例,谈谈在阅读教学中如何具体地落实情感目标:

1. 以情引情,导入新课

课文的导入首先要立足于以情动人,使学生缘情而入文,披文以入情。要做到这样的要求,就必须精心设计导语、精心创设教学情境,把学生引入浓郁的情感氛围之中。导语是一篇课文的起始,精彩的导语应该像诗一样精练、感人。导的方法多种多样,"煽情"的导语加上恰到好处的教学情境,能使学生用最短的时间进入最佳的准备状态中。如教学《白杨》一课,我首先播放阎维文演唱的《小白杨》(学生会唱的可一起随唱),然后在渲染的气氛中导入:同学们,歌曲中唱到了什么?你喜欢歌中的白杨吗?自由说一说你在哪些地方见过白杨树?在茫茫的大戈壁上生长的白杨树又是怎样的呢?今天我们就随着动人的歌声,一同与课文中的父子三人"坐上"通往新疆的直达专列,去那里亲自感受一下白杨树的坚强与美丽。学生的情感之弦开始被轻轻地拨动了，他们入情地投入到课文的学习之中，激发了学生的求知欲，从而收到事半功倍的效果。

2. 以情抒情，激趣导读

"成功的教学所需要的不是强制，而是激发学生的兴趣。"（托尔斯泰语）。阅读是理解吸收，对学生来说并非易事，它需要教师启发的诱导，教师首先要充满激情，在教学中充分激发学生的阅读兴趣。提高学生的阅读热情，就要通过高水平、高质量的朗读，给学生以熏陶和感染。学生的朗读重在情感的抒发和体验，而不能当成是熟悉课文。正如苏霍姆林斯基所说："情感如同肥沃的土壤，知识的种子播种在这片土壤上，肯定会萌芽生长。"日积月累，学生的情感丰富了，其思想素质和心理素质也随之提高了。如《白杨》这篇课文，是一篇抒情散文，需要反复朗读，才能体会到作者对白杨的赞美之情，才能感受到"父亲"之类的建设者们扎根边疆、建设边疆的伟大的奉献精神。当学生富有感情地读到"白杨树从来就这么直。哪儿需要它，它就在哪儿很快地生根发芽，长出粗壮的枝干。不管遇到风沙还是雨雪，不管遇到干旱还是洪水，它总是那么直，那么坚强，不软弱，也不动摇"之类的句子时，他们情感的音符一下子升高了好几倍，仿佛正在弹奏一曲悦耳动听的交响乐。

3. 以情激情，传递情感

教师"传情"的手段是多种多样的，但在语文教学中，教师表达情感的主要手段应是语言。因为人的情感是具有感染性的，在一定条件下，人的情感可以感染、相互影响，从而产生相同的情绪体验。因此，在课堂教学中，教师要用爱憎分明的感情，真挚的语言和恰如其分的表情动作，去叩击学生的心扉，激起他们的感情波澜，从而使深刻的道理渗透到学生的心田。教师的教学语言要生动形象，具有激发性和感染力，能点燃学生心中的情感之火。比如朗读课文、讲解作品时，都要用语言，当然这些语言是带有浓郁的情感因素的，即要以情发声，以情带语。要根据不同作品的不同情感格调，"因情制宜"，该亢奋时要亢奋，当低沉时要低沉，让浓郁、饱满的情感浸入学生的心田。同时，教师还应注意语言、语速、语调等的变化和结合。总之，在教学中，教师应通过饱含感情的语言把自己对文章的理解、对人生的感悟、感情的爱憎传递给学生，激起学生情感的涟漪。如在教学《白杨》一课时，讲到动情处，教师不禁有感而发："老一辈的建设者们，他们短暂的一生就这样像白杨树一样奉献给了边疆，奉献给了祖国。他们从来不懂得索取，只讲奉献；从来不会退缩也不会软弱，坚强地面对茫茫戈壁和漫漫黄沙。现在,他们又把自己的儿女带到戈壁上,继承他们的事业。这是一种多么伟大的献身精神啊!"接着,教师饱含深情地朗读课文最后四个自然段,把对建设者们由衷的赞美之情传递给学生,使学生深深地受到感动。

4. 以情动情,感悟升华

感人心者莫过于情。因此教师必须充分挖掘课文的情感因素,选准动情点打动学生的心,激发学生的情,使作品与学生的心灵发生共振共鸣。如《白杨》这篇课文最感人的就是写"父亲"在新疆工作,他们就像这白杨一样,哪里需要,他们就在哪里生根,他们总是那么坚强,不软弱也不动摇,奉献了自己,还把儿女也接过去建设边疆。这是一种多么感人的精神力量啊!教师通过播放茫茫大戈壁的荒凉画面,再配以雄浑激昂的音乐,把学生带到了"父亲"工作的环境中,领略他们工作环境的恶劣,看看他们怎样辛勤地劳动、付出了多少的汗水,为建设边疆出尽了力、倾尽了情。课堂上,教师以画面展示、语言渲染、音乐烘托来展现课文内容,从而创设出一种"融情融景,情景交融"的情境,使学生深刻地感悟到了课文所表达的思想感情,使内心的情感不断升华,情感之弦奏出的音乐达到了高潮。

总之,在语文课堂上,教师应恰当运用课文和自己的情感去感染学生,教育学生。"随风潜入夜,润物细无声",正如特级教师于漪老师所说:"课文是无声的,教师要善于把无声的文字变为有声的语言,发挥语文教材所特有的说服力和感染力。要饱含深情,进入角色,正确理解文中寄寓的情和意,传情激情,文字就有血有肉会说话,而不是枯燥的符号。学生活跃在优美的语言氛围中,耳濡目染,深得其益。"语文教学是知、情、意的统一,情感贯穿教学活动的每一个环节。教师一定要把情感的诱导和培养学生的兴趣作为自己完成教学任务的主要职责来对待,充分发挥语文教学的情感效应,落实情感目标,从而不断提高阅读教学的实效性。

第三节　学生资源的开发利用

课程改革的目的是为了学生的发展。学生是有血有肉、有思想、发展中的人,是否正确认识、开发和利用学生的资源,直接影响学生创新能力的培养和全面发展。一般来说,学生资源指在课内外表现出的,可被教师利用的、有利于教学的、学生已有的知识结构、人格质量和经验等。它具有生成性、动态性、待开发性、多样性、难以复制性、直接性、有效性、丰富性和再生性等特点。

一、学生资源开发的内容

根据对学生资源的理解，可以把学生资源按不同的方面分类，主要包括以下几个方面的内容：

1. 学生的提问

学生的提问是一种非常重要的教学资源。由于人的求知的本性，又由于小学生独有的好奇心，问题往往会从他们的小脑袋里冒出来。在语文课堂教学中，教师经常会有这样的感触，那就是小学生很爱提问题，有时也很会发现问题。例如，在教学三年级的课文时，有一位小朋友就提过这么一个问题："学习了《玩出名堂》后，我知道了别人可以玩出名堂，为什么我就不能玩出名堂呢？"这个问题问得多好啊，教师马上可以顺势问学生："你在玩耍中玩出了什么名堂呢？"没有一个同学能回答，教师接着说："是呀，为什么我们不能玩出名堂呢？那是因为我们的知识不够，因为我们缺少一双善于发现的眼睛。今后，只要我们细心观察、勤于思考，就一定能在玩中有所发现、有所创造。"

2. 学生的错误

学生的错误也是一种教学资源。学生作为学习者、求知者，往往会暴露出他们掌握的知识不成熟和不完善之处，因此他们时常会出现各种错误。但有的教师对这些错误要么视而不见，要么严加惩罚，而对这些错误出现的原因及其潜在的教育价值很少关注。在三年级的一堂语文课上，我让一名学习成绩比较差的学生用"似乎"造一个比喻句，该学生说："小明今天似乎病了。"这句话中，学生虽然用"似乎"造了一个比较通顺的句子，但却不是比喻句，不符合要求。于是，我就这个例子向学生讲解什么是比喻句，应该怎样造比喻句，学生从刚才的错误中吸取了教训，再造比喻句的时候，很容易就会了。

错误可以成为正确的先导，学生可以从错误中吸取经验，发现真理。教学中，学生出现一些问题是很正常的，教师只有发现这些错误，才能更有针对性地引导学生思考、补充、修正，把它作为一个动态生成的教学资源来加以利用。

3. 学生的好奇心

学生的好奇心往往是教师可以抓住的另一个重要的教学资源。小孩的好奇心是与生俱来的，从他来到这个世界的那天起，就在不断地观察和思考着身边的一切;并且随着年龄的增长,很多的"为什么"便从他的小脑袋里蹦出来,令很多家长和教师都无法回答。而恰恰是这样的问题又为教师寻找教学资源提供了新的途径。对于这些问题,教师不一定能够回答,但教师一定要提供一个途径和方法。教师可以引导学生去看书、看电视、上网查找等,通过自己的学习来获得答案。学生的兴趣、动机、知识就在这不断的探究性学习中得到刺激和成长,也可以把这些问题纳入到综合性学习活动中,以主题探究的方式,引导学生进一步探究和思考。

4. 学生的反思

学生的反思是教师可以利用的又一有效的教学资源。反思是思维活动的核心和动力,是有效主体参与的元认知特征,是主体意识发展的充分体现。学习过程不是对新信息的直接吸收和理解,而是新旧知识之间的相互作用,在这种作用中,包含了主体对知识课题的选择、分析和批判。可见,学生对知识的理解要靠自己的领悟,而领悟又要靠不断反思才能达到。所以,学生的自我反思是构成认知结构更新的一个必要条件,通过反思,学生把问题的思维过程上升到一定的高度,形成一定的认知策略,提高元认知能力。因此,在教学过程中,我们要多给学生提供学习反思的机会,多关注学生的学习反思,注意引导学生对自己的学习方式、认知方式、理解程度、思维过程等方面进行自我认识、自我评价,以及对自己的学习进度、学习心理进行自我监控。

二、学生资源开发的方法与途径

1. 从语文学习的精神与品质层面开发学生资源

语文课程标准已把"情感、态度和价值观"列为语文教学三维目标之一。语文学习中,学生的语文观、语文学习观影响着其对数学学习的情感、态度和意志。学生个体在语文学习中的各种表现又往往在同学间相互影响、相互感染,产生某种认识、情感甚至行动上的"共鸣"。所以,学生的主动性、创造性、刻苦学习精神、团结协作精神、反思批判精神、坚韧不拔的意志品质和语文学习目的性、价值观等等,都是教学上可资开发并能对学生语文学习产生深远影响的重要教学资源。

(1)以语文学习笔记为媒介,交流学习感悟

学习笔记是运用书面语言进行思想交流和情感表达的重要方式,学生可以在学习笔记中,敞开心扉,实话实说——或总结反思自己在语文学习过程的某

个片段的经历感悟,或谈论教师某个教学环节中的缺失和自己的期待希望;放飞想象,自由发挥——或展示自己对某个问题的奇思妙想,或推介自己语文学习的高招良策,如此等等。实践证明,通过这种学习笔记,可以促进学生与学生、学生与老师思想感情的交流与沟通。这种学习笔记,形式、体裁、内容、长短不限,有感而发即可,重在总结反思,重在互动交流。

（2）组建语文学习小组,营造互动氛围

子曰:"独学而无友,则孤陋而寡闻。"语文的学科特点和学生间在年龄、经历、学习内容等方面的相似性,决定了学生在语文学习上有诸多的共性。挖掘和利用这些共性能在同学间起到"润物细无声"的教育、感染和激励的效果。几年来的实践尝试,笔者在班级中组建了"兴趣故事小组""阅读兴趣小组""作文互助小组"等,并开展了相应的活动,让同学之间互相帮助、互相促进,能在学生中产生较强的吸引力和感召力,学生的参与意识、探究意识、应用意识、创新意识、竞争意识正是组建语文学习小组的强大凝聚力和生命力。在这些学习小组中,"近朱者赤,近墨者黑",学生的参与、表现、感受既能激活自己,又能感染别人,这也是社会建构主义教学观的一个基本观点。

2. 从语文学习的方法策略层面开发学生资源

（1）捕捉利用学生思维的瞬间亮点

民主开放的语文课堂,必然引发师生间思想的交锋,也必然促进学生灵感和智慧的产生。在语文课堂教学中,学生在思考和解决问题时,随时可能突发新颖奇特的念头,可能做出独辟蹊径的妙解,可能出现"可爱"的错误,这些稍纵即逝的思维亮点,来自于学生,反映的是学生的真情实感和原汁原味的思维轨迹,容易被师生忽视,但却是教与学极其宝贵的教学资源。这种资源教师不可预设,是动态生成的,其价值也就在于此。

（2）开辟学生语文学习的"自留地"

语文学习园地是学生进行学习情感、方法、成果展示交流的理想平台,是延伸课堂拓展学习时空的一种好方式。学生可以在这块"自留地"上随意"耕作",尽情发挥。这种园地,形式可以是班级黑板报,可以是一个班、一个年级甚至一个学校自办的语文学习报刊;内容可以是学生语文学习的心得、学生的优秀作文,还可以是名人典故、文学史料,等等。以学生自办为主,教师适当指导参与。

（3）充分发挥"语文小老师"的作用

"语文小老师"是指那些品学兼优、语文成绩优秀的学生。同一班级学生的知识水平、年龄特点、认知方式、思维习惯等因素的相似性决定了来自同学间的学习方法、模式更容易迁移到同学身上。因此，学生间蕴藏着丰富的相互学习、共同提高的活资源。例如，有的学生背诵课文的方法比较好，可以让其他同学跟着学习。又如，有的学生对某些知识点的领悟有困难和偏差，这时候可以让小老师帮忙解决。有时，可以让小老师给学习差的学生听写、修改作文等等。其实，"语文小老师"在某些方面的作用有时大于"大老师"，是"大老师"难于替代的。作为教师应该看到，充分发挥"语文小老师"的作用既可"解放"自己，又可调动学生的学习积极性，其意义显而易见。

(4)收集反馈源自学生的语文学习信息

学生是一个重要的教学资源，就在于学生本身具有"主体"和"客体"双重地位。学生是学习的主体，然而，各个学生的学习经历、方法、策略和结果等又是可供师生研究、学习、借鉴的客体。例如，语文学习中学生的经历感悟、思维亮点、错思错解等等经过学生和老师的收集、整理、提炼和升华后，作为资料反馈给学生，这种资料便不失为学生间相互研究学习的好资源。

3. 从语文学习的课堂生成层面开发学生资源

真实的教育过程是一个师生及多种因素间动态的相互作用推进的过程，它不可能百分之百地按预定轨道行进，会生出一些意料之外的、有意义或无意义、重要或不重要的新问题、新观念、新思想和新创意，这些是课堂教学动态生成的资源，即生成性资源。在课堂上教师要善于捕捉开发生成性资源，点燃学生思维的火花，让学生体验到成功的快乐。

(1)把握学生已有的资源，打造生成空间

学生在学习新知识前，不是一张"白纸"，他们或多或少地积累了一定的知识、经验。因此，在教学前教师要经常思考：学生在学习这部分内容之前，他们已经具有哪些知识和经验，可能还存在什么问题？在教学过程中教师应及时调集、把握学生的已有资源，并促成其与要学的内容之间发生相互作用而建立起实质性的联系，达到师生互动、生生互动，互相沟通、互相影响、互相补充，引发集体的思维碰撞，达到共识、共享、共进。学生的知识是活的，富有生命灵性的，教师在课堂上要真正打造一个动态的、生成的、真正意义上的"学习共同体"。例如，有一次，我要教学对联的知识，当我按照课前精心设计的教学环节进行教学时，发现学生已经积累了相当丰富的有关对联的知识，于是，我果断地将原先设计的小步子的提问调整为开放性的问题，"关于对联，你们已经知道了哪些？"

没想到,同学们各抒己见,说了很多有关对联的知识和典故,并且还背诵了不少有名的对联。经这样一调整教学,不仅学生的直接经验在教师的引导下得到了系统化,而且还通过课堂的小舞台,展示了学生们在社会大课堂里获得的其他知识,学得既轻轻松松,又丰富多彩。

(2)点燃学生思维的火花,促进课堂的有效生成

课堂教学不是完全根据教师的事先预设按部就班地进行的,而是充分发挥师生双方的积极性,随着教学活动的展开,教师、学生的思想和教学文本不断碰撞,创造火花不断迸发,新的学习需求、方向不断产生,认识和体验不断加深,这就是生成的课堂教学。那么,在课堂教学中应该怎样促进学生的有效生成呢?我们可以促使学生生成新的疑问、新的行动、新的思想和新的价值等。例如,我们可以引导学生在课堂上质疑问难;引导学生从不同的角度去思考问题,发散思维,产生新的解题方法;引导学生思考问题的本质,提升学生认识的层次等等。

(3)学生参与,促进教育新资源的生成

一方面,学生参与教学是课堂教育资源生成的基础。新课程之所以不同于旧课程,就是因为它首先关注的是全体学生,重视三维目标,着眼于全体学生的共同发展。所以,执行新课程的课堂,是全体学生的课堂,是全体学生全时空的课堂;没有全体学生全过程、全身心地参与,就没有贴近全体学生的富有生命力的新资源生成。另一方面,学生参与教学是利用生成性教育资源的基础。生成性教育资源的意义,在于面向学生,发现、开发、拓展生成性教育资源,也是为了对学生施加更大的影响,进行更好的教育引导。生成性资源只有被学生利用才能发挥教育价值,因此,学生与生成性资源应该是相辅相成的关系。

以下这篇案例发表在《考试》杂志(教学版)2007年第4期,是笔者在教学中充分利用学生反思进行资源开发的尝试。

【案例6—3】

让学生在阅读反思中成长

《语文课程标准》提出:"逐步培养学生探究性阅读和创造性阅读的能力,提倡多角度的、有创意的阅读,利用阅读期待、阅读反思和批判等环节,拓展思维空间,提高阅读质量。"

教学实践表明：小学高段学生已具备自我反思的能力。引导学生在阅读中反思，能促使他们从新的角度，多层次、多侧面地对课文内容进行全面的分析与思考，从而深化对课文的理解，感悟文章的思想感情，并进而产生新的体验，促使学生的阅读成为一种有目标、有策略的主动行为，从而培养学生勇于探索、勇于创新的精神，提高语文素养。

一、初读反思，质疑探研

一般认为，初读课文的目的是为了让学生在借助汉语拼音读课文的同时，借助已有的识字方法有效地识字，从而把课文读通读顺。初读课文不仅能让学生巩固复习生字，还能对课文内容建立"框架结构"的认识，发展语言，训练学生整体思维能力，为学生更好地品析词句打下坚实的基础。此外，教师还应该培养学生在初读中反思的能力。例如在教学《梅花魂》一课时，我首先让学生初读课文，除了把课文读通顺和自学生字以外，我还让学生读后反思：

师：通过初读课文，你读懂了什么？

生1：我读懂了文章写的是一位老华侨十分珍爱墨梅图，在回国之际把墨梅图和绣着血色梅花的手绢郑重地交给外孙女让她好好保存的故事。

生2：我读懂了外祖父常常教"我"读唐诗宋词，还常流出眼泪。

生3：我读懂了外祖父对墨梅图分外珍惜，"我"不小心弄脏，他竟大发脾气；还用保险刀片轻轻刮去污迹，又用细绸子慢慢抹净。

生4：我读懂了外祖父因不能回国而难过得哭了。

……

师：你有什么不懂的问题吗？

生1：为什么外祖父会像小孩子一样地哭了？

生2：为什么外祖父如此珍爱墨梅图？

生3：为什么外祖父要把自己最珍爱的墨梅图送给"我"？

生4：为什么说梅花是最有品格、最有灵魂、最有骨气的呢？

……

学生在这样的初读反思中，不仅读懂了文章的主要内容，还把不懂的问题也提了出来，师生共同去探讨研究，有效地提高了初读的实效性，培养了学生积极探索的精神。

二、品读反思,体验升华

《语文课程标准》指出:"阅读教学是学生、教师、文本之间的对话过程。"在阅读课上,学生的第一要务便是与文本对话,即通过自主的读书实践,与课文作者交流,从而内化课文的语言材料,丰富其内涵并学会阅读。而要与文本进行对话首先应该从品读开始,通过品词析句,反思作者的写作意图,努力做到体验并升华情感,这样才能提高自己的语文素养。例如在教学《梅花魂》一课时,我让学生反复品读这段话:"这梅花,是我们中国最有名的花。旁的花,大抵是春暖才开花……一个中国人,无论在怎样的境遇里,总要有梅花的秉性才好!"读后反思,作者写这段话的意图是什么。在教师的引导下,学生对这段话的理解逐渐清晰了:这一段对梅花和中华民族有气节人物的赞誉,是外祖父对"我"说的,这里不乏老人对孩子的希望和教诲,其实,也是老人自己心灵的表白;他漂泊海外,中国人的气节没有变,对祖国的爱没有变,就像他深爱的梅花一样,有品格,有灵魂,有骨气。通过这样的反思,学生明白了作者的写作意图,获得了情感的体验。

三、课后反思,收获拓展

学完一篇课文以后,只是完成了对该课文的理解和知识的掌握,这对于学习本身来说是不够的,教师还应该教会学生养成课后反思的习惯,对学习经验和学习结果进行反思,包括对自己在课堂上的表现和学习方法、学习收获进行评估,对学习的成功与不足进行分析,以及进行课后补疑等。例如,在教完《梅花魂》一课后,我让学生及时反思:这堂课你掌握了哪些学习方法? 学完这篇课文以后,你有什么收获? 你还有哪些不懂的问题? 学生通过反思活动,对整个学习过程进行了总结评价,并且还提出了十分有价值的问题。有的学生说:"我学会了托物言志的写法。"有的说:"这篇课文使我懂得了我们要做一个有气节的中国人,要永远热爱我们的祖国。"有的说:"我明白了题目的意思既是写梅花的精神,更是写中国人的精神。"还有的同学提出了疑问:"为什么'我'觉得外祖父一下子衰老了许多?"针对这一问题,我引导学生去思考,同学们明白了:正因为外祖父十分眷恋祖国,却又不能回国,所以他的内心是如此地痛苦,而正是这份痛苦的心情使外祖父一下子衰老了许多。

让学生在阅读中学会反思,可以帮助学生认识自我,建立自信,激发内在的发展动力,从而促进学生学习水平的提高。

第四节　家长资源的开发利用

　　家长是语文教学资源的生命载体之一,家长自身的知识结构、一言一行同教师、教学用书等其他物质形式的课程载体一样,对语文教学活动发挥着重要的作用。因此,我们要重视对家长资源的开发。

一、家长是语文教学资源开发利用的不竭源泉

1. 家长的目标教育功能

　　在教育教学活动中,最关心学生成长的当然非家长莫属。在生活中,家长往往会对子女进行理想的教育,如不少家长总是不厌其烦地说:"你不读书,长大就找不到好工作。""不努力读书,将来只能做苦工。"等等。这些都是目标教育,希望子女长大了做一个有学问、对社会有用的人。然而,有很多家长不明白怎样对子女进行目标教育,都是一些空的理论,学生很难接受。因此,教师要引导家长如何在家庭中进行目标教育。例如,当学生考到好成绩时,让家长在试卷上签名,对学生做适当的表扬鼓励。又如,由家长安排学生每天、每星期完成一定的阅读量,记一定篇数的日记、读书笔记等,如果完成了便给予适当的奖励。这样便能极大地调动学生和家长的积极性,促进语文教学工作的开展。

2. 利用家长的职业爱好,开拓学生的视野

　　家长的职业爱好多种多样,这些都是很好的教学资源,有利于学生接触更广阔的社会生活,了解更多的知识,以便于语文的学习。例如,目前有不少家长都十分精通电脑,那么,就可以帮助孩子在互联网上搜索学习资料,利用电脑开展活动等;有些家长交际比较广、口才好,就让他们在口语交际方面多训练自己的孩子,让孩子多接触社会,多开口与别人交流等;有些家长在博物馆、图书馆、报社、电台等文化宣传部门工作,就可以帮助孩子多了解这些文化方面的内容,培养他们的文化知识素养;而更多的家长只是普通的工人、农民、生意人等,也可以让学生深入地了解这些家长的工作情况,从而受到学习目的的教育、社会生活经验的教育等。

3. 利用家长的优势,弥补学校教育的不足

　　在语文课后,给学生安排的语文综合性学习活动,在很大程度上取决于家

长的参与。如搞社会调查,由于低年级儿童年龄小,处理能力差,为确保安全,又能保证质量,我们需要家长的配合。如,在开展"生活中的传统文化"这个课题的研究时,我与家长们商量,让家长帮助学生制作风筝、剪纸、参观社区的民俗风情、采访社区人员等等,家长也对我说:"老师,我家的孩子对这项活动特别有兴趣,特别听话。"我听了心里也感觉特别好,但我知道这里面更有家长的支持与辅助。正是由于家长的鼎力相助,我们的孩子才有了一次又一次的社会实践活动,积累了简单的、直接的生活经验。

4. 家长的监督和指导作用不可忽视

在家庭中,家长既是孩子学习的监督者,又是指导者。家长的监督作用主要表现在督促孩子在家里的学习、读书、完成作业、写作文等;指导作用,主要是启发孩子主动地解决问题,帮助孩子完成各种学习任务。例如,我们可以让家长给学生听写生字、督促孩子在家里背书、阅读课外书等;也可以让家长辅导孩子完成一些比较难的作业。当然,后者的难度比较大,需要家长的素质比较高。

5. 让家长精心设计家庭语文学习环境

家庭语文学习环境和校园语文学习环境一样重要,家庭的语文学习氛围比较浓,孩子就会学得更快乐,学得更好,能够对孩子的语文学习起到熏陶的作用。(1)在家庭里建立书库,培养孩子阅读的兴趣。给孩子买一些书,放在房间的书架上,孩子在书籍的熏陶下,自然而然会对阅读产生兴趣。(2)给孩子订一份学习报、作文报,买一些成语故事、童话等音像制品,刺激孩子的感官,促使他们乐于阅读和学习。(3)晚上,多花一点时间陪着孩子一起读书、看报,起到好榜样的作用。(4)给孩子讲文化名人、成功者的故事,激励他们努力地学习。

二、怎样开发家长的资源

1. 搞好家长培训

全国妇联主席顾秀莲认为,目前社会上,家长缺乏科学地教育子女的经验,守着陈旧、落后、错误的教育观念,重教而不会教的现象比较普遍。而科学的家庭教育是儿童健康成长的重要保证,因此解决家庭教育实践中的问题已经刻不容缓。根据家长的不同文化层次,采用相应的教育案例对家长分期分批采取集中培训,使家长知道语文新课程的一些基本理念,了解家庭教育对子女人格、学习方法等的形成所产生的深远影响,转变家长的人才观、教育观,形成与学校教育和谐的家庭教育氛围。这样既能提高家教的效率,又促成了学校语文新课程的实施。

2. 同家长保持密切的联系,增强家长和我们共同教育孩子的意识

在开发学生家长这一语文课外教学资源的过程中,我们首先要有做好家庭与学校联系纽带的强烈意识。尤其是在当今,要把青少年培养成为适应 21 世纪社会需要的合格劳动者和专门人才,如果没有家庭教育与学校教育的紧密配合,没有老师与学生家长的真诚合作,是不可能的。因此,我们应该密切联系学生家长,与其精诚合作,力求把自己的工作情况及时通报给学生家长,使学校和家庭的要求一致。在实际工作中,我们必须通过一切可以利用的手段与渠道(如电话热线、电子邮件、家访等),努力弄清楚每个孩子的家庭基本情况,因人而异地制订与家长合作教育的周密的工作计划,并在与家长的合作中随时积累资料,勤于思索,充分发挥学生家长帮助老师共同教育孩子的作用。

3. 尊重理解家长,平等沟通,一视同仁

在开发、利用学生家长这一语文课外教学资源中,我们要特别注意尊重和理解学生家长。这是教师能否与家长通力合作的重要前提。我们应当怎样尊重和理解学生家长呢? 首先,要尊重学生家长的人格。坚决不说侮辱学生家长人格的话,更不要做侮辱学生家长人格的事。其次。要尊重学生家长对老师语文教学工作的监督、评估意见。现在的家长非常重视自己孩子受教育的状况,对孩子的科任教师的教育水平总想问个究竟。观察孩子的学习表现,常常比教师还要深入、细致、具体,常常会根据学生的反馈,做出一些相应的评价。对于家长的这些批评、建议,哪怕是与事实有出入的,我们也要虚心听取,吸收合理的"内核"。再者就是对不同类型的家长要一视同仁。学生家长在经济条件、职业、社会地位、文化素养等方面各有不同,但在培养教育孩子,使他们成为社会有用之才这个根本点上,每个家长的愿望是一致的。因此,作为一个正直的、有道德的老师,就应该对所有学生家长同等看待,不能"衣帽取人",更不能以权势、钱财取人,无论是对知识分子或国家干部,还是对普通工人、农民,都要礼貌待人,讲究谈话的内容、方法和语气。家长只有得到充分的尊重和理解,才能最大限度地开挖其课外教学资源,更有效地与我们合作育人。

4. 尽力协助家长解决难题,共同教育孩子

我们要最大限度地开发学生家长资源,还要尽力协助家长解决难题。

现在有相当一部分家长虽有望子成龙之心,却无科学教子之方。家长在教

育孩子的过程,常常遇到难题。这就要求我们教师根据语文新课程的理念,结合实践,与学生家长共同探讨教育孩子的客观规律和有效方法,把教育孩子纳入科学轨道。在与家长研究时,要对学生的思想品德、身体发育、智力潜能、行为习惯、语文基础知识、爱好特长等多方面进行讨论,取得共识,然后找出孩子目前的问题及形成原因,再讨论教育方法。如果发现家长仅注意孩子的学习成绩,对其他方面从不过问时,我们就要主动与家长共同探讨身体健康与学习成绩的关系、行为习惯与学习成绩的关系、非智力因素与智力因素的关系等问题,以改变家长的态度,共同促进孩子的全面发展。有些学习、纪律等一贯不太好的学生,其家长大都较忙,平时很少过问孩子的情况。孩子一出问题,被老师请来,回去就"教育"一下,教育的方式不是打就是骂。根据这一状况,我们要坚持与家长建立经常性的联系制度,与家长一起订出目标要求,促使家长由原来的短期教育行为改变为长期教育行为;由原来诉诸打骂的简单教育方式改变为耐心的说服教育。

以下是笔者在开发家长资源方面的一个教学案例:

【案例6—4】

让家长成为教学活动的合作者

《语文课程标准》明确指出:"语文教师应高度重视课程资源的开发和利用,创造性地开展各类活动,增强学生在各种场合学语文、用语文的意识,多方面提高学生的语文能力。"确实,开发和利用课程资源,是保证新课程实施的基本条件。而来自校内、社会和家庭三方面的课程资源中,笔者认为家长的资源与学生更密切相关,也最为丰富。

一、让家长合作参与课堂教学的延展活动

语文素养的形成是离不开生活的,学生的校园生活只是生活的一部分,小学生的生活大部分是家庭生活,家庭是孩子的第一所学校,家长是孩子的第一任教师。孩子语文素养的形成需要家长的配合,语文的教学需要家长的合作参与,需要从课堂向课外拓展,从课堂扩展到家庭、社区及其儿童生活的许多空间,实现课堂内外、学校内外学习的有机结合。

在教人教版小学语文三年级上册《九月九日忆山东兄弟》一课时,上课之前的两天刚好是重阳节,我向学生提出了这样的问题:"你家过重阳是怎么过的?"

"你家的重阳节有什么风俗习惯?""重阳节又称为老人节,你在家里尊敬老人吗? 你为老人做过什么事?"可是教学时如果我们只在课堂上进行,那么活动就只能停留在口头上,不能让学生真正深入地去认知。为此,教学时我就充分发挥家长的作用,让家长成为我们的合作者,参与到课堂教学的延伸活动中。我把这一课的教学要求制作成"家校联系卡"(见下表),邀请家长和学生一起探究。

附表:

尊敬的家长:

尊老敬老是中华民族的优秀传统美德,在"九九重阳节"到来之际,我们将学习《九月九日忆山东兄弟》这首诗,让学生了解重阳节的有关内容,请家长给予支持,谢谢! (此表由孩子和家长填写)

1. 在"重阳节"你家有什么风俗习惯? _____

_____。

2. 在重阳节这一天,你是怎样跟你的孩子一起过的? _____

_____。

3. 你的孩子在重阳节这一天为老人做了什么事? _____

_____。

三年级( )班_____学生家长_____

本次活动,由于家长的参与和支持,使学生的探究活动真正落实到行动上,不但解决了以前教学"只说不练"的问题,还解决了家庭教育、学校教育脱节的问题,使课堂教学、家庭教学和学生自主探究浑然一体,教学目标得到了真正的落实,圆满地完成了教学任务。

二、让家长合作参与课堂教学的准备活动

语文教学中的习作教学、综合性学习活动等,许多活动需要学生在课堂教学前做一些准备。如在教学《秋游》这篇习作时,学生生活比较单调,有很多学生没有秋游的经历,学校也不会组织,这时,就需要充分开发家长的资源,让家长带孩子出去秋游,学生到写作文的那一天才有东西可写,否则写起作文来则会无话可说。

又如,在上《秋天的雨》这节课前,为了让学生对秋天有更深的认识,我让家长带着学生去探究秋天,走到郊外,到公园、山林、田野等,去观察花草树木,对枫树、银杏树、橘子树、菊花等有一个较深的印象。我还制作了一张表格,让家长回去填写：

附表：

尊敬的家长：

秋天是一个美丽的季节，接下来，我们将学习《秋天的雨》这篇课文，为了让学生对秋天有更深的了解，请家长配合并给予支持，谢谢！（此表由孩子和家长填写）

1. 你带着孩子到了哪些地方观察？ _____

_____。

2. 你和孩子观察了哪些植物、动物？秋天有什么特点？ _____

_____。

3. 谈谈你在本次活动中的收获：_____

_____。

三年级（　　）班_____学生家长_____

通过家长的配合，使这节课的课前准备比较充分，学生对秋天有了较深的认识，学起课文来更容易理解和感悟。

三、让家长走进课堂，参与合作学习

家长是学校最大的人才资源库，家长们从事各种各样的工作，教学时，我们可适时邀请一些家长参与到课堂教学中。如，在进行五年级口语交际课《父母的爱》的教学时，我邀请了学生家长过来一起听课。课堂上，我让学生讲讲自己的父母是怎样爱自己的，又让父母们讲讲自己是怎样照顾自己的孩子的，为孩子做了哪些事。这样，在学生和家长的互动中，学生深刻地感受到父母的爱是那样无私而伟大，从而激发了他们说的欲望，把心里的话、对父母的感激之情都说了出来，而且说得真实、流利，让父母们十分感动。

通过几次家长合作参与教学活动，我感到家长参与语文课的教学，学生们上课更认真了，而且学生的感悟和体验落到了实处。所以，只要我们教师有让家长成为教学活动的合作者的意识，把家长这一宝贵的教学资源充分利用起来，就能把教学活动从课堂扩展到家庭、社区及儿童生活的空间里，实现课堂内外、学校内外有机结合，形成学校、社区、家长共同参与的局面，提高学生的知识水平和道德认识。

第七章

利用课外教学资源优化识字教学

识字是阅读与写作的基础，是小学语文教学的一项重要任务。《语文课程标准》明确指出："识字教学要将儿童熟识的语言因素作为主要材料，同时充分利用儿童的生活经验，注重教给识字方法，力求识用结合。运用多种形象直观的手段，创设丰富多彩的教学情境。"在小学语文识字教学中，如何加强与语文课外教学资源的整合，是我们一线教师值得深入研究的问题。

第一节　低年级学生识字能力的跟踪调查与分析

小学生的识字能力与哪些非智力因素有关？如何提高小学生的自主识字能力，最大限度地降低遗忘率？两年来，本课题组对我校一年级小学生的识字能力进行了跟踪调查与分析。

一、各版教材识字量要求

2001年教育部颁发了《九年义务制教育语文课程标准》，按照新版课程标准编写的教材陆续出台。据我们对近20年来先后出版的6套教材统计对比发现，2000年以后出版的新教材在一年级第一学期识字量安排上呈快速增长趋势，与20世纪90年代的教材相比，增长幅度很大，见表7-1、表7-2。

表7-1　1991—1999年部分教材识字量(单位:字)

版本	人教版	苏教版	上海S版	上海H版	广东沿海	教育科学	平均
识字量	160	164	180	186	170	300	193

表 7 - 2　2000—2002 年部分教材识字量（单位：字）

版本	人教版	苏教版	上海实验版	上教版	广东沿海	北师大版	平均
识字量	400	305	1000	712	300	330	507

纵向比较,20 世纪 90 年代编写的教材一年级第一学期识字量平均是 193 个,而 2000 年以后平均识字量为 507 个,是 20 世纪 90 年代的 2.5 倍强。识字最少的广东沿海版和 20 世纪 90 年代识字最多的采用集中识字方法的教育科学版教材识字量持平。如果将 2000 年识字量最多的上海版 1000 字与 90 年代识字最少的人教版 160 字相比较,差距超过 6 倍。

我校使用的教材是人教版实验教材,一年级第一学期要求识字量为 400 字,以后逐年增加,第二学期增加到 550 字,第三学期增加到 450 字……

二、低年级学生识字能力的跟踪调查

现代语文教育对低年级学生的识字量要求越来越高,与此相对应,学生的识字能力是否相应地提高了呢? 影响学生识字能力的非智力因素到底有哪些? 为此,在两年多时间里,本课题组组织多名教师和高年级学生,先后对我校 2007 年 9 月份入学的一年级学生进行了 3 次跟踪测试,采集到各种数据数百个,然后进行统计处理。测试学生识字量使用的是国家语委颁布的《2500 常用字表》。虽然此次调查只针对一所学校中某一学段的学生,不具有普遍性,但却有相对的典型性,对我们研究影响学生识字能力的相关因素有较大的帮助。

测试方法:我们把测试对象分为两部分,一为普通班,二为实验班。其中,普通班的教学与往常一样,而实验班则要求较高,要求教师加强课外教学资源与识字教学的整合。我们的调查结果如下表:

表 7 - 3　连平小学 2007—2008 学年第一学期一年级学生识字情况统计表

班别	学生人数	入学前平均识字量	学生识字量分布情况					
			350 字以下	400 字	400—450 字	450—500 字	500 字以上	平均识字量
普通班	52	112 字	3 人	15 人	22 人	9 人	3 人	430 字
实验班	52	112 字	无	6 人	22 人	16 人	8 人	470 字

表7－4　连平小学2007—2008学年第二学期一年级学生识字情况统计表

班别	学生人数	上学期平均识字量	学生识字量分布情况					
			850字以下	900字	900 -950字	950—1000字	1000字以上	平均识字量
普通班	50	430字	2人	5人	20人	18人	5人	940字
实验班	52	470字	无	4人	8人	28人	12人	1000字

表7－5　连平小学2008—2009学年第一学期二年级学生识字情况统计表

班别	学生人数	上学期平均识字量	学生识字量分布情况					
			1200字以下	1300字	1300 -1400字	1400 -1500字	1500字以上	平均识字量
普通班	51	940字	无	5人	19人	20人	7人	1400字
实验班	51	1000字	无	1人	4人	28人	18人	1500字

从上面表7－3至表7－5的统计数据可知,普通班学生的识字能力比实验班的学生要差一大截,而且越往后差距越大。实验班的学生不仅能达到教材中所规定的识字数量,而且大部分学生还超过了教材所规定的识字数量。

那么,是什么原因导致这两个班的学生识字能力这么不平衡呢? 我们继续做了跟踪调查。

调查方法:观察法、问卷法、测试法。

调查对象:我校2008—2009学年第二学期二年级的学生(2007年9月入学)。

调查内容:学生的识字兴趣、学生的课外阅读量、学生在生活中主动识字的情况等等。

调查结果如下表:

表7－6　影响学生识字的非智力因素调查情况统计表

班别	学生人数	生活识字情况			识字兴趣			课外阅读量	
		非常感兴趣	一般感兴趣	不感兴趣	每学期阅读10本书以上	每学期阅读4至9本书	每学期阅读2本书以下	主动认识生活中见到的字	不主动认识生活中见到的字
普通班	51人	13.7%	67.8%	18.5%	9.8%	39.2%	51%	25%	75%
实验班	51人	35.3%	62.7%	2%	29.4%	54.9%	15.7%	63%	37%

从表7-6的统计数据可知,我们认为影响学生识字的非智力因素是多方面的,其中主要有以下这几个因素:

1. 学生自身的心理因素。

与学生自身有关的心理因素主要有学生的识字兴趣、学生的学习主动性等。

兴趣是人们探究某种事物或从事某种活动的心理倾向,是推动人们认识事物、探索真理的重要动力。对于一年级的小学生来说,学习的兴趣决定着他学习的态度、方法和效果。对识字活动具有浓厚兴趣的学生,其学习主动性就强,能够自觉地利用一切可能的途径去认字,识字量就会增加,识字能力也会加强;反之,识字量则少,能力则弱。

2. 教师的指导作用

教师指导学生的学习很重要,低年级学生的识字更是如此,学生总是按照他所掌握的学习方法来学习的。因此,教师的指导方式起着定向作用。由此可见,识字教学不仅是让学生掌握几个汉字,更重要的是在教识字的同时教给学生识字的方法,不断提高他们的识字能力,使他们能够主动去获取和运用汉字的规律性知识,以顺利完成对汉字的分析综合过程,使这个过程更完善、更简化,有助于识字教学质量的提高。

3. 各种教学资源的利用

教学中,充分地整合并利用各种资源,有利于提高教学效率,提高学生的学习积极性,使学生学得轻松,学得主动。这里所说的资源包括校内的学习资源、电教资源、图书馆资源、社区资源、生活资源等等。让学生利用一切可以利用的环境和条件进行识字,使学生一边认字一边巩固,有利于提高低年级学生的识字量。毕竟,课本中学习的内容是有限的,而生活中的其他学习资源是无限的,生活中到处是识字的资源,只要学生用心去学、去记,识字量一定能大大地提高。

三、提高学生识字能力的建议

小学生的识字能力会随着年龄的增长而提高。我们调查了部分学生认识生字的途径,有许多学生说自己已经读过后面没教的课文了,所以就认识了这个字,如读过《丑小鸭》后就认识了"欺负"的"欺",看了《寓言两则》就认识了"守株待兔"的"守"。所以我们不能低估小学生的自主识字能力,一、二年级以识字为重点,教给学生一些识字方法后,到了三年级就可逐步放手让学生自学生字。那么,要怎样做才能提高学生的识字能力呢?

1. 提倡在生活中识字,走课外识字之路是正确的。第一次识字测试以后,我们提出五条对策:(1)大力提倡学生在生活中主动识字。(2)利用好课本中每个学习园地后的"识字展台"。(3)提倡学生读课外书,提高生字的再现频率,以降低遗忘率。(4)提倡学生写"一天一句",在运用中巩固识字,降低遗忘率,在运用中提高自我识字能力。(5)课堂上把再现频率低的字作为重点来教。一年的实践证明这些策略是有实效的。崔峦先生也强调指出:识字提倡"两条腿走路",一是课内,二是课外。从本课题组调查学生认识生字的途径中也可以看出,有的是从课外书、电视上看来的,有的是从玩具中学到的,有的是从数学、音乐等书上学到的,还有许多都是在生活中无意认识的。

2. 利用电视媒体识字。生活中蕴含着丰富的教育因素,在识字教学中要注意书本知识和学生生活的整合,有针对性地将语文学习引向生活,拉近识字与学生生活的距离。我们不仅要重视课内识字,还要重视引导学生在生活中识字。如看电视、电脑等都是学生最喜爱的休闲活动。动画片《喜羊羊与灰太狼》《熊出没》等都是最受孩子们欢迎的,让家长有意识地引导学生在看电视时注意认读字幕,不懂的问家长。学生不仅从电视媒体中获得了大量的信息,还认识了不少字。

3. 开展语文课外积累活动对提高学生识字能力很有帮助。我们在教室的一角开辟了一个"语文读书角",里面张贴了"必背古诗70首""成语接龙""名言名句"等等内容,在班里开展"每周一诗"等活动,利用兴趣活动时间读读背背古诗、成语、名句等,到如今学生不但积累了许多古诗、成语、名句等,并且提高了识字能力。在课堂中教到某个生字时,学生常能举出在哪首古诗或成语中读过,这也大大地提高了生字的运用率,在读中、用中进一步地得到巩固。

4. 多读课外书,在课外阅读中识字。从学生的个体来分析,进步最大或认字最多的同学,他们都喜欢看课外书,有些同学家里没什么课外书,班级读书角或者学校图书馆里的图书他们看得最勤,自一年级以来,学习成绩也明显提高。这进一步证明了加强课外读写对巩固识字、提高学生的自主识字能力是非常有意义的。

以下这篇案例是我校课题组成员黄小梅老师撰写的:

【案例 7—1】

关于识字教学的几点反思

《语文课程标准》指出:我们既要培养学生的识字能力,又要让学生有主动识字的愿望和习惯。在课改实施的过程中,对识字环节采取了诸多举措,取得了不少成绩,但仍然存在许多值得探讨的问题。经过笔者近年来的教学实践,发现识字教学主要存在以下几个问题:

1. 不注意在生活中识字,教学效率低下

我们在识字课上,总是对每一个字都详细地讲解字音、字形、字义,让学生用各种方法去识记,可课后却不管学生学了哪些字,不管他们在生活中的学习,不管他们额外认字的情况,造成教学资源的浪费,教学效率低下。

原因分析:不重视生活是识字的舞台,没有牢固树立"语文的外延和生活的外延相等"这一理念,教学封闭,没有打通课内外的联系。

矫正策略:要沟通课堂内外的联系,应当引导学生在校园内、家中、街上识字,调动学生的生活积累,引导学生发挥学习主动性,拓展学生的识字空间,提高课堂教学的效率。在上课前,教师每天检查学生在课外识字的情况,看看学生认识了哪些额外的字,是通过什么途径认识的。只要教给学生一种学习的好习惯,让学生多认识课外的字,学生的识字量自然会大大地提高。学生已经认识的字,不需要再教,可以让已经掌握的学生说一说是怎样认识它们的,提醒其他学生注意些什么。这样既能够使学生牢固地记忆这个字,又为其他学生提示了识字的途径。

2. 不注重提高学生的人文素养。

《语文课程标准》指出,小学语文是一门重要的交际工具,是工具性与人文性的统一。识字教学是小学语文教学的重要内容之一,在教学实践活动中,有的教师忽略了对学生人文素养的培养和提高,只一味强调语文的工具性作用,把学生识字看作是老师教字,即今天学的字怎样记、怎样用,明天学的字又怎样记,怎样用……却全然不顾学生的反应,不顾学生识字能力的培养、口语交际的训练、品德修养和审美情趣的发展、人文价值和人文精神的提高。更有甚者,把学生当作学习的"机器",储存信息的"电脑",每天定量给学生输入新的内容,不加消化地灌输,然后就进行一系列程序化的死记硬背。这样的识字教学严重扼杀了学生的思维能力、观察能力和人文精神等,使学生只知一味地读死书、死读书。

原因分析:识字不仅是语文学习的工具,而且本身具有很强的人文性,如果看不到这一点,那么识字教学只能是冷冰冰的,没有情感、没有内涵、没有新意,学生的学习也只是被动地接受。

对策:《语文课程标准》明确指出,语文课程丰富的人文内涵对学生精神领域的影响是深广的,学生对语文材料的反应又是多元的。因此,应该重视语文的熏陶作用,注意教学内容的价值取向,同时也应尊重学生在学习过程中的独特体验。所以,在识字教学过程中,我们可以创设多种情境,开展多种活动,为学生营造良好的学习氛围,以增强学生学习的主观能动性,激发学生的学习热情,使学生在学习过程中有自己独特的学习体验,从而达到提高学生人文素养的目的。

3. 教学手段落后,方法呆板

不少教师在进行识字教学时,不改革、不进取,还是用几十年前的老方法,如先指名认读、小组读、开火车读、齐读、比赛读等等。读的方法是不少,但都缺乏新意,难以激发学生的学习兴趣。而且,每节课都这样教,学生对识字的兴趣将大大降低,不利于学生的学习。

原因分析:导致这种现象的原因是,教师的教学手段相当落后,方法呆板,几十年来没有任何改进。学生喜欢追求新事物,喜欢竞争,教师没有满足他们的心理需求。

对策:要改变这种现状,教师可以尝试多种教学手段,例如,利用多媒体教学课件,图文结合,创设良好的教学情境,激发学生的兴趣。教师还可以在教学中穿插游戏,刺激学生的兴趣。爱做游戏是孩子们的共性,在低年级识字教学中,教师应当根据学生的这一心理特点,激发他们的学习兴趣,适时地、有选择地运用各种游戏,为学生创设愉快的学习氛围,使识字教学步入"教师乐教,学生乐学"的理想境界。比如常见的"摘苹果""找朋友""送信"等,对于小朋友来说,都是非常喜欢的。

4. 只注重教学过程,不注重巩固运用

在识字教学课上,教师花大力气教学生识字,做足了教学准备,教学效果也比较理想。学生在课堂上都能较好地掌握新学的生字,可是,过了几天,或者更长的时间,再回过头来运用或再认这些生字时,有些学生又忘记了。这是怎么回事呢?

原因分析:著名心理学家艾宾浩斯告诉我们,遗忘规律是由快向慢过渡,曲线呈示的:第一天学的知识第二天保持率只剩33.3%,第三天保持27.8%,第六天保持率降到25.4%。可见,如果课后不加以巩固,新学的生字过一段时间又会忘记了。

对策:"温故而知新",使生字多次复现,就能解决学生一时的遗忘。在课堂中,我们要采用多种形式复现生字,还应该定期复现生字,更重要的是引导学生在生活中巩固生字,将巩固生字的空间和时间延伸到无限,做到真正地巩固。所以,在课堂中,我们重在引导和激励,重在培养学生在生活中巩固识字的这种意识。例如,在新学了一课的生字之后,可以让学生在课后找一找,可以在哪些地方看到这些生字的身影,你在阅读课外书时,发现这些生字了吗,等等。通过这些途径,能有效地降低学生的遗忘率,提高巩固的效率。

5. 识字评价只限于内容评价,不够多元化

学生识字的水平和效果怎样?需要作一个正确的评价,那么应从哪些方面去评价学生的识字水平和效果呢?许多教师都能从以下几个方面加以评价,即从识字的兴趣、识字量和识字方法等方面进行评价。然而,这只是从识字的内容方面而言的,是不够全面的。

原因分析:出现这种现象,是因为教师对学生识字的评价认识还不够深入,也没有认识到对学生的识字进行多元评价的重要性。很多教师只关注学生的学业成绩,不了解学生发展中的需要,没有很好地发现和发挥学生多方面的识字潜能,这样就导致评价的结果不够客观或者准确,不能很好地促进学生识字水平和能力的提高。

对策:新课程的实施,提出了"语文课程评价的目的不仅是为了考查学生达到学习目标的程度,更是为了检验和改进学生的语文学习和教师的教学,改善课程设计,完善教学过程,从而有效地促进学生的发展"。进行多元化识字评价,能将评价的功能更多地转向注重激励和反馈,激励学生的兴趣,促进师生不断地改进教与学。那么,应该怎样做到多元化呢?多元化的评价应该包括:评价内容的多元化、评价方法的多元化、评价主体的多元化和评价形式的多元化等几个方面。例如,评价方法的多元化包括量化评价、比赛型的评价、活动型的评价等;评价主体的多元化包括学生的自我评价、同学之间的相互评价、教师的评价、家长的评价、社会反馈的评价等;评价形式的多元化包括自评、互评与师

评相结合,过程评价与终结评价相结合,笔试和面试、口试评价相结合,定性与定量评价相结合等等。

《语文课程标准》着眼于识字改革,对识字教学提出了更新、更科学的教学目标。这些目标,是我们深化新课程理念、改革识字教学的新航标。因此,在教学中,我们不断改进识字教学,不断提升学生的识字能力,为语文的学习打下坚实的基础。

第二节　课外资源在识字教学中的作用

《语文课程标准》指出要"努力建设开放而有活力的语文课程"。语文课外教学资源对学生的发展具有独特的价值,语文课外教学资源是丰富的、大量的、具有开放性的,它以其具体形象、生动活泼和学生能够亲自参与等特点,给学生多方面的信息刺激,调动学生多种感官参与活动,激发学习兴趣,使学生身临其境,在愉悦中增长知识,培养能力,陶冶情操。如果能把生活引进识字教学,实现语文课外教学资源与识字教学的整合,这样的语文识字课将是开放的、生动有趣的、充满活力的。语文课外教学资源在识字教学中的作用主要表现在以下几个方面:

一、拓宽了学生的识字渠道

《语文课程标准》指出:应拓宽语文学习和运用的领域。可见,在识字教学中,不能只为识字而教。教师要引导学生借助"识字"这一载体,拓展识字途径,拓宽识字渠道,自主学习"大语文"。因此,教师借助语文课外教学资源帮助学生识字,让学生在阅读中识字、在生活中识字等,通过多种途径拓宽了识字的渠道,这是语文课外教学资源在识字教学中的重要作用。

语文课外教学资源多种多样,如儿童课外读物、蒙学读物、各类标语、电视、报刊、商标、广告等都是识字的资源,教师和家长就要引导学生平时留心观察,随时随地识字。如节假日上街,见到的诸如蜘蛛王皮鞋、徐福记饼干、伊利牛奶、巧手洗衣粉等汉字,如果学生能够正确地认读,他们一定会十分快乐,此时再引导他们将收集到的商标、广告等汇集起来,装订成册,便成了一本生动形象、图文并茂的"识字读本"。

识字教学中,通过各种途径和方法,把识字和观察社会、观察生活、观察周围事物有机结合,学生从中可以感受到学习和创造带来的快乐。这样,不仅能增强识字的趣味性,培养他们自主学习的能力,而且还能满足他们的成功欲,培养学生的创新精神和实践能力。

二、提高了学生的识字能力

所谓能力,在一定程度上也就是举一反三、能够由此及彼,而这一点对于学习尤为重要。识字当然要一个一个地识,要落实到每一个具体的字,但是也应当看到识字的过程并不只是机械地死记硬背几千个汉字,如果那样的话就把汉字学习简单化了,因为汉字本身蕴含着一定的规律,例如字音的规律、字形的规律和字义的规律,哪种规律都可以成为学习的线索,使学习效率得到提高。既然汉字本身存在着一定的规律性,而且这些规律又可以为教学所用,那么教学中就不仅要注意知识的学习,而且还要重视规律的掌握和运用,使儿童逐步形成一定的归类、类推等能力,逐渐做到温故知新、举一反三。例如儿童学习某个偏旁是三点水(氵)的字,他知道了三点水(氵)一般表示该字的意思与水有关,那么当他再碰到另外一些偏旁也是三点水(氵)的字时,他就能够推断出这些字也一定包含了与水相关的某种意思。另外,当儿童掌握了汉字的一定规律后,他就初步具备了识别错字、排除非汉字的能力。因为大凡错字或者非汉字,笔画及结构一定违反了汉字的某些规律,抓准了这一点,就能比较顺利地完成指错等任务。

不论教学中以哪种规律为主要线索,其目的都是使其成为引导儿童认识汉字的内在联系,使他们对汉字形成一定的认知能力。以形声字为例,儿童通过学习声符(又称音符)的表音特性和形符(又称意符)的表意特性,就能逐渐对汉字家庭中的形声字产生某种规律性认识,并能以此为依据建立比较合理的知识结构,在记忆中将汉字分类存储,用联想的方式扩大记忆单元。儿童一旦能够掌握汉字的某些基本规律,其直接效果就是可以提高识字的效率,而且更重要的是表明他们已经形成了一定的识字能力。

利用语文课外教学资源可以帮助学生掌握识字的规律,也就是帮助学生形成一定的识字能力。例如,在教学"休、鸟、林、石、田"等字时,通过图片展示这些字的象形意义,使学生能够学会怎样去认识象形文字;在学习相同偏旁或者部首的字时,教师可以把这些形近字加以归类,帮助学生区分,如"部和倍""偏和篇""钟和种"等。总之，只要教师在教学中善于开发和利用这些资源，就能很好地帮助学生识字，并形成识字的能力。

三、激发了学生的识字兴趣

爱因斯坦说过："兴趣是最好的老师。"①兴趣是获得知识、开阔眼界、丰富心理活动的最重要的推动力。人们对自己感兴趣的事物总是力求认识它、研究它，从中获得丰富的知识和技能。一个具有广泛而浓厚兴趣的人，学习起来就有事半功倍的效果。所以，兴趣对于学生的学习是很重要的，特别在实行新课程的今天尤为重要。根据《新课程标准》编写的实验教科书，在识字方面与人教版的老教材相比，变动很大，焕然一新，刚入学的儿童一打开课本就是大量的识字，而且识字速度也较快，这就给学生的学习增加了难度。但是只要方法得当，激发学生的识字兴趣，开发孩子更多的识字潜能，那么，学生就不会觉得识字是枯燥无味的，相反会觉得这是一件快乐的事情。

加强语文课外教学资源与识字教学的整合，可以最大限度地激发学生的识字兴趣，使学生更好地识字。例如，利用语文课外教学资源创设一定的情境，有助于激发学生的情绪，能够使学生处于积极主动的学习状态，培养识字的兴趣，加深对汉字的理解和记忆。又如，积极利用社区资源，让学生走上街头，通过各种广告、标语、店名、商品标牌、宣传栏等材料进行识字，这些资源都是小朋友们喜闻乐见的，有利于激发他们的识字兴趣。

四、教会了学生自主地识字

人教版小学语文实验教材为教师学生留有拓展和创造的空间，教材内容体现了通过种种方式鼓励学生在生活实践中主动识字。例如在"语文目的"中鼓励学生认姓氏字、牌匾字，引导学生有意识地认记身边的汉字，让孩子在生活中无意地识字，在边走边看中识字，这样往往事半功倍，收到意想不到的效果。

学生每天都离不开生活，社会生活资源是学生识字的广阔天地，家庭、学校、街道、商店都是学生识字的好环境，我们要教育学生：当父母带你上街、旅游时，要问爸爸、妈妈广告牌上写的是什么，商店叫什么名字，买的物品叫什么名字，一两次可能记不牢，但次数多了，见到那些字的频率高了，不知不觉就记住

---

① 爱因斯坦. 爱因斯坦文集：第三卷［M］. 北京：商务印书馆，1979：144.

了。例如:华润超市、黄旗山公园、百安居等。在家里,要留意生活用品上的汉字,看看电视上的字幕你认识哪些;在学校,要看看办公室的牌匾上写的是什么,校园内的告示牌,橱窗里的宣传标语,不认识的字就问问老师、同学;在课堂上让全班同学练习发作业本,让学生在发作业本的过程中认识同学的姓名。学生姓名中的字范围很广,用字较多,这正是他们识字的好机会。刚开始时,有的学生可能认不全同学的姓名,就拿着作业本一个同学一个同学地问:"这是你的作业本吗?"自己的作业本自己拿走了,不是自己的作业本就摇摇头。这样,经过一段时间的练习,学生已能熟练地发作业本了,同时从同学的姓名中也认识了不少的汉字。另外,我们可以让学生在课外多看一些适合他们的儿童读物,例如:汉语拼音报、童话、寓言故事等,以巩固识字,多认字,积累词汇、语言,培养喜欢读书的习惯。

作为教师还要创设认字的环境,给学生以展示交流的空间,可以让学生收集烟盒、商标等,可以进一步增强识字与社会生活资源的紧密联系,做到识用结合,每周让学生把自己收集的物品在班里互相展示,介绍一下自己认识上面的哪些字,然后教一教同学们,如"可口可乐、旺旺雪饼、中华、五粮春"等字,学生早就能认了,学生的自主参与性也高了。

五、让学生更好地运用巩固

识了字就要用。用多了,用熟了,就能"生巧"。可以这样说:谁学用结合得好,结合得早,谁就在智力发展上占了优势。

课堂中,老师们可以积极地开发利用各种教学资源,使孩子们学会根据汉字的形、义"编顺口溜",利用"猜谜语""演示法""画图法""比较法"及念儿歌、编顺口溜、一字开花、做动作等多种有效的途径识字,当孩子们全身心地投入去想各种巧妙的方法时,课堂里的气氛是和谐的,生生积极互动,充满了趣味和快乐。有时上课时间有限,下课后学生会一拥而上,争着告诉老师各种识字的方法。同时,很多孩子爱看课外书,经常缠着大人买书。孩子们不光都能写一句完整的话,还能把从课外书上看到的好词、好句运用到自己写的话里。

课后,我们可以指导家长给孩子买适合儿童阅读的课外书看,把学生看的课外阅读篇目利用中午时间进行朗读,这样,在阅读的过程中识字,识字又促进了阅读,使学生的阅读心理需要得到了满足,从而激发学生去学习更多的生字。我们正以这样一种新型的主动、探索、合作的方式进行识字,构建平等、民主、合作、共同发展的师生、亲子关系,以培养学生的学习兴趣为出发点,寓教于乐,让孩子们喜欢识字,让孩子一边学一边运用巩固。

以下这篇识字教学设计是本课题组成员刘辉霞老师撰写的:

【案例7—2】

秋天的图画

（第一课时）

教学目标:

1. 会认8个生字,会写8个字。

2. 正确流利、有感情地朗读课文。

3. 喜欢秋天,体会对秋天的景象和勤劳的人们的喜爱、赞美之情。

教学重点:识字、写字,朗读感悟课文内容。

教具:字卡、词卡、挂图、教学多媒体课件

教学过程:

一、激趣导入

1. 演示课件:演示课件或出示相关内容的风光图片:看图说说这是什么季节? 你看到了什么? 教师板书:秋天的图画。

（生动形象的画面,将学生带入了美丽的秋天,激发学生更多地了解秋天的欲望,进而主动参与到学习中来。）

2. 启发谈话。秋姑娘悄悄地来到我们身边,你们找到她了吗? 说出自己观察到的秋天的景象。就让我们在这迷人的景象中走进《秋天的图画》吧!（板书课题）

（从学生所熟悉的生活导入,加强课内外的联系,有助于激发学生的学习兴趣。）

二、学习课文

（一）自读课文

1. 自由读课文。标出课文共有几句话。

2. 指名分句朗读,读后评议。

3. 小组合作读,要求读正确。

（自主读书是一种能力,在培养过程中引导有目的地读,与人合作读,可以

提高读书的实效性。)

（二）自主识字

1. 出示生字卡片，自由认读。

2. 借助生字卡片，同桌互相检查读。

3. 小老师领读。愿意当教师的同学到前面用自己喜欢的方式带领同学认读。

4. 交流识字经验。把自己好的识字记字、方法讲给同学听。

5. "开火车"读生字。

6. 多种方式检查读。

（多识字有助于学生提早阅读，但不可加重学生的负担。在识字过程中鼓励学生自主识字、合作识字，激发识字的兴趣，学习好的识字方法，进而全面提高识字的能力。）

（三）朗读课文

1. 小组内读，说说自己的感受。

2. 寻找自己喜欢的学习小伙伴，读喜欢的句子。

3. 比赛读，看谁读得正确、流利。

（多种方式朗读，激发学生读书的热情，在轻松的氛围中，相互促进。）

（四）练习写字

1. 出示要写的字：丽、灯、波、浪，学生认读。

2. 观察生字特点，交流书写时注意的地方。

3. 教师示范，学生评价。

4. 学生练习，同桌互相评价。

（观察与分析字形是写好字的基础，但由于学生年龄小，这种能力要逐步加以培养。在此环节中要引导学生敢于发表自己的看法，教师及时给予鼓励和肯定。）

第三节 课外资源与识字教学整合的途径

识字教学是低年级教学的重要内容之一，也是教学的难点，这一教学不仅为听、说、读、写奠定基础，提供工具，还为学生能力的发展奠定基础。为了达到多识字、早阅读的目的，《语文课程标准》提出"识字分流，多识少写"，规定第一学段识字教学目标是认识常用汉字 1600—1800 个,会写其中 800—1000 个,虽然教材采用了"识字分流,多识少写"的原则,分散了难点,但从识字量上来说比较多,如果不讲究识字方法,机械地死记硬背,势必增加学生的负担,使学生失去学习的兴趣。因此,只有通过多种途径引导学生自主识字,才能完成识字教学的目标。实践证明,通过课外教学资源与识字教学的整合,能有效地提高学生的学习效率,增强学生的识字能力,提高学生的识字量。

一、加强识字教学与多媒体教学资源的整合

在识字教学中引进多媒体资源,能够为传统的识字注入新的活力,是一条探索提高识字效率的新路。

1. 运用多媒体课件激发学生的学习兴趣。

在识字教学中,播放色彩鲜明、生动有趣的动画,它把象形字的演变过程简单明了地展示在学生面前。在教学第一个汉字"日"时,屏幕上首先出现一个火红的圆圆的太阳,随着鼠标的控制,那圆圆的红太阳就演变成了一个色彩鲜艳的"日"字。学生看到这奇妙的变化,不禁兴奋地拍起手来。学生的识字兴趣被激发了,这一由具象到抽象的变化,使原本抽象的汉字变得具体可感。

2. 运用丰富的图像化难为易。

讲解字义往往是越解释越深奥、越解释越糊涂。利用课件提供丰富的图像,学生只需看看画面,对字义就能意会,无须教师多讲。教"笔"字,屏幕上先出现一支毛笔,上面是竹竿,下面是笔毫,学生很清楚地看到竹竿变成"竹",笔毫变成了"毛"字,他们明白了为什么"笔"是由竹字头和"毛"字组成,并牢牢记住了"笔"的字形。再比如"看"字,软件配有一人把手搭在眼睛上往远看的画面;"刃"字配有用手指点刀口处的画面。这些画面,使学生悟出了中国汉字的一些造字方法,很容易地理解了字义并记住了字形,把识字这种抽象思维的过程变得比较直观易感,降低了学生初学汉字的难度。

把合体字都分成部件,用不同的颜色对比显示。如:"好、妈、请、爸"等合体字,部首是红色的、偏旁是蓝色的,鲜明的色彩,强烈地刺激着学生的感观,突出了汉字部件及其部位,较早较好地让学生感知了偏旁部首的概念。学生很快学会了利用部件识记合体字,而不是一笔一笔的零星记忆,这就简化了儿童识字的心理过程。

3. 利用多媒体资源创设情境,引导学生自主识字

如果能把课文内容通过色彩、画面演化成直观形象的审美对象,使学生既见其形,又闻其声,那么他们对客观世界的认识会更为丰富、更为深刻、更为主动。如果教师的语言、情感、教学内容连同渲染的课堂气氛成为一个广阔的心理场,作用于儿童的心理,学生初步感受到了美,容易产生乐学的情绪。多媒体技术无疑为创设情境、激发学生兴趣提供了最大的可能性和最佳的视听觉效果。

课文是优美的,但文字本身不具有形象感。借用多媒体课件直观形象的优点,可以展示文字所无法呈现的美,使教材的"形"得以最大程度的扩展。利用多媒体课件一方面从文章的童趣出发,为学生创设一个美化了的情境,激发学生参与、学习的兴趣;另一方面,从课文蕴涵的美感出发,置入了许多美轮美奂的图片,激发学生对美的向往。这时的"美"与"趣"就大大超越了教材本身的美与趣,并能更好地呈现和融合。

例如在教学《秋天的图画》这篇课文的生字时,教师利用多媒体课件展示秋天美丽的图画,那五彩缤纷的落叶、金黄色的稻田、丰收的果园……再配以《秋日私语》这首优美的钢琴曲,一下子吸引了学生的学习兴趣,创设了一个美好的情境,将学生带入了美丽的秋天,激发学生了解秋天的更多欲望,进而主动参与到学习中来,更有利于学生学习生字。

二、加强识字教学与活动性资源的整合

低年级的学生刚踏入小学的校门,如果在他们稚嫩的心灵上过早地压上沉重的学业负担,不但达不到识字的目的,而且会影响他们今后的学习。因此我们要尽可能通过动手操作、游戏、模拟等各种活动,让他们的眼、口、手、脑、耳一起动起来,学生就能在轻松、有趣的氛围中记住汉字。

1. 在动手操作中识字

在教学实践中,我们会发现学生对于一些常规的识字方法,兴趣并不是很高,而对剪剪贴贴却情有独钟。剪剪贴贴可避免因某些字形复杂而给学生带来的麻烦,便于他们识字;不仅可以培养学生的审美能力和创造能力,又能使学生进一步体验到识字的乐趣。我们可以引导学生收集食品包装袋、报头、刊头等粘贴制作成"识字剪报",下课时让学生当老师互相考一考;节日期间,可以让学生制作贺卡,并在贺卡上写一句祝福语,不认识的字可以问家长、老师,寓巩固生字于有趣的动手实践中。

2. 在写绘画日记中识字

学生认识了许多字以后，自然有了表达的欲望。教完拼音后，我们可以尝试着让学生回家写绘画日记。当学生碰到自己不会写的字，有的学生用拼音代替，有的学生从书上找到这个字然后模仿着写，有的学生问爸爸妈妈。我觉得这也是识字的一种途径。一有空我就让学生学写日记，还把他们写的日记汇编成册，这是他们亲手写的作品，他们兴奋地读个不停，在读中不仅巩固了以前学的生字，还认识了许多新字。

3. 在主题活动中识字

课堂是学生识字的主渠道，我们要注重创设各种丰富多彩的主题活动，淡化学生的学习意识，强化主体意识，让学生在良好的氛围中识字，激发学生强烈的识字愿望，提高识字能力。如在教学《菜园里》一课时，可以组织学生举办蔬菜展览会，让学生带蔬菜到学校展示（请家长事先在蔬菜上贴上名称），然后组织学生轮流观看，在看看、摸摸、闻闻、认认的过程中记住了各种蔬菜的名称。

我们还可以举办识字展、评选识字大王、识字擂台赛等竞赛活动，也可以围绕一个专题介绍动物、花草树木、文具等。如举行商品展销会：让学生把用过的商品，如旺旺饼干、徐福记水果冻、白兔糖等空袋子，大宝面霜、黑人牙膏、夏士莲洗发液等空壳子，雪碧、可口可乐、农夫山泉、鲜橙多等空瓶子带来，向同学介绍并推销自己的商品，不仅进行了口语交际的训练，而且一些本来少见、不常用的、笔画复杂的字学生也能轻而易举地记住了。

4. 交流"识字袋"识字

新课程提出识字教学要做到"下要保底，上不封顶"。为了激发学生自主识字的欲望，可以给每个学生设立"识字成长记录袋"，请家长帮助学生把每周在生活中认识的字写下来或剪下来，然后四人小组互相交流学习，并在班级设立展示台，开展识字擂台赛，让学生得以充分地展示自己的识字成果，教师给予充分的肯定与激励，这样使学生形成持久的识字动力，见到汉字就有认识的欲望，就会自觉地识记，从而逐步养成各种场合学语文、用语文的习惯。

5. 在各种游戏中识字

教育家卡罗琳说："孩子们的工作就是游戏，在游戏中激发他们的思维，是他们最愿意接受的。"低年级孩子更是喜欢游戏。在教学中，巧妙利用游戏，创设丰富多彩的教学情境使学生乐学，使他们有主动学习的意愿，能够主动识字，快乐识字。例如：

（1）找朋友。把生字卡发到同学的手中，一个学生拿着"放"字说："我是'放'，谁和我做朋友？"另一个拿着"学"的学生马上站出来和"放"合在一起，说："我是'学'，我和'放'组成'放学'。"全班读"放学"。

（2）摘水果。先画出不同的果树，再把写有形近字的水果形卡片贴到相应的果树上，如："杨、扬""刻、孩""栏、拦"等。教师读哪个字，就让学生把带有这个字的水果摘下来，然后用这个字组词。

（3）动物找食。在黑板上贴上带有汉字的食物画，如：小虫、竹叶、青草、萝卜，在另一处贴上几种带有汉字的动物画，如青蛙、熊猫、山羊、小兔，让学生分别读出各种动物和种食物的名称，然后帮助动物找出它们各自喜欢的食物，相对应地贴在一起。

（4）"猜字谜"游戏。我经常根据生字的结构，把生字编成谜语，激发学生识记生字的兴趣。如：一头牛走在独木桥上（生）。大口里小口藏（回）。我也鼓励学生自己开动脑筋编字谜让大家猜。有的编出了：一人前面走，一人后面跟（从）。有的编出了：有个人，他姓王，袋里装着两颗糖（金）。井里一只大青蛙（因）。十月十日（朝）等。虽然有时候学生编的字谜比较粗糙，但是他们的创造力还是令我折服的。

（5）翻牌游戏。学生把生字制成生字卡片，然后几人组成一个小组，边出牌边读字音并组成词，谁先把手中的生字卡片打完，谁就是学习生字的冠军，奖励一个五角星。在打牌的过程中，把不会读的字挑出来，及时请教同学或老师，把手中的牌继续打完，在有趣的活动中，学生很快记住了这些生字

（6）竞赛法。小学生好胜心强，一提起比赛，他们就来劲了，所以在识字时，可以开展一系列小学生喜闻乐见的小竞赛，能提高教学效果。如"开火车"比赛，教了生字后，开两列火车比赛，看哪组同学读得又快又准，就评出哪列火车开得又快又好；又如组词比赛，教了生字，让学生口头组词，看谁组得多；又如说话比赛，让学生用当堂学的词语说话，看谁用的词多。还如"看谁眼睛亮、看谁记得快"等等。这些比赛，既能激起学生的学习兴趣，又能培养学生的口头表达能力，相得益彰。

另外还有"送信""送字宝宝回家""你读我找"等，都是学生喜闻乐见的游戏，学生在愉快的情感状态下学习，其乐无穷。

三、加强识字教学与生活资源的整合

学生生活的外延有多大,学习的外延就有多大。在丰富多彩的社会生活中到处都有汉字,学生的校内外生活都是识字的天地。如广告牌、商品、路标、电视都是学生识字的材料,学生随时随处都在跟文字打交道。我们有意识地引导学生自主地把识字和生活资源紧密地联系起来,不仅强烈地激发了学生识字的兴趣,也有效地提高了他们的识字能力。

1. 利用校园文化识字

《语文课程标准》中明确指出,低年级识字教学要注重"让学生喜欢学习汉字,有主动识字的愿望"。学生大部分时间都在校园学习,校园文化对学生起着熏陶的作用。在教学中,教师可以充分利用校园文化资源,注重引导学生自主识字。

开学初,我利用班队课带领学生一边参观校园一边认字,"今天我以学校为荣,明天学校以我为荣""慢步轻声""上下楼梯靠右走""学会做人,学会学习,学会欣赏,学会创造""让美丽的心灵与优美的环境同在""小学生日常行为规范"……引导学生把熟悉校园环境与自主识字有机地融为一体,浓郁的爱校情与主动识字的强烈求知欲相互渗透,学生识字的内驱力大增。

教室也是学生学习的主要场所,匠心独具的教室布置,能让学生时时处在文字环境中,在轻松愉悦的氛围中和许多生字交上朋友。如在教室里贴一张识字小花,每天让学生认识一个字;引导学生认识班规、课程表及每期黑板报上的字等,让教室也成为孩子们识字的乐园。还可以引导学生互相看作业本,认识同学的姓名。除此之外,动员学生利用课余时间与其他班级、年级的同学认识交流,在生生互动中巩固识字,提高口语交际能力,并且增进同学之间的友情。

2. 家庭环境是重要的识字渠道。

孩子的大部分时光是在家庭度过的,家庭环境对孩子有潜移默化的影响,引导学生利用家庭环境识字,这需要家长的配合。我们学校成立了家长学校,定期召开家长会,要求低年级的家长积极参与识字的实验研究。

孩子喜欢看电视,对电视中常出现的字幕,家长有意识地引导孩子去认识,经常问一问;对孩子喜欢的画报、卡片、图书,带他们认一认;对家庭电器的标签,让孩子读一读……利用一切可利用的时机教孩子识字。我们建议爸爸妈妈把孩子认识的字写在"认字本"里,第二天,进行成果展示,比比谁认的字最多;

再加上教师适时表扬、经常鼓励,激发了学生自主识字的热情,家长的热情也被调动起来。

3. 利用社区生活资源识字

学生的生活环境有着广泛的识字空间,社区生活为孩子的识字提供了丰富的资源,识字来源于生活,引导学生到社区生活中识字,利用社区生活环境识字,是有效的识字途径。我们要充分利用孩子所接触的事物开展识字活动,引导学生养成随时随处识字的良好习惯。食品包装袋、广告牌、商店、门匾、字幅、春联、道路指示牌、单位名称牌等等,都成了学生识字的教材。

生1:"在大街上,我看到'必胜客''华润超市''新华书店''天和百货',这样也能认识很多字呢!"

生2:"我在买东西的时候,认识了'可口可乐''旺旺雪饼''金龙鱼花生油'这些字,这是我和妈妈收集的食品标签。"

当我们第一次让孩子交流一下自己认识哪些汉字时,孩子的思维就像打开的闸门一样,一下子说了很多很多,令老师也为之吃惊。学生通过"自我回忆→参与同学回忆→自我积累→有新发现"这一过程,初步尝到了发现的喜悦、识字的快乐。

四、加强识字教学与课外阅读资源的整合

《新课程标准》指出低年级的识字要求是多识少写。之所以要多识,目的是为了让学生能够尽早、尽快、尽可能多地认字,以便及早进入汉字阅读阶段。我们可以鼓励学生通过阅读,把识字与理解语言结合起来,节省时间,提高阅读教学和识字教学的效率。

1. 诵读古诗文识字

古诗文是我们民族文化的精华,千百年来,代代传诵,哺育了一代又一代人。引导学生在记忆最佳年龄背诵大量古诗文,既有利于加强学生的人文修养,陶冶情操,也有利于学生在诵读过程中与汉字亲密接触,轻松认字,激起对祖国文化的热爱与兴趣。可以让学生购买《小学语文必背古诗70首》的磁带及书,让学生边听录音边认字;还可以让学生诵读传统蒙学《三字经》,蒙学识字课本差不多都是韵语,整齐押韵,念起来顺口,听起来悦耳,既合乎儿童的兴趣,又容易记忆,能在比较短的时间里教儿童认识相当多的字。

2. 背成语、格言识字

《语文课程标准》中明确指出第一学段要让学生"积累自己喜欢的成语和格言警句"。背成语、格言不仅增加了识字量，还增进了语言的积累，对今后的写作有很大的帮助，可以说是一举多得。我们可以试着让学生每周背诵一句简单的格言，如："学问学问，要学要问，边学边问，才有学问。"学生在语境中识字，不仅兴趣高，而且轻松地学会了"学、问、要、边、才、有"。在教学人教版一年级上册《一去二三里》一课，学生认识了数字一到十后，我们就可以乘机在组词的卡片上写上成语，让学生经常认读：一心一意、三三两两、三心二意、五湖四海、五颜六色、七嘴八舌、十全十美等，在不断复现中不知不觉积累了许多成语。

3. 阅读课外书识字

学生学完了拼音，认识了一部分汉字后，最让他们高兴的莫过于自己能阅读书报了。根据儿童的心理愿望，我们可以在班级里设立图书角；每周带学生到阅览室看一次书；让学生借一本书带回家看；还可以让家长抽空带学生去书店买书……学生不但看的书多，还认识了许多字，仅书名就认识了不少，例如《十万个为什么》《数码宝贝》《白雪公主》……在读的过程中，遇到不认识的字，学生可以根据拼音或联系上下文自己解决，使学过的字反复出现，学生在不同的语言环境中和这些字打照面，久而久之，在语言环境中，通过语言实践，学生提高了理解能力，所学的字也深深地印在脑子里，达到了温故而知新的效果。同时丰富了学生的语言，提高了学生的认知水平，并且从小培养了学生爱读书的习惯。而在阅读时体会到的识字成就感，不仅可以提高学生的阅读兴趣，更能激发他们识字、看书的欲望，使识字和阅读相互促进、相得益彰。

4. 写读书摘录识字

为了培养学生"不动笔墨不读书"的良好阅读习惯，每次看书或读报可以试着让学生去写简单的读书摘录。如：

题目：《狐狸的尾巴》 日期：2008 年 10 月 12 日

我学会的生字：狐狸、吓、坏、饿

我学会的好词：大吃一惊、责问、飞来飞去

我想说的话：在动物王国中，狐狸是最狡猾的，他用自己的尾巴砍下树，吓得鸟妈妈和她的孩子飞来飞去。我觉得狐狸这样做不对，我们应该爱护小鸟。

写读书摘录不仅能增加识字量,还能使学生表达自己的真情实感,又帮助学生积累语言,为阅读、写作打下扎实的基础。

以下这篇识字课教学设计是本课题组成员欧阳惠友老师撰写的:

【案例7—3】

从兴趣入手 引导学生自主学习
《比尾巴》教学设计

学习内容

义务教育课程标准实验教科书语文一年级上册第10课第一课时

学习目标

1. 初步认识12个生字。

2. 正确、流利地朗读课文,背诵课文。

3. 了解一些动物尾巴的特点。

学习重点

正确、流利地朗读课文。

学习难点

读好文中的问句。

课前准备

头饰、生字词卡、图片、课件

学习过程

(一)激情入境,导入新课

1. 创设情景:

同学们,你们去过动物园吗? 动物园好玩吗? 今天老师就带大家去参观动物园(课件出示动物园),你们看,动物园里可热闹了,来了很多可爱的小动物,你们想和它们交朋友吗? (生答)那我们要想和它们交朋友,首先要来认识认识它们,我们来看看第一个出场的是谁。(课件出示各动物,让学生说出动物名字)

2. 认识动物生字(猴、松、鼠、公、鸭等)

(1)指名找卡片领读。

(2)全班齐读动物名字。

(3)小组长检查读音。

(4)汇报情况。

【设计意图:以参观动物园的形式导入,吸引学生的注意力,学生也许在幼儿园早就认识出示的这几种动物了,但字不一定认识,因此我邀请会读的学生领读,引起学生的求知欲】

(二)观看图画,引出课题

我们看,这群小动物聚在一起在干什么呢?(课件出示动物,并有"比尾巴"三字)谁能把这三个字读出来?(小老师领读)

现在这群小动物知道大家那么聪明,都认识了它们的名字,而且还准备参加它们的活动,它们可高兴了,都在热烈欢迎我们呢!你们想不想参加它们的活动呀?现在这群小动物分成两组在比赛,你们想先参加哪一组的活动呢?(根据学生的选择,安排先后,老师先教,然后再让学生自学)

【设计意图:让学生参加动物们的活动,他们的兴趣更加浓厚,注意力更加集中。而让学生自由选择上课的顺序,会让学生感觉到自己是主人】

(三)学习课文,认识生字

第一组:

过渡:我们来看看,这群小动物在干什么?

(1)出示课件,小动物在展示自己会动的尾巴,并说出自己尾巴的特点。

你们看,小动物们都把自己最好的一面展示给大家看,你们能否也把自己最好的展示给大家看呢?请打开课文读一读,看看课文是怎样写的。

【设计意图:通过先让动物展示自己美丽的一面,给学生树立榜样,学生自然就更想表现自己了】

(2)看书朗读。

(3)指导朗读,了解问号。

(4)挑战读好问号的句子。

(5)用问号说话。

(6)认识小动物尾巴的特点并板书,认识"短"、"把"。

【设计意图:通过指导读好问号,用问号说话,激起学生说话的欲望】

第二组:

过渡:我们参加完第一组动物的比赛,现在我们又来参加第二组的比赛了。请大家在小组内合作,先朗读课文,读好带问号的句子,再找出动物尾巴的特点。

小组合作学习认识"最""扁",并板书,用"最"说一句问话。

【设计意图:通过由扶到放的形式,体现学生的主体地位】

(四)趣味对读,熟读成诵

1. 师生对读第一节。

2. 男女对读第二节。

3. 同桌对读。

4. 看图表演读,指导背诵。

5. 带头饰做游戏(如:一学生上台带头饰背向着全班学生说:我的尾巴长长的,你们猜我是谁? 知道的举手回答,如果猜对了,那么带头饰的学生转过身给猜对的学生奖励)

【设计意图:朗读是学生对课文理解认识的外化表现,通过多种形式朗读,加深学生对课文的理解,通过做游戏让学生对课文内容记得更牢固】

(五)扩展延伸

1. 画尾巴

2. 说出自己喜欢的动物尾巴并说说原因。

【设计意图:通过画画让学生加深对动物尾巴特点的了解】

(五)课后探究

小动物们的尾巴非常有趣,它们的作用也非常大,只要你们有心,多观察、多发现、多了解,一定能知道更多有趣的事。

【设计意图:激发学生探究学习的欲望,培养创造性思维】

第八章

课外教学资源在阅读教学中的利用

　　《语文课程标准》指出：语文学习是"一个长期积累的过程，只有'厚积'才能'薄发'"，强调要"丰富语言的积累，培养语感"。为落实这一指导思想，语文课程目标首先从阅读的数量着手，它提倡扩大阅读面，并规定小学阶段课外阅读总量不少于 145 万字。然而，农村小学受主客观条件的限制，课外阅读活动的开展始终处于一种自发、盲目、低效的现状，学生的阅读活动无法真正由课内逐步向课外过渡；另一方面，由于受条件的限制，不少教师在进行阅读教学时，手段落后，限于照本宣科，很少整合其他课外资源用于阅读教学。这是导致阅读教学效率不高、学生阅读能力较差的主要原因之一。

第一节　小学生阅读能力的跟踪调查与分析

　　影响小学生阅读能力的主要因素有哪些？如何找到一条提高阅读教学效率的有效途径？两年来，本课题组对我校四、五年级学生的阅读能力进行了跟踪调查与分析，虽然这些调查只是在我校进行的，不具有普遍性，但却具有相对的典型性，我们仍然可以从这些调查的数据中看出影响小学生阅读能力的主要因素。

一、各学期期末检测阅读题得分情况统计

　　学生的阅读能力是考查其语文综合素养的主要指标之一，而在每学期的期末检查中，阅读题一般都占比较大的分值（30% 左右）。那么，学生阅读题的得分情况又是怎么样的呢？两年来，本课题组对我校四、五年级学生的阅读题得

分情况进行了跟踪统计,其结果如下表:

表8-1 连平小学06届四年级至07届五年级学生期末测试阅读题得分率统计表:

班别 得分率 学期	普通班		实验班	
	课内阅读	课外阅读	课内阅读	课外阅读
06—07学年上学期(四年级)	85.2%	78.6%	90.4%	86.5%
06—07学年下学期(四年级)	85.5%	80.1%	90.5%	87.2%
07—08学年上学期(五年级)	86.1%	80.5%	92.2%	89.1%
07—08学年下学期(五年级)	86.3%	81.3%	93.4%	89.3%

从上表的统计数字,我们可以看出,实验班的学生不管是课内阅读还是课外阅读的得分率均比普通班的学生要高,特别是课外阅读,要高出6%左右;而且逐年递增,反观普通班则两年来的变化并不大。因此,我们可以得出结论,即实验班的学生阅读能力要比普通班的学生强。

二、影响小学生阅读能力的因素分析

为了更直观具体地对比实验班和普通班学生的阅读能力,我们抽取了一份五年级第一学期的试题,对学生阅读题完成的情况进行了对比。

(一)阅读课文片段,完成练习。(12分)

圆明园中,有金碧( )的殿堂,也有玲珑( )的亭台楼阁;有象征着热闹街市的"买卖街",也有象征着田园风光的山乡村野。园中许多景物都是仿照各地名胜建造的,如,海宁的安澜园,苏州的狮子林,杭州西湖的平湖秋月、雷峰夕照;还有很多景物是根据古代诗人的诗情画意建造的,如,蓬莱瑶台、武陵春色。园中不仅有民族建筑,还有西洋景观。漫步园内,有如漫游在天南海北,饱览着中外风景名胜;流连其间,仿佛置身在幻想的境界里。

圆明园不但建筑宏伟,还收藏着最珍贵的历史文物。上自先秦时代的青铜礼器,下至唐、_____、元、_____清历代的名人书画和各种奇珍异宝。所

以,它又是当时世界上最大的博物馆、艺术馆。

1. 我能按查字典的要求填空。(2分)

"剔"按音序查字法应先查大写字母_____,再查音节_____;按部首查字法应先查_____部,再查_____画。

2. 请把短文第一句中的两个词语补充完整,填在括号里。(2分)

3. 我能在短文第二自然段中的横线上填写朝代名称。(2分)

4. 判断题,请在正确说法的句子后面括号里打"√"。(3分)

(1)"圆明园不但建筑宏伟,还收藏着最珍贵的历史文物。"这句话在文中起过渡作用。   (   )

(2)"它又是当时世界上最大的博物馆、艺术馆。"说明圆明园的毁灭是世界文化史上不可估量的损失。   (   )

(3)"园中许多景物都是仿照各地名胜建造的,如,海宁的安澜园,苏州的狮子林,杭州西湖的平湖秋月、雷峰夕照",作者这样写是为了说明圆明园没有什么特点。   (   )

5. 课文的题目是《圆明园的毁灭》,但作者为什么用那么多笔墨写圆明园昔日的辉煌呢? 请把最正确的答案序号写在(   )。(3分)

A. 再现圆明园昔日的辉煌壮观,让我们记住屈辱的历史,增强民族使命感,激发热爱祖国灿烂文化的感情。

B. 想告诉我们如要重建圆明园,就要记住圆明园昔日辉煌的样子。

C. 再现圆明园昔日的辉煌壮观,就能更加吸引大家去了解圆明园,并要保护好圆明园遗址。

(二)**阅读短文,完成练习。**(18分)

————————————

有个孩子,在他出生的那天,妈妈就离开了人世。从此,每当看到别人从妈妈那儿得到礼物,就非常伤心:"啊,我的妈妈,竟然不给我一件礼物。"

一天,这孩子想起这件事,又伤心地哭了。他独自在街上徘徊,泪水模糊了双眼,撞在一位老人身上。老人并不生气,还(   )地问:"孩子,你哭什么?"

孩子向老人倾诉了自己的哀伤。

老人听罢,严肃地说:"孩子,你错了! 其实,你的妈妈为你留下了最珍贵的(   ),你应该珍惜才对!""那——我怎么会不知道?"孩子惊奇地问。

老人语重心长地说:"首先,妈妈从你出生那天起,就把整个世界,都作为礼物给了你。这难道还不够吗?"

孩子听着,眼睛忽地一亮。老人接着说:"不仅如此,妈妈还给了你明亮的眼睛,让你去观察世界;给了你耳朵,让你去倾听世界;给了你一双腿,让你去走遍世界;给了_____。这些,难道还不够吗?"

孩子听着,陷入了深思。

老人又说:"孩子,最重要的,妈妈还给了你一颗充满( )的心,那是为了让你珍惜生活——去热爱这个世界吧!"

1. 给短文拟个题目,写在短文上面的横线上。(3分)

2. 在文中找出下列词语的近义词。(2分)

珍爱——( )   悲痛——( )

3. 发挥你的想象,在文中横线上补充完整句子。(3分)

4. 联系上下文,在文中括号里填上适当的词语。(3分)

5. 孩子向老人倾诉了自己的哀伤,你认为他倾诉了什么呢?请写在下面横线上。

_____(2分)

6. 本文主要写了一件什么事?(3分)

_____

_____

7. 阅读完短文,你有什么感受?请把感想写在下面横线上。(2分)

_____

_____

在这份试题中的课内阅读部分,学生完成得比较好,两个班相差得不是太大,主要的错例集中在第3、第4小题上。在普通班有18%的学生弄不懂朝代的顺序,即使是这一题做对的同学,也只是因为他们对课文比较熟悉,对古代王朝的知识十分缺乏。而实验班出现这样的情况则很少,全班只有4%的学生做错,做对的学生中大部分都能了解中国古代王朝更替的历史知识。通过对比,我们就可以知道,实验班的学生课外知识的积累比普通班的学生要强一些。至于第4小题,是因为有不少学生还没有掌握过渡句的知识,两个班都有这种现象。

最大的差距出现在课外阅读。例如,第1题和第6题,实验班的学生得分率比普通班高出15%,可见,实验班的学生理解概括能力比较强。第3题,在横线上补充句子,实验班中大部分学生都能把意思表达准确,而且想象比较丰富,完成的质量比较好,没有空白不做的现象;而普通班的学生这一题有 16% 的学生居然一个字也不填,另外有 18% 的学生所填的答案要么过于简单,要么说不到点子上,表达能力确实比实验班的学生要差一些。至于第 7 题,实验班的学生能够抓住全文的中心思想并结合自己的实际进行答题,把意思写得准确具体,而普通班中有 20% 的学生写得过于简洁或者没有围绕中心思想来写。

那么,为什么实验班的学生比普通班的学生阅读能力要强一些呢? 我们再来看以下一组数据的对比情况:

表 8 - 2   五年级普通班和实验班学生阅读的情况对比

	普通班	实验班
1. 阅读兴趣	对读书感兴趣的学生占全班总人数的 70%	对读书感兴趣的学生占全班总人数的 90%
2. 每生平均每天的课外阅读量	800 字	1500 字
3. 学生平均的默读速度	280 字/分钟	320 字/分钟
4. 字词句等基础知识在期末测试中的得分率	88.5%	95%
5. 对文章内容的理解能力	有 55% 的学生处于初级水平,即只知道写什么;有 30% 的学生处于中级水平,即知道怎样写;只有 15% 的学生处于高级水平,即知道为什么写。	有 30% 的学生处于初级水平,即只知道写什么;有 40% 的学生处于中级水平,即知道怎样写;有 30% 的学生处于高级水平,即知道为什么写。
6. 知识活用的能力	只有 65% 的学生能将自身所储存的知识灵活运用。	有 85% 的学生能将自身所储存的知识灵活运用。

从上表可知,普通班和实验班的学生阅读能力存在一定的差距是由于各种原因造成的,这些原因包括:阅读兴趣、阅读量、字词句的掌握情况、对文章的理解能力和知识的活用能力等。而之所以会有这样的差距,这除了与学生的学习能力有关以外,还与教师的教学活动有很大的关系。在实验班中,教师十分注重课外教学资源与阅读教学的整合,经常带领学生到图书馆看书,上课时注重

课外知识的渗透、注重教学方法和手段的改革创新、注重情感的熏陶和情境的设置,等等。总之,加强课外教学资源与阅读教学的整合,能有效地提高阅读教学的质量。

以下这篇案例是本课题组成员吴小梅老师所上的一节研讨课的教学实录:

【案例8—1】

《地震中的父与子》课堂实录

一、课前交流

师:课前的自主学习,我们围绕1994年洛杉矶大地震收集了相关的资料,谁来向大家介绍一下?

生1:据统计,这次地震造成62人死亡,9000多人受伤,25000多人无家可归,毁坏建筑物2500余座。

生2:在这次地震中,几条高速公路多处被震断,通向洛杉矶市区及其他地区的几条主干线被迫关闭。

生3:这次地震造成的经济损失高达300亿美元,这是迄今为止美国历史上地震灾害造成的经济损失最大的一次地震。

师:老师也收集了这次地震中的一些图片,我们一起来看一看。

(多媒体出示图片。)

师:看到这些图片,你有什么感受?

生1:地震毁坏了许多建筑,让许多人无家可归。

生2:地震太残酷了,给人类带来了太多灾难。

师:是啊,地震是残酷的,它使很多人失去了亲人,无家可归。但在这次地震中有一对父子却演绎了一段令人深受感动的故事,这就是我们今天要学习的这篇课文。

生:齐读题:17.《地震中的父与子》。

二、学生默读课文,读后小组讨论交流

三、汇报

1."他挖了8小时……血迹。"(大屏幕,请两位同学谈感受),看来这段文字值得我们仔细品味。

师:"没人再来阻挡他",从一个"再"字,你读懂了什么?到底有哪些人来劝阻他?

生:好心人、警察、消防队长。

师:面对这些好心人的劝阻,父亲是怎样说的?(大屏幕显示相关的语句),自己读一读,分别请同学读。

生:(1)满怀希望地想得到别人的帮助;(2)希望得到别人的帮助;(3)已绝望了。

师:这三句话的意思一样吗?父亲说这三句话时心情一样吗?(自由读、点名读)这是对人物的语言描写(板书:语言),从父亲的话语中你读懂了什么?

生1:父亲着急!

生2:父亲希望得到别人的帮助!

生3:即使没人帮助,他还是不放弃,努力地挖!

……

师:父亲一次又一次受到别人的劝阻,一次又一次得不到帮助,但他坚定地挖。(女生读劝阻父亲的话;男生读父亲的话。)

师:当这位父亲不听劝阻,人们摇头叹息时,都认为他因为失去孩子过于悲痛,精神失常了,真的是精神失常了吗?说他不失常是因为——

生:他心中有一个信念。

师:为什么他的心中会有这样的念头?因为他当初说过——(大屏幕显示句子)

生:不论发生什么,我总会跟你在一起!

师:大家想想,平时,当发生什么事时,父亲总和他在一起?

生:……

师:当遇到这些情况时,父亲总会和他在一起,现在当孩子在废墟底下,生还的希望很渺茫,父亲的心中还有这样的念头——

生:儿子在等着我!

师:从哪个词让你读出父亲还有这样的念头?(不论……总……)能换个词吗?谁能用这个词来说一句话?

生1:不论别人怎么劝阻,父亲总是不停地挖掘。

生2:不论父亲受了多少伤,总要把自己的儿子挖出来。

2.“不论发生什么事情,我总会跟你在一起。”“这位父亲心中只有一个念头,……他挖了8小时……到处都是血迹。”(大屏幕显示)

师:自读这两个句子,他们有什么不同?作者为什么要从“8小时”写起?

生：挖的时间长，挖的过程艰难，父亲执着的信念。

师：在瓦砾底下，父亲挖得是何等辛苦、艰难。想想，12 小时过去了，父亲的身体会发生怎样的变化？

生：手上有血泡，眼睛有血丝，腿上受伤，浑身破烂不堪。

师：但他没有放弃，因为他常对儿子说——

生：不论发生什么，我总会跟你在一起。

师：当 24 小时过去，可能会发生什么事情？

生：爆炸、火灾、余震。

师：这些都会伤及父亲，有生命危险，但他没有放弃，因为他心中只有一个念头——

生：儿子在等着我！

3. 师：36 小时过去了，年轻的父亲此时已变得怎样了呢？（大屏幕显示）

生：他满脸灰尘，双眼布满血丝，衣服破烂不堪，到处都是血迹。

师：这是对人物的外貌描写，这时父亲有可能手破了，脚伤了，身体也累了，文中描写父亲的语言是多么精妙啊。在这里，作者抓住人物的外貌特点，告诉我们，父亲挖掘得那么辛苦，但他却从来没有想过放弃。此时，你的眼前似乎站着一位怎样的父亲？

生：负责任的、有坚定信念的、勇敢的、坚韧的、坚持不懈的、了不起的……

师：你的心中涌起了何种情感？

生：敬佩！

师：此时的父亲面目全非，伤痕累累，但是，他没有放弃，他的心中只有一个念头——（儿子在等着我），因为他曾经对儿子说过——（不论发生什么，我总会跟你在一起。）这句话让父亲成了一座大山，让父亲创造了奇迹，当挖到第 38 小时，他听到瓦砾底下传出了孩子的声音——

生：爸爸，是你吗？

师：为什么说这是个了不起的儿子？默读时，你找到了哪些句子？说说你的体会。

生1：让同学先走，有先人后己的精神。

生2：在漆黑的废墟下鼓励同学们不要害怕。

师：7 岁的阿曼达在废墟下鼓励同学们同死神搏斗，这巨大的精神力量来自于哪里？

生：来自于父亲的一句话，这句话使儿子深信不疑。

生读：我告诉同学们不要害怕，说只要我爸爸活着就一定会来救我，也能救大家。因为你说过，不论发生什么，你总会和我在一起！

师：这力量来自于儿子对父亲诺言的信赖，奇迹的出现来自于伟大的父爱。孩子们，当父亲疲惫不堪就要倒下时，是这句话让他充满了无穷的力量。当儿子饥渴难耐难以支撑时，是这句话给了他希望。这就是爱的力量。（板书：爱创造了神话般的奇迹。）

师：同学们，此刻，你们有什么话想向文中的父亲或儿子说呢？

生：……

四、作业

1. 课后读一读朱自清的《背影》，看看这又是一种怎样的父爱？

2. 拿起笔写写你的父亲。

（点评：课前的自主学习是我校语文阅读课教学模式流程中的内容之一。借助导学材料，通过学生的自主学习，获得与本课内容相关的材料，既开阔学生的视野，又促使学生自主学习能力的形成。而教师展示的图片，触目惊心，让学生仿佛身临其境，特别是在中国刚刚发生汶川大地震之后的几个月，同学们的感受更加深刻，一下子调动了学生学习的情绪。教师通过课外教学资源，使学生对本课发生的背景有了一定的了解，使学生更容易融入课文的情境，为学生理解本文的中心奠定了基础。

在教师资源的利用方面，有智慧的教师很善于把对语言文字的感悟有机地融入教学之中，既悟文法，又悟情理，使学生获得语感上的提升。

在现代教育技术资源的利用方面，通过课件的演示、音乐的渲染，创造了一种悲壮的情境，使学生更容易理解课文所表达的中心，感悟父爱的伟大。）

第二节　利用课外教学资源培养学生的阅读能力

小学生阅读能力的培养，是小学语文教学的一个重点，同时也是一个难点。历来的理论工作者和小学语文教师都非常重视，并且采取了种种措施来培养这一能力。林崇德教授认为，培养学生的阅读能力，应该培养学生的朗读和默读能力,培养学生理解词、句和修辞结构的能力,培养学生阅读中逻辑思维的能力①。辛涛等人认为,培养学生的阅读能力,重点应培养学生阅读的概括力和思维品质②。因为,"智力与能力的核心成分是思维,阅读能力的核心因素是思维,阅读过程的主要心理活动是思维,因此,培养阅读能力首先要培养思维能力。而思维的最基本特征是概括,即概括是智力与能力的首要特点,所以培养思维能力,首先要培养概括能力。阅读中培养概括能力的条件很充足。概括就是将有某些共同特征的许多事物,或将某种事物已抽象出来的、一般的、共同的属性与特征综合起来。概括课文的中心,概括意义段段意,概括段落表达形式的特点,概括看图识字的方法,概括解释词语的方法等。"③这些措施无疑对培养小学生语文阅读能力有很大的帮助。这里,我们针对小学生语文阅读能力特征的影响因素,谈谈如何利用课外教学资源培养学生的阅读能力。

一、课外教学资源与学生认读能力的培养

认读能力,是阅读理解的"基础"能力、"前提"能力,历来的语文老师都非常重视,并花大力气来培养这一能力。那么,如何来培养这一能力呢? 前人从不同角度做了许许多多的研究,也取得了许许多多的研究成果,为小学语文认读能力的培养做出了很大的贡献。在这里,拟从影响小学认读能力因素的角度,谈谈如何利用课外教学资源来培养学生的认读能力。

1. 利用课外教学资源提高学生的识字量

识字,是阅读的前提,如果识字量小,有些生字、难字不认识,自然会影响认读。首先是影响读音(朗读时会读错),其次是影响字义理解,再次是影响句意理解进而也影响对全文的理解。此外,还影响认读速度。

那么,应该怎样提高学生的识字量呢? 可以采取三个措施。第一,要多读多记。鼓励学生多读课外读物或其他阅读资料,在读的过程中,必然会接触到更多的生字新词,接触得多了,自然就会认得了。第二,对课内或课外阅读中遇到的生字、难字,要教育学生养成查字典、查词典弄清读音、理解词义、记住字形。第三,还可以要求学生每天从字典里挑出两三个生字来学习,并按"遗忘规

①　林崇德. 学习与发展:中小学生心理能力发展与培养[M]. 北京师范大学出版社,1999: 391—395.
②　辛涛,黄高庆,伍新. 小学语文教学心理学[M]. 北京教育出版社,2001:197—198.
③　辛涛,黄高庆,伍新. 小学语文教学心理学[M]. 北京教育出版社,2001:197—198.

律"进行复习。这样坚持不懈,日积月累,必然会扩大学生的识字量,必然会提高学生的认读能力。

2. 培养学生理解字义、词义的能力

如前文所述,小学生识字量小,有些生字、难字不认识,不理解字义,如果再加上没有掌握联系上下文推敲词义的方法,影响认读的速度和认读理解是肯定的。根据小学语文老师们的介绍和我们的调查,这种现象在小学中较为普遍,但随着年级的增高,识字量、识词量、释词量的增加,这种现象逐渐有所好转。

那么,如何利用课外教学资源培养学生理解字义和词义的能力呢?关于这个问题,我们在本章的第三节中还会具体地阐述,在这里只简单地讲两个措施。第一,要教会学生建立汉字形、音、义的联系;第二,借助已有的经验来推敲词义。

3. 教给学生速读的方法

从阅读学习理论来看,除了对认读理解有要求之外,还应该对认读速度有要求,即以最省的时间,感知最多的文字,获得最多的信息。所以,《语文课程标准》对小学高年级学生提出了"默读要有一定的速度,默读一般读物每分钟不少于 300 字"的要求。而要达到这一要求,掌握速读方法就显得非常重要。

关于速读的方法,每一本语文学习工具书中都做了详细的介绍,这里,我们推荐王松泉教授强调的几种速读的方法:

扫描法——让视线快速扫视阅读材料,集中看每行中的几个重要的词,凭经验将它们联结成有意义的句子。

浏览法——拿起书,先浏览前言,再通读目录,然后根据目录去找所需要的材料,最后看一遍结束语,以了解全书的内容。

选读法——先通观全文,浏览一遍后,返回来把注意力放在所选择的主要章节上。运用此法要注意:注意力高度集中,眼和脑要快速反应阅读材料;要默读,不念出声,不重复;要熟悉各种方法,掌握尽可能多的词汇;要经常练习,循序渐进,养成习惯。①

以上几种速读方法,最好综合运用。例如,当拿起一本书,先浏览前言,再通读目录,然后根据目录去找所需要的材料;找到所需要的材料后,先通观全文,浏览一遍后,再返回来把注意力放在所需要的材料上;然后让视线快速扫视阅读材料,集中看每行中的几个重要的词,凭经验将它们联结成有意义的句子。

① 王松泉. 简明学习方法词典[M]. 沈阳:辽宁大学出版社,1992:74.

二、课外教学资源与学生理解能力的培养

小学生的阅读理解能力,根据我们的调查,在词的理解、句的理解、段的理解、中心的理解、写作特色的理解五项能力中,对"语境"中"字义"的理解和对句子"表层意思"的理解能力较强,小学语文教学中可以不必过多考虑。下面,我们针对影响小学生阅读理解能力的因素,来谈谈如何利用课外教学资源加强对小学生阅读理解能力的培养。

1. 教会学生查阅资料解决疑难

根据我们的调查,小学生认为文章"深奥"有几种情况:词语深奥、句子深奥、段落深奥、篇章深奥、语意深奥。要怎样才能理解这些深奥的内容呢? 我们可以教会学生查找资料。对于读不懂的字词、句子等,查阅工具书是最好最便捷的方法。例如,学生读了《枫桥夜泊》这首诗:"月落乌啼霜满天,江枫渔火对愁眠。姑苏城外寒山寺,夜半钟声到客船。"学生不懂什么叫"姑苏城",不懂为什么要"对愁眠",这时,教师除了给学生讲解以外,还可以引导学生查找资料,如找《注解唐诗三百首》,或者上网搜索与这首诗有关的资料,了解更多的创作背景和作者的情况,这样就能对诗歌有更多的了解了。

2. 让学生学会在合作中解决疑难

自主、合作、探究,是《语文课程标准》积极倡导的理念,而小组合作学习,也是学生学习方式转变的最重要的形式之一。何谓合作学习? 就是在以班级授课制为主的教学组织形式下,采用小组合作学习的形式,改善传统的师生单向交流的方式,有助于构建全班教学、小组集体合作学习、学生个体学习的教学动态组织系统,通过师生、生生的多项互动交流,使每一个学生都有语言实践和自我表现的机会,既让每一个学生都表现自己的学习心得,也养成注意听取别人意见的良好习惯,促进学生之间互相启迪、互相帮助,以解决学习中的各种问题,共同完成学习任务。当学生在阅读中遇到难以理解的问题时,同学之间可以互相交流、讨论,在这样的合作中解决问题,能启发学生的思维,使学生学得更主动、更有创造性,更有利于知识的内化,也是培养学生阅读理解能力的有效途径之一。

3. 让学生在多读、熟读和深思中解决疑难

首先,多读书,读好书,这是提高阅读理解能力的最佳途径之一。学生在多读书的过程中,接触不同文字和词语的机会便多了,接触得多了,在不同的语境

中理解不同的词语,这样便有意无意地记住了这些词语的意思,对以后的阅读理解有很大的帮助。

其次,要熟读。古人云:读书百遍,其义自见。朱熹认为"读得熟,则不解说自晓其义也"。古人的教导是具有真理性的。同样一句话,今天读可能不懂,但是,经过多次朗读、推敲,过几天或者过一段时间再读可能就懂了。

再次,要深思。孔子曰:"学而不思则罔。"朱熹说:"读而未晓则思,思而未晓则读。"边读边思,边思边读,读、思交织进行,就能大大提高理解力。

三、课外教学资源与学生活用能力的培养

活用,是学生学习的最终目的,也是学生学习的最高要求。因此,活用能力就是学生学习的最高能力。可是,根据我们的调查,小学生的阅读活用能力是较差的,需要大力培养;而利用课外教学资源培养小学生的活用能力,不失为一条有效的途径。

1. 在"学练结合"的过程中学会活用

学习,如果单单是教师讲学生记,效果则十分有限;而如果是边学边记边练,就能有效地提高学习的效果,使学生掌握方法,懂得怎样活用学过的知识。

例如,在教学《荷花》一课时,有两个句子是这样的:"蜻蜓飞过来,告诉我清早飞行的快乐。小鱼在脚下游过,告诉我昨夜做的好梦……"读完这两句话以后,教师可以和学生一起分析:很明显,这是作者的想象,那么,除了想到蜻蜓和小鱼以外,作者还可能会想到什么呢?请同学们照样子,发挥你的想象,说一个类似的句子。同学们讨论以后,答案可多了,有的同学说:"蝴蝶飞过来,与我一起舞蹈。"有的说:"蜜蜂飞过来,告诉我一路的美景。"有的说:"青蛙跳过来,呱呱地诉说夏天的生活。"……

又如,在讲到比喻句、拟人句、反问句、排比句等修辞手法时,可以让学生学着造一个类似的句子,让学生在练习中掌握这些修辞手法的运用。

2. 让学生学会将新旧知识联系起来解决问题

新旧知识有可能是课内学过的,也有可能是在课外掌握的,但不管是课内还是课外,我们都要训练学生有意识地调动头脑中所储存的知识,用来解决疑难问题,也就是让学生学会将新旧知识联系起来,灵活地运用。这样,就能提醒学生经常复习旧知识,牢固掌握旧知识。当学生遇到新问题时,就能马上联想到曾经学过的知识,从而培养了把新旧知识联系起来解决问题的能力。

例如,在学习《桂林山水》中"危峰兀立"这个词时,这个词学生以前没有学过,理解起来比较困难。但是,学生学过"耸立"一词,这个词的词义学生已经理解,即"高高地直立"的意思。而"危峰兀立"中的"兀立",用法与"耸立"意思相同,都含有"高高地直立"这样的意思。根据对旧知识的回忆、对比,学生就能比较好地理解"兀立"的含义了。

以下这篇案例发表在《考试》杂志(教研版)2007 年第 4 期,作者为本课题组的总负责人范锦飘老师。

【案例 8—2】

让学生在阅读反思中成长

《语文课程标准》提出:"要逐步培养学生探究性阅读和创造性阅读的能力,提倡多角度、有创意的阅读,利用阅读期待、阅读反思和批判等环节,拓展思维空间,提高阅读质量。"

教学实践表明:小学高段学生已具备自我反思的能力。引导学生在阅读中反思,能促使他们从新的角度,多层次、多侧面地对课文内容进行全面的分析与思考,从而深化对课文的理解,感悟文章的思想感情,并进而产生新的体验,促使学生的阅读成为一种有目标、有策略的主动行为,从而培养学生勇于探索、勇于创新的精神,提高语文素养。

一、初读反思,质疑探研

一般认为,初读课文的目的是为了让学生在借助汉语拼音读课文的同时,借助已有的识字方法有效地进行识字,从而把课文读通读顺。初读课文不仅能让学生巩固复习生字,还能对课文内容建立"框架结构"的认识,发展语言,训练学生整体的思维能力,为学生更好地品析词句打下坚实的基础。此外,教师还应该培养学生在初读中反思的能力。例如在教学《梅花魂》一课时,我首先让学生初读课文,除了把课文读通顺和自学生字以外,我还让学生读后反思:

师:通过初读课文,你读懂了什么?

生 1:我读懂了文章写的是一位老华侨十分珍爱墨梅图,在回国之际把墨梅图和绣着血色梅花的手绢郑重地交给外孙女让她好好保存的事。

生 2:我读懂了外祖父常常教"我"读唐诗宋词,还常常流下眼泪的心境。

生 3:我读懂了外祖父对墨梅图分外珍惜,"我"不小心弄脏,他竟大发脾气,他用保险刀片轻轻刮去污迹,又用细绸子慢慢抹净的心理。

生4:我读懂了外祖父因不能回国而难过得哭了的心情。

……

师:你有什么不懂的问题吗?

生1:为什么外祖父会像小孩子一样地哭了?

生2:为什么外祖父如此珍爱墨梅图?

生3:为什么外祖父要把自己最珍爱的墨梅图送给"我"?

生4:为什么说梅花是最有品格、最有灵魂、最有骨气的呢?

……

学生在这样的初读反思中,不仅读懂了文章的主要内容,还把不懂的问题也提了出来,师生共同探讨研究,有效地提高了初读的实效性,培养了学生积极探索的精神。

二、品读反思,体验升华

《语文课程标准》指出:"阅读教学是学生、教师、文本之间的对话过程。"在阅读课上,学生的第一要务便是与文本对话,即通过自主的读书实践,与课文作者交流,从而内化课文语言材料极其丰富的内涵并学会阅读。而要与文本进行对话首先应该从品读开始,通过品词析句,反思作者的写作意图,努力做到体验并升华情感,这样才能提高自己的语文素养。例如在教学《梅花魂》一课时,我让学生反复品读这段话:"这梅花,是我们中国最有名的花。旁的花,大抵是春暖才开花……一个中国人,无论在怎样的境遇里,总要有梅花的秉性才好!"读后反思,作者写这段话的意图是什么?在教师的引导下,学生对这段话的理解逐渐清晰了:这一段对梅花和中华民族有气节人物的赞誉,是外祖父对"我"说的,这里不乏老人对孩子的希望和教诲,其实,也是老人自己心灵的表白;他漂泊海外,中国人的气节没有变,对祖国的爱没有变,就像他深爱的梅花一样,有品格,有灵魂,有骨气。通过这样的反思,学生明白了作者的写作意图,获得了情感的体验。

三、课后反思,收获拓展

学完一篇课文以后,只是完成了对该课文的理解和知识的掌握,这对于学习本身来说是不够的,教师还应该教会学生养成课后反思的习惯,对学习经验和学习结果进行反思,包括对自己在课堂上的表现和学习方法、学习收获进行评估,对学习的成功与不足进行分析,以及进行课后补疑等。例如,在教完《梅花魂》一课后,我让学生及时反思:这堂课你掌握了哪些学习方法? 学完这篇课文以后,你有什么收获? 你还有哪些不懂的问题? 学生通过反思活动,对整个学习过程进行了总结评价,并且还提出了十分有价值的问题。有的学生说:"我学会了托物言志的写法。"有的说:"这篇课文使我懂得了我们要做一个有气节的中国人,要永远热爱我们的祖国。"有的说:"我明白了题目的意思既是写梅花的精神,更是写中国人的精神。"还有的同学提出了疑问:"为什么'我觉得外祖父一下子衰老了许多'?"针对这一问题,我引导学生去思考,同学们明白了:正因为外祖父十分眷恋祖国,却又不能回国,所以他的内心是如此痛苦,而正是这份痛苦的心情使"外祖父一下子衰老了许多"。

让学生在阅读中学会反思,可以帮助学生认识自我,建立自信,激发内在的发展动力,从而促进学生学习水平的发展。

第三节　课外教学资源与阅读课堂教学的整合

随着课程改革的推进,越来越多的语文教师注意合理利用与课文相关的文字、图片、音像等资料,拓宽了学生的眼界,拓展了文本的内容,使阅读课堂教学与课外教学资源完美地结合起来,有利于提高课堂教学的效率。那么,这两者之间应该怎样整合呢?

一、利用课外教学资源导入新课

俗话说:"良好的开端是成功的一半。"导入新课是阅读课堂教学的第一步,导入得好不好,不仅关系到学生学习的兴趣,而且关系到课堂教学的质量。因此,新课的导入一定要能够吸引学生的眼球,把学生的注意力都吸引到新课的学习上来。而利用课外教学资源,能够有效地做到这一点。下面介绍几种利用课外教学资源进行新课导入的方法:

1. 背景导入法。

现在有很多课文都涉及一些地理风情、人文知识等方面的内容,在教授这些题材时不妨多在网上搜寻一些相关知识,如果可能,多找些有意思的图片展示给学生。这样,不仅能引发学生的学习兴趣,另一方面还可以拓宽学生的视野。

2. 图片导入法。

新教材有图文并茂的特点。课本中有大量的插图,并配套了教学使用的挂图。教师可以充分利用这些插图或挂图,或者上网搜索相关的图片。教师可以充分发挥学生的主体作用,让他们说图或看图回答问题,引出新课。学生的听觉、视觉若能同时调动起来,学习效果就可以得到提高。同时,在下一节课,如果要复习这一单元,也可以利用挂图,要求学生复述其内容。

3. 歌曲导入法

音乐不仅能够陶冶人的情操,而且能够吸引学生的兴趣,调动学生学习的积极性。有些课文的内容与我们熟悉的歌曲有关,教师可以先播放一首歌曲来导入新课。例如,三年级的课文《燕子》,教师在上课前可以先播放《小燕子》这首歌给学生听,一下子就抓住了学生的心。

4. 故事导入法,即讲一个生动有趣的故事,或者设置一些吸引学生、能够使他们发挥想象的话题通过讨论来导入。

5. 表演导入法

表演是一种艺术,它能以生动的形式把信息直接输入学生的大脑。应用此法导入课文,能收到良好的教学效果,同时也要求教师巧妙地利用教材,创造情景,通过表演的艺术形式引导学生在欢乐的气氛中学习新的内容。

二、利用课外教学资源设置情境

教学情境如何,对调动学生参与教学活动的积极性,活跃气氛和提高课堂教学效率至关重要。在积极愉快的气氛中,学生兴趣盎然,思想活跃。换言之,学生参与教学需要适宜的教学情境,只有在适宜的教学情境中,才能使学生爱学、乐学、善学。那么,这样的情境如何创设呢? 我们可以利用课外教学资源来创设情境,下面介绍几种方法:

1. 穿插趣味故事

教学中根据教学内容恰当地穿插一些趣味性较强且寓意深刻的小故事,可以活跃课堂气氛,激发学生的学习兴趣,加深学生对课文内容的理解,以提高学生的阅读理解能力。

2. 充分利用图片资料

文字毕竟比较枯燥,有时学生比较难理解。这时,如果在教学中穿插一些图片,便能恰到好处地创设出令人意想不到的情境效果来。例如,在教学《只有一个地球》这篇课文时,教师可以找一些地球环境被破坏的图片,那种触目惊心的景象,让学生深深地受到了震撼,对保护环境有了更深的认识。

3. 播放适当的音乐

阅读教学必须把情感目标摆在十分重要的位置,这是课堂教学的三个维度之一。而激发情感的一个有效手段,就是教师根据教学内容,恰当、适时地播放一些适当的音乐,寓教于乐,寓教于美,寓教于情,以引起学生的共鸣。例如在教学《秋天的雨》这篇课文时,我们可以一边用幻灯片展示秋天美丽的图片,一边插入《秋日私语》这支钢琴曲,让学生在优美的乐曲中感受秋天。

4. 利用录像资料

根据教学实际,恰当利用录像资料,构建符合学生学习规律的情境设计,是启迪学生创造性思维、培养学生能力的有效手段。如在教学《圆明园的毁灭》时,教师讲到圆明园被毁灭的情景,学生比较难以理解那种愤怒的情感。这时,如果能播放《火烧圆明园》的片段给学生看,当同学们看到侵略者的贪婪、残暴时,那种愤怒之情便油然而生了。

5. 联系学生学习生活实际

运用贴近学生生活的实例进行教学,引导学生自己思考问题,自己去发现和矫正错误的心理状态,有利于改变一味灌输的教学模式,打破沉闷的课堂气氛,提高教学效率,也体现了知行一致的原则。

三、利用课外教学资源突破教学难点

阅读教学中,首先要重视指导学生感悟文章语言。要使学生充分领悟作者表达的情思以及言语方式,必须调动起学生情知交融的感受。如何强化感受,加深理解?巧用课外教学资源,能取得令人惊喜的效果。

请看某特级教师执教的苏教版《飞驰在高速公路上》教学片段:

师:同学们读书真细心呀!读到这儿,你有什么想问的吗?

生:为什么爷爷把沪宁高速公路称作"一条串着珍珠的黄金纽带"?

师:问得好,同学们请看(课件演示沪宁高速公路动画全景),沪宁高速公路,它连接上海、南京,途经苏州、无锡、常州、镇江。你知道"珍珠"指什么吗?

生:这六个主要城市。

师:为什么这么说呢?课前曾布置同学们去了解这六座城市,现在请大家来谈谈你了解到了什么,怎么了解的。

生：我知道无锡风景优美，工业发达，被称为中国民族工业和乡镇企业的摇篮。我是看书知道的。

生：我的家乡常州，是新兴的工业城市，城市建设得非常美丽，天宁寺、恐龙园、红梅公园等都很好玩。

生：上海，是现代化的大城市，在国际上名气很大，产品远销世界各地。我是从网上查找资料知道的。

师：同学们课前各显神通，通过各种途径加深了对这六座城市的了解。现在，你明白为什么爷爷把这六座城市比作珍珠了吧？

生：因为这六座城市都是经济发达、风景优美、物产丰富的重要城市。

师：把沪宁高速公路比作串着珍珠的黄金纽带，又是什么意思呢？

生：高速公路把这六个繁荣城市连接起来，这六个城市就能加强联系，发展得更快，创造更多的财富。

师：大家试试，该怎样读好爷爷的这句话？

（生齐读）

对于小学三年级的学生来说，理解沪宁高速公路"真是一条串着珍珠的黄金纽带啊！"是一大学习难点。教者先借助课件演示沪宁高速公路的动态全景，用六个不停闪烁的光点代表高速公路沿途的6个城市，丰富学生的感受，帮助学生理解"珍珠"和"黄金纽带"的浅层含义；然后引导学生交流课前收集到的有关这六个城市的资料，适时合理地运用课外教学资源，激活了学生，激活了课堂，学生在交流的过程中互相补充，不断完善，逐步领悟到"珍珠"和"黄金纽带"的比喻义，并体会到文字背后的赞美、自豪之情。回顾这个教学片段，教者巧用课外教学资源，帮助学生理解和感悟，避免了光用语言解释语言的死板理解的死气沉沉，水到渠成，顺利地突破了教学难点。

四、利用课外教学资源促进课堂的有效生成

课堂教学不是完全根据教师的事先预设按部就班地进行的，而是充分发挥师生双方的积极性，随着教学活动的展开，教师、学生的思想和教学文本不断碰撞，创造火花不断迸发，新的学习需求、方向不断产生，认识和体验不断加深，这就是生成的课堂教学。那么，要怎样才能促进课堂的有效生成呢？笔者认为，应该积极利用课外教学资源组织教学。

例如，在教学《地震中的父与子》时，教师展示了"汶川大地震"中的图片资

料,让学生感受地震所带来的残酷。学生看了图片后,开始发表自己的见解了,有一个学生说:"地震是无情的,可人却是有情的,从父亲的一举一动中,我深深地感受到了父爱的伟大。"另一个学生说:"地震的破坏性虽然很大,但它毕竟摧不垮人们求生的信念,摧不垮人类生存的斗志,从这位父亲的身上,我读懂了两个词语,一个是'毅力',一个是'顽强'。"说得多好啊,学生的语言便在这样的生成中得到了锻炼。

五、利用课外教学资源升华情感

俗话说:"编筐编篓,全在收口。"如果在一节课中课外教学资源使用得当,就能将语文的工具性和人文性完美地融于一体,取得余音绕梁、回味无穷的效果,使学生的情感得到升华。

例如,在教学《只有一个地球》时,有一位教师是这样结尾的:

师:请同学们一齐朗读课文的最后两段。

生(齐读):"我们这个地球太可爱了,同时又太容易破碎了!"这是宇航员遨游太空目睹地球时发出的感叹。

只有一个地球,如果它被破坏了,我们别无去处。如果地球上的各种资源都枯竭了,我们很难从别的地方得到补充。我们要精心地保护地球,保护地球的生态环境。让地球更好地造福于我们的子孙后代吧!

师:是呀,我们只有一个地球,我和你,同住地球村,我们都是一家人,应当守护我们这个可爱的家园啊!(教师播放歌曲《我和你》:我和你,心连心,同住地球村……)

优美的旋律触动每一位学生的心灵,同学们都感受到自己是地球的一分子,应该尽自己的力量保护我们共同的家园,不让它受到伤害。在教师煽情的语言和音乐的作用下,学生的情感得到了升华,加深了对文本的领悟,催生了更深层的思考。

课外教学资源引入课堂,进行整合,扩大了信息量,有助于学生深化体验,促进学生阅读能力的提升。可以说,基于丰富学习资源的语文阅读教学是对教师中心、课堂中心、教科书中心的突破。但是,不是每一堂课都需要拓展,它需要我们老师因课制宜,以生为本。构建具有超越品质的语文课外教学资源,最重要的是在文本的引领下,在师生不断的互动中建构符合价值观的理想内容,这是语文回归本色的需要,也是语文课堂焕发生命活力的需要。

以下这篇案例获得 2009 年东莞市小学语文教学设计评比三等奖,作者是吴小梅老师。

【案例8—3】

抓住特点,细读感悟

——人教版第七册《猫》教学设计

设计理念:

本设计力求最大限度地把教学的时间与空间还给学生,让学生在自主的读书过程中抓住重点词句进行品读感悟,受到情感的熏陶。同时也不忽视语文基础知识、基本能力的训练,力求两者和谐统一。

教学目标

1. 正确读写课文生字词。

2. 理解课文内容,体会作者是如何把猫的特点写具体,并表达出自己对猫的喜爱之情的。

3. 激起学生热爱生活的情趣、激发课外观察动物的兴趣。

教学重点难点

体会作者是如何把猫的特点写具体,并表达出自己对猫的喜爱之情的。

教学过程

一、引入课文　先谈猫

同学们,你们熟悉猫这种动物吗? 说说你见过、养过的猫。

今天,我们一起来学习著名作家老舍先生写的猫,这是一只怎样的猫呢?

〔设计意图:从学生生活中熟悉的猫说起,易于激发学生学习课文的兴趣。〕

二、初读课文　感知猫

(一)师谈话:现在请同学们自由朗读课文,注意读准字音,遇到生字要多读几遍,把课文读通读顺,想想,这是一只怎样的猫。(可在文中找出概括课文内容的句子)

(二)学生自读思考。

(三)检查学生自学的情况

1. 出示生字新词,指名读,正音,重点指出多音字"屏"的读音。

2. 说说文中概括写猫的句子,即文章的中心句。

〔设计意图:找出总写猫的句子,学生初读课文后,把握文章的主要内容,是深入感悟的前提,是本环节应达成的一个主要目标。与此同时,这一环节的教学还注意检查学生对生字词的掌握情况,这是中年级阅读教学的一个重点。〕

三、精读细品 感悟猫

(一)师谈话:请同学朗读第一自然段,其他同学思考:在你眼里这是一只怎样的猫。

(二)学生交流汇报(在汇报时对猫老实、贪玩又尽职的特点可打乱顺序)

1. 读老实之猫 请同学读句子,突出重点词句"无忧无虑""什么事也不过问"读出猫的老实。

2. 品贪玩之猫

(1)大屏幕出示写猫贪玩的句子:可是,它决定要出去玩玩,就会出走一天一夜,任凭谁怎么呼唤,它也不肯回来。

(2)你从哪些词语体会到猫贪玩?(一天一夜、任凭……也)

(3)学习关联词"任凭……也"。(不改变句子的意思换个词,分别请同学朗读,相互点评,读出猫的贪玩。)

(4)品喜爱之情

出示句子:

说它贪玩吧,的确是呀,要不怎么会一天一夜不回家呢?

说它贪玩,的确是,要不怎么会一天一夜不回家?

①比较两句的异同。

②学生思考:老舍先生在一个句子里连用三个表语气的词,可以让我们感受到他是带着什么样的感情来写猫的?

③老师指导学生带着感情朗读。

④设境悟读:第二天,这只贪玩的猫终于回来了,老舍先生把它爱怜地抱在怀里,一位邻居进来了,老舍先生对邻居说:——一生读;一位朋友来做客,老舍先生对朋友说——又一生读;老舍先生还写下了这句话,想对所有的读者说:

——全班齐读

3. 品尽职之猫

(1)大屏幕出示写猫尽职的句子。

(2)点名读写猫尽职的句子,其他学生思考:从哪些词语让你体会到猫的尽

职？（屏息凝视，非……不可）

（3）细品猫的尽职。

①品词"屏息凝视"。（通过学生做动作理解词语的意思）

在做动作体会之后请学生用语言表达词语的意思；创设情境体会：猫蹲在洞口，一个小时过去了，它——

生：屏息凝视。

师：轻一点，千万别惊动老鼠，两个小时过去了，它还在——屏息凝视。

师：别出声，老鼠还在洞里，三个小时过去了，它仍在——屏息凝视。

师：它就是这样，一连等了几个钟头，你体会到什么？（猫的尽职）

②学习关联词"非……不可"。（换词；用关联词说句子；从关联词体会猫捉老鼠的决心和耐心）

（三）师谈话：请大家看黑板，看看老舍先生家的猫，它是——，哪三个特点让我们感觉到猫的性格很古怪？为什么？（让学生理解老舍先生通过写猫这种相反的矛盾的性格来体现它的"古怪"，表达喜爱之情）

〔设计意图：通过对重点词句的品读，理解猫的老实贪玩又尽职的特点，体会文字背后所饱含的喜爱之情，并通过反复朗读表达喜爱之情。此外换词、用关联词语说话既是对学生进行语言文字的训练，又加深了学生对课文重点内容的理解。〕

四、迁移学法,细赏猫

1. 总结学习第一自然段的方法，要求学生按照这种方法自主学习第二、三自然段。

2. 学生默读课文，看看猫的古怪还体现在哪些方面。

3. 小组交流。

4. 全班交流。（交流时引导品读人爱猫、猫亲人的重点词句，如品读"蹭""小梅花"等）

5. 师生共读，抒爱猫之情。（配乐朗读，老师读特点，学生读具体写特点的句子）

〔设计意图：学生在学习第一自然段的基础上习得方法，自主学习文章的第二、三自然段，让学生自读自悟，提高自我阅读的能力。〕

五、边读边想,悟小猫

1. 师谈话：大猫是这样古怪又可爱，想不想看看老舍先生笔下的小猫？

2. 大屏幕出示收集的淘气小猫的图片,学生说感觉。

3. 学生自由朗读第四自然段。

4. 配乐全班齐读,边读边想象小猫淘气又可爱的样子。

〔设计意图:边读边想象的朗读是培养想象能力的一种方式,视觉上的直观感受把学生学习的兴趣推向了又一个高潮,在观看的过程中,学生对猫的喜爱之情又一次被激发。〕

六、拓展延伸,悟写法

1. 读"课后链接",看看与课文中写猫的方法有什么不同?

2. 回去观察自己喜爱的小动物,动笔写一写。

〔设计意图:读"课后链接"是学生对课文学习的一个对比阅读,从中感悟描写同一种动物有不同的表达方法。小练笔是本堂课教学的延伸,让学生学习作者抓住特点写具体的方法,做到学以致用。〕

第九章

利用课外教学资源优化口语交际教学

口语交际教学就是引导学生在具体的实践活动中学习口语交际知识,掌握口语交际方法,培养口语交际能力的教学活动。它是语文教学的重要组成部分,其主要任务是:发展学生的口头语言,培养学生的口语交际能力和良好的口语交际习惯。那么,应该怎样更好地加强口语交际教学呢?方法无疑是多种多样的,而其中一个十分重要的方面是,要重视课外教学资源在口语交际教学中的利用。

第一节　课外教学资源在口语交际教学中的作用

《语文课程标准》提出:口语交际训练要努力选择贴近生活的话题,采用多种形灵活地式组织教学,鼓励学生在各科教学活动及日常生活中锻炼口语交际能力,因此用活课外教学资源是课程标准的新理念。但我们不能把教科书理解为文本课程,不能把教科书中每个单元后面即"语文园地"中的口语交际内容作为唯一的训练点。在口语交际教学中,应当恰当地运用课外教学资源,利用一切机会,对学生进行口语训练。

课外教学资源可以为口语交际训练提供很好的素材,使学生有话可说,使学生有内容可聊。相反,如果缺少课外教学资源,口语交际训练课上,我们聊什么?有那么多东西讲吗?因此,在口语交际的教学中,我们要积极发挥课外教学资源的作用,提高口语交际教学的实效性。

一、农村小学中口语交际教学利用课外教学资源的现状分析

一方面:部分地区的学校和老师(尤其是欠发达地区)视口语交际教学可有可无,并没有真正贯彻落实"新课标"的精神。笔者通过对广东省东莞市大岭山镇七所公办小学的调查发现,各校语文学科口语交际教学课基本处于弱势的地位,更别说在口语交际教学中积极利用课外教学资源了。主要表现在:教师上课前备课不够充分,上口语交际课的时间少(约半节课甚至十多分钟),有些教师根本就不重视或不上,上课的过程简单,极少用到课外教学资源。在应试教育的压力下,口语交际教学的教材内容变成了给话题写作文或者被完全忽略,这种现象让人触目惊心。究其原因,主要有四点:

(一)教师对利用课外教学资源的重视不够。考试不考口语交际,在"一切为了应试"的压力下,考什么,教什么,由于语文试卷以读写为中心的书面成绩为准,为了节省时间复习考试内容,力求分数的提高,导致了教师在教学过程中自然地忽略了口语交际教学,对口语交际教学的研究不够深入,更别说在口语交际教学中积极利用课外教学资源了。

(二)没有时间和精力去开发课外教学资源。小学语文教师工作琐碎而且繁多,既要备课、改作业,又要处理班上的事务,经常忙不过来,因此,对于开发口语交际课的教学资源根本没有时间和精力。

(三)教学资源缺乏。要进行口语交际教学的训练,教师必须有大量的图片、录音甚至影视教材,相对而言,读写教材比较容易获得,而这些听说训练的教学资源需要教师花费大量的时间设计和搜集,需要学校在教室内作播放条件的投资,这些现实的问题都影响着在口语交际教学中利用课外教学资源的情况。

另一方面:随着"新课标"的宣传,广大语文教师也在积极地贯彻执行,但口语交际教学研究严重滞后,特别是教师们极少在口语交际教学中利用课外教学资源,导致教学效率不高。从正在进行的口语交际教学看,口语交际的大量课例,实际上是将日常生活简单地搬进了课堂,让学生"活动"一番,让学生说一点,教师评一点,仅此而已,发挥不了训练学生口语和交际能力的作用。

二、课外教学资源在口语交际教学中的作用

课外教学资源在口语交际教学中的作用是十分重要的,总体来说,有以下

几个作用:

1. 利用课外教学资源激发学生口语交际的兴趣

"兴趣是最好的老师",要调动学生参与口语交际的积极主动性,就一定要注重激发和培养学生的交际兴趣。有兴趣,才有交流的欲望;有兴趣,思维才会活跃。那么,如何利用课外教学资源激发学生口语交际的兴趣呢?

(1)教师资源的引领作用,激发学生的兴趣。教师的引领作用包括两个方面:一方面,教师随时随地对学生作口语示范,学生的口语就会规范得多,说起话来头头是道。这是因为小学生具有极强的模仿能力,而模仿是一种非常重要的内在动机,它能消除学生的胆怯心理,激起试一试的勇气和信心;另一方面,教师的鼓励和表扬,是激发学生口语交际兴趣的有效手段。因此,在口语交际教学中,教师要多示范,多表扬和鼓励,这样学生才会更有信心和兴趣进行口语交际训练。

(2)利用电教资源激发学生的口语交际兴趣。电教资源或者生动有趣,或者感人至深,其丰富逼真的图像、生动形象的动画、优美动听的音乐所创设的生活化的交际情境,可以使学生的注意力集中起来,并激发他们浓厚的交际兴趣与交流表达欲望,让学生敢说、有话可以说。例如,在进行口语交际训练《我的童年生活》这一课时,教师出示童年生活的录像和图片资料,学生看到如此熟悉的生活片段,自然会有同感,从而激发了他们说话的欲望,有说不完的童年话题。

(3)利用生活资源,激发学生的口语交际兴趣。生活是最好的资源,因为那是学生最熟悉的事物。当讲到生活中的话题时,学生总是叽叽喳喳地说个没完。例如,我们以"过生日"为话题,训练学生的口语交际。每个同学都会过生日,过生日的方式不同,学生自然有表达的欲望,口语交际的兴趣被充分地调动了起来。不少同学急于向其他人表达自己是如何过生日的,父母又是怎样给自己准备生日礼物的,等等。可见,只要利用好生活资源,就可以达到激发学生兴趣的目的。

2. 利用课外教学资源创设口语交际的情境

众所周知,口语交际是在特定的环境里产生的言语活动,这种言语交际活动,离开了"特定环境"就无法进行。因此在"口语交际"中,教师应精心创设符合学生实际的生活情境,激发学生的交际兴趣,从而实现教学中的双向乃至多向互动,真正提高口语交际的能力。那么,怎样利用课外教学资源创设口语交际的情境呢?

（1）利用多媒体资源，创设情境。

近年来，随着多媒体技术在教育领域的广泛使用，大量的多媒体进入了课堂，成为新的教学资源。由于多媒体课件具有文本、图形、动画、视频图像、声音等多种媒体集成的优势，信息容量大，表现形式灵活，又有非线性和交互性的特点，给学生创造了一种全新的环境和认知方式，也产生了一种新的以学生为中心的教学形式，这种教学形式的目的在于促使学生对知识意义的主动建构，成为信息加工的主体。实践表明，利用多媒体进行口语交际教学，可以诱导学生展开丰富的联想，激发学生口语交际的欲望。在实际教学中，我们可以利用多媒体具有文本、图形动画等多种媒体集成的特点，创设直观情境，把教学内容变为更为具体的、可感知的东西，体现教学的直观性原则，提高教学效率。例如，在教学口语交际《父母的爱》这一课时，教师为了创设情境，制作了非常煽情的课件，通过多媒体展示了父母日常生活中对子女的爱，并且在《天下父母心》这首音乐的作用下，使学生完全融入了情境中，心中涌起了一种想对父母说点什么的欲望，从而更好地进行口语交际。

（2）在课堂中创设生活的情境。

前面已经讲过，生活是最好的资源，通过创设生活的情境，重现生活的场景，让学生回忆日常生活中进行交际的情景，从而勾起学生口语交际的欲望。例如，在进行口语交际"讲价"时，我在课堂上让两组学生分别扮演生活中的角色——商人和顾客，把课堂变成了市场，让两组人分别进行讨价还价。在此过程中，由于教师创设了一个真实的生活场景，没有了平常上课时严肃的束缚，同学们仿佛都来到了市场中，一个个成了小大人。"卖货的"使尽全身招数，为自己的货物说好话；而"顾客"呢，也在拼命地砍价。这节课，课堂气氛异常活跃，同学们个个都参与到了交际的情境中。

3. 利用课外教学资源让学生在实践中训练口语交际

不能仅仅把口语交际训练看成是口语交际课堂上的事，还应该在平时的教学和生活实践中加强训练，而教学中的各种资源就是口语交际训练的很好的素材。例如，我们在教学《钓鱼的启示》这篇课文时，为了让学生更好地理解课文所表达的内涵，我们可以和学生一起讨论，生活中还有哪些诱惑我们的"鱼"？我们应该怎样面对各种诱惑？然后，学生自由讨论，让学生在讨论中训练口语交际的能力。在这个过程中，老师可以通过引用生活中的例子或者历史故事等等资源的形式，引导学生发言，从而达到训练学生思维和口语的目的。

此外，口语交际本身并不是空中楼阁，它是实践的产物，我们不能仅限于告诉学生怎样进行口语交际，更重要的是要让学生具体地实践，因为没有实践就没有提高。如果我们有意识地带领学生多出去走走看看，多开展有益的文娱活动，多进行社会实践，学生在这些实践活动中，通过与人交往，最终融入社会生活中，从而达到了在实践中训练口语交际的目的。

4. 生活资源是口语交际训练不竭的源泉。

丰富多彩的生活是口语交际取之不尽、用之不竭的活水源泉。学生只有在日常生活中进行口语实践活动，才能开阔眼界，拓展思维，形成灵活机智的听说能力。那么，应该怎样利用生活中的资源呢？

（1）生活资源能拓宽口语交际训练的范围

学生的口语交际能力不是只在口语交际的课堂上练成的，需要广泛的练习空间和场所，可以在家庭中、在校园内、在商场、在车站、在医院、在工厂等广泛的社会生活中进行训练，而这些场所本身就是一种课外教学资源，我们应该积极开发这些资源，训练学生的口语交际能力。

例如，我们可以带领学生到商场或者工厂参观，与别人交流，拓宽学生进行口语交际训练的渠道。我们也可以布置家庭作业，让学生在回到家后，多利用便利的条件进行口语交际训练，并且请父母参与和监督。这样，就拓宽了学生口语交际训练的范围，从而提高了训练的效果。

（2）在生活中捕捉口语交际的火花

生活中往往有很多事件，需要师生共同去处理，我们可以很好地利用这些资源，用以进行口语交际训练。例如，生活中的突发事件能引起学生的好奇，因此，教师可巧妙处理，引导学生进行口语交际活动。有一次，有个同学说他的教科书忘带了，我马上意识到这是个训练口语交际的机会。于是，我和颜悦色地对他说，你问问同学们有没有教科书。他说："谁有教科书？借我用一下。"这时，我便教育他，请求别人要用礼貌用语。他不好意思地说："请问，谁有教科书，借我用用，好吗？"我肯定地点了点头。可是，同学们都没有，我便开导他，可以去隔壁班借一本。同时，我问其他同学，去隔壁班借东西应该怎样做？怎样说？同学们七嘴八舌地议论开了，有的说要先敲门，有的说要用上礼貌用语，有的说借完了东西要说声谢谢……我再问那位同学："你记住了吗？"他点点头，高兴地借书去了。

以下这篇案例，作者为本课题组负责人范锦飘老师：

【案例9—1】

口语交际《父母的爱》教学设计

教学理念

1. 听说整合。在活动中,让学生既要敢于表达、学会表达,还要学会尊重他人、倾听不同的声音。

2. 体现"交际",实行师与生、生与生双向互动。

3. 创设真实情境。让学生在真实的情境中积极参加讨论,讲真话,使课堂贴近学生,成为学生生命历程的一部分。

学习目标

1. 能认真听别人讲话,适时参加讨论,发表自己的见解。

2. 能正确理解父母的爱,学会体谅父母、尊重父母,受到思想教育。

课前准备

1. 课件《可怜天下父母心》、歌曲《让世界充满爱》。

2. 观看影片《妈妈再爱我一次》。

教学流程

一、读古诗,入情境

(一)谈话,引出话题:同学们,在这个世界上,谁和你最亲? 是谁把你哺养成人? 又是谁给了你最真诚、最无私的爱?

(通过谈话,激发学生的学习兴趣,为学习新课做好铺垫。)

(二)教师深情朗诵《游子吟》,导入情境:是呀,父母的爱是多么伟大而无私,就像这首诗中所表现的一样:"慈母手中线,游子身上衣。临行密密缝,意恐迟迟归。谁言寸草心,报得三春晖。"

1. 指名说诗句所表达的意思。

2. 说说你的体会。学生从诗句的意思中感悟父母之爱。

3. 回答:父母的爱是_____(伟大的、无私的、慈祥的、严格的、宽容的、感人的……)

("情境"是打开口语交际大门的"钥匙",有人说"情境创设成功了,口语交际课也成功了一半"。本环节的教学,能使学生入情入境,进入角色,有话可说。)

二、讲故事,悟深情

1. 引语:古今中外,有无数人赞美过父母之爱,那是人世间最纯洁、最美好的情感。那么,在生活中,你的父母又是怎样爱你的呢? 你能把父母爱你的一些生活片段讲述出来和其他同学一起分享吗?

2. 教师提出口语交际的要求。(板书:要求)

3. 学生联系生活实际,交流感受,向小组内的其他成员讲述自己和父母之间的故事,并谈谈内心的想法。

(这一设计,学生能充分参与交际的情景,激发兴趣,创设全体同学参与的条件,激励学生在多向互动的动态式活动中进行对话,发表独特感受,培养口语交际能力。)

4. 指名讲述。引导学生讲述亲身经历的故事,体会父母之爱。

5. 学生评议。引导学生从口语交际的要求评议同学的发言,做出中肯的评价。

(这一设计,让学生充分地表达,学生自由地评议,体现了学生学习的自主性,有利于落实教学目标。)

6. 教师点评。教师围绕学生的发言,抓住要点,作精要的点评,表扬学生的精彩发言,指出学生的不足,让学生从教师的点评中学会交际的技巧。

(这一设计,对学生的发言进行表扬,鼓励学生参与口语交际,并对学生的不足作了指正,真正体现了教师的指导作用。)

7. 感言:从同学们刚才的谈话中,我们知道了,父母之爱是那样深沉而感人。为了儿女,父母们不知吃了多少苦,受了多少累;不知起过多少早,贪过多少黑;不知有多少心力被操碎,真是可怜天下父母心啊! 播放课件《天下父母心》。

(要让口语交际得到提高,关键是联系生活,只有来源于生活的东西,才是学生感受最深的。本环节的教学,让学生回忆生活中的片段,调动了他们的学习积极性,使全体孩子都有话可说,充分发挥了每个孩子的潜能。)

三、读片段,说见解

1. 导入。"是呀,每一位父母都爱自己的孩子,但爱的方式却不尽相同。请大家阅读下面三则小故事,然后我们再一起来谈谈自己的理解和看法。"

2. 阅读。教师课件出示三则小故事(或让同学打开教材第 110 页),学生自由阅读。

3. 交流。教师可让学生先自由跟同伴交换看法，然后在小组内评说故事，提出自己的看法，小组长对不同看法进行简要记录。最后，选派有代表性意见的同学在全班发表见解。三个故事中的第一个小故事，妈妈的包办，使刘明养成了丢三落四的不良习惯。应该像《慈母情深》中的母亲，有意识地锻炼孩子的独立生活能力。第二个故事中的爸爸教育方式不当，使冯刚畏惧考试。爸爸应该帮助他找出失败的原因，鼓励他尽力在原有的基础上获得提高。第三个小故事中，李路杰的成功是爸爸正确引导的结果。教师应在交流过程中穿针引线，引导学生对三个故事谈看法，广开言路，畅所欲言，充分交流。同时，注意引导学生认真倾听，比较集中地围绕某一主题进行交际，互相补充，发表见解，甚至可引导学生对某一观点进行辩论。

4. 提问：在你的生活中有过类似的经历吗？你当时是怎么想的？现在又有什么新的想法？说出来与大家一起讨论。

（引导学生从不同的角度、不同的方式说出自己与众不同的见解，有利于创新能力的培养。正如著名教育家刘佛新说的：我们要把创新的范围看得广一些，不要看得太神秘，只要有一点新思路、新意思、新观念、新意图、新做法，就可称得上是创新。）

5. 评说。引导学生认真倾听，然后，可结合故事，或发表想法，或帮助分析，或提出解决办法。

6. 小结。听了这么多的见解，我想同学们一定也有很多话想对你的父母说，回去以后可以把你的想法和你的父母进行沟通。但是，不管父母们以怎样的一种方式对我们，都是为了我们好，他们一生忙忙碌碌，为了儿女任劳任怨、含辛茹苦、无怨无悔，我们没有理由去埋怨他们。在这里，我希望每一位同学都能体谅你的父母，做一个孝顺、懂事的好孩子。能做到吗？

（引导多项交流和培养倾听习惯是口语交际教学的重要目标，打破以往"教师讲——学生听""学生讲——教师评"的单项联系形式，建立"一人讲——大家听——大家评"的教学形式，更科学更有效。）

四、说心语，升华爱

1. 父母辛辛苦苦地把我们抚养大，在这里，你有什么心里话想对你的父母说吗？

（引导学生说出一两句感激或祝福父母的话，使情感得到升华。）

2. 指名说。让学生自由地表达，充分表现自己对父母的感恩之情。

（这一环节的设计，让学生自己选择喜欢的方式，真正体现了"以生为本，以促进学生的发展为本"和"自主、合作、探究"的教学理念。）

3.（播放音乐《让世界充满爱》）教师感言：同学们，我们还很小的时候，父母花了很多时间，教我们慢慢用汤匙、用筷子吃东西；教我们系鞋带、扣扣子、溜滑梯；教我们穿衣服、梳头发、擦鼻涕……我们总是父母最深的牵挂，总是让他们操碎了心、累坏了身体。当我们一天天长大，而我们的父母却一天天地老去，直至头发斑白、牙齿掉光，腿脚站也站不稳、走也走不动。树欲静而风不止，子欲养而亲不待。不要到失去的时候才后悔没有珍惜……

4. 课件出示句子，齐读："祝天下的父母亲身体健康、幸福平安！"

（本环节的教学给学生一次内心独白的机会，使情感进一步升华。）

五、作业设计

1、向父母讲讲自己上课的感受，表达自己对父母的感恩之情。

2、收集有关父母之爱的故事、诗歌、散文。

（注意课内外的结合，课内向课外延伸。鼓励学生在日常生活中锻炼口语交际能力，凸现语言表达的交际功能，强化口语交际的实用功效。）

第二节　利用课外教学资源优化口语交际教学的方法

教学方法的选择要符合教学内容的特点，符合教学的目标要求，符合教学的原则规律，同时还要考虑学生的学习态度、学习习惯、智力水平等因素，考虑教师实施运用的可能性，考虑教学的时空条件等。只有这样，才能使教学达到优化高效的目标。根据口语交际教学内容丰富、情况复杂的特点，结合小学口语交际教学的目标要求、原则规律和小学生的认知特点，这里拟采用分类法，把各种相关内容的教学方法分开进行介绍。

一、独白类口语交际教学中课外教学资源的利用

所谓独白类口语交际教学，指的是以独白方式为主要交际方式的口语交际教学活动，即交际的一方以独自进行的较长而连贯的言语活动为主要方式，向

另一方传达自己的见闻、感受、思想、情感等。① 在进行独白式口语交际的教学时,先要引导学生通过观察、操作等方式获取交际的内容材料,然后再通过思维加工,实现口语交际。

那么,怎样利用课外教学资源优化独白式的口语交际教学呢? 方法是多种多样的,有观察图画、观察实物、观察生活、实验制作等等。

1. 利用图画资源进行口语交际教学

我们要让学生在充分观察图画、思考图意的基础上进行口语交际训练。观察是感知画面形象,获取口语交际的材料;思考是接受画面形象,并将其转换为语言信息的过程;口语交际是观察和思维综合化的语言外现,是此项训练的终极目标。观察是基础,思考是关键,交际是目的。因此,我们在口语交际训练时,要指导学生细心地观察图画的背景或细节,多方位、多侧面地搞清背景、细节在图中的作用。如在《秋天里》的画面中,背景既点明了季节特点,又烘托了秋天的气氛:高高的蓝天上面飘着朵朵白云,白云下面是一群南飞的大雁,远处的山坡上,树叶已经微微泛黄,成片的稻田金光闪闪……学生只有在看懂画面的背景细节,对整幅画进行全面具体的把握以后,在口语交际时才会有话可说。

2. 利用实物资源进行口语交际教学

在口语交际教学中,为了让学生介绍一个人或某种物体,我们可以指导学生在观察身边的人和物后,用恰当的语言把所见所感表达出来。

观察人或物,包括动态的和静态的两种形态,我们在进行这类口语交际的教学时,重点和前提仍然是指导学生细心地观察,然后再分步完善表达训练。具体的训练过程可设计为三步:(1)指导学生按一定顺序说清人或物的外形特征;(2)指导学生使用恰当的词语表达出人或物的特点和生活习性;(3)用合适的语言说明人或物的作用或自己内心的情感体验。如一名学生经过细致、全面、有顺序的观察,把小狗描述得非常形象,表达得活灵活现:

我家有一只小狗,它全身的毛都是浅黄色的。它的头上竖着两只灵敏的耳朵,当我刚走到巷口的时候,它就听出是我回来了,跑出来迎接我。它还长着一双非常锐利的眼睛,哪怕老鼠在黑暗中偷偷地跑过,它也能一下子就发现,并迅速地扑过去……

显然,这名学生是经过非常细心的观察后才把狗的特征介绍得如此具体

① 谢雄龙. 小学口语交际教学导引[M]. 上海教育出版社,2005:114.

的,因此,在进行这类口语交际的教学时,必须先引导学生细心地进行观察。

3. 利用生活资源进行口语交际教学

就是说,在指导学生直接观察现实生活的基础上,引导学生用恰当的语言把自己的所见所闻所感表达出来。

这种课型,从训练的内容看,其内容直接来源于现实生活,具有极强的真实性,有利于学生逐步形成说实话、抒真情的口头交际习惯;从训练的方法上看,它让学生直接观察生活,且先观察后交际,符合学生的认知规律,便于学生逐步提高认识事物、分析事物、表达事物的能力;从训练的目的看,它融观察、表达、交际于一体,既有助于培养学生的表达能力,又有助于提高学生的观察、思维、想象等语文综合素养。这种教学方法,以观察生活为出发点,以指导口语交际、培养口语交际能力为目的。

生活资源是丰富多彩的,关键是我们怎样引导学生进行观察和整理,使之能从学生的口中介绍出来。例如,有一次,上口语交际课,要学生介绍第一次做家务。我在上课前布置了学生回家帮妈妈做一次家务的任务,要求他们细心观察、体验生活,在上课时把自己的经验和感受说出来。学生因为有过做家务的经历,都能把过程讲得比较具体,但感受方面却说得不够到位。我再引导学生从妈妈每天做家务的角度去考虑,让学生从自己做家务的经历谈到妈妈每天做家务的辛苦。可见,在训练学生说的时候,要注意挖掘生活的资源。

二、交往类口语交际教学中课外教学资源的利用

交往是人们为了生活、工作、学习的需要而进行的相互往来活动。

交往类口语交际指的是以解决生活、工作、学习中的某个问题为目的而进行的请求、寻访、交流等口语交际际活动,如问路、购物、道歉等等。①

交往类口语交际教学的关键在交往,即以问题、对话、交流等方式,解决生活、学习中的困难和问题。所以,进行交往类口语交际教学,要注意结合生活、学习实际,选择学生熟悉的交际话题,运用电教、示范、表演等多种方法、手段,让学生在具体的交际活动中,学习交往的方法,积累交际的经验,体验通过口语交际活动解决生活、学习问题的真谛。只有这样,才能保证此类口语交际教学的良好效果。

---

① 谢雄龙. 小学口语交际教学导引[M]. 上海教育出版社,2005:158.

1. 利用电教媒体演示交际的情境

有些交际的细节,如果单靠老师来说,是起不了多大作用的;如果通过电教演示,那么,学生的印象就会比较深刻。例如,在进行问路、指路的教学时,我制作了一个课件,以动画的形式来演示问路、指路的情景。动画情节是这样的,开始的时候,问路的人没什么礼貌,连称呼也没有,所以,指路的人也就没有什么热情。看到这里,我引导学生思考,问路人应该怎样问路,以什么语气、什么称呼来问路。然后让学生思考再作答。等学生回答以后,再引导学生观看剩下的动画片段。学生看完后,再让他们进行交际训练,这样,学生的印象非常深刻,掌握得比较牢。

2. 用示范、表演的方法,再现生活的情境

示范、表演,也就是发挥学生资源的作用,让学生通过这种形式再现生活的情境,给学生提供进行口语交际训练虚拟的场景,从而达到训练的目的,提高训练的效果。例如,在进行接待客人的口语交际训练时,我把教室布置成客厅,模拟家庭生活,先由师生进行接待客人的试演,然后再两人一组互相表演,在试演、评价中再次激发学生交际的热情,促进学生初步感知接待客人的方法,感受接待客人的快乐。同样,我们在进行劝阻、购物、请教、求助、道歉、致谢、解释等口语交际的训练时,都可以利用电教媒体,发挥学生资源的作用,从而提高训练的效果。

三、议论类口语交际教学中课外教学资源的利用

议论就是人们对某一人或事物的性质、特点、作用等发表自己的意见和看法。在口语交际活动中,议论指的是交际的双方或多方针对同一人或事物,各自发表自己的意见和主张,并通过协商互助,进而达成相应共识的口语交际活动。

议论类口语交际指的是以议论为主要方式进行的口语交际活动。如人们面对不同对象,根据交际需要而进行的讨论、争议、辩论等,都属于议论类口语交际活动。①

1. 从课外教学资源库中精选话题,引发讨论

口语交际中的讨论都是由话题引发的,但不是所有的话题都能引发讨论,

---

① 谢雄龙,《小学口语交际教学导引》,上海教育出版社,2005年7月第199页。

也不是所有的话题都值得讨论,更不是所有的话题通过讨论都能收到实效。我们必须从学生的生活、学习实际出发,选择那些能够激活学生多向思维、引发学生语言表达、促进学生交流沟通的话题,让学生思考讨论。

例如,放寒假回来,同学们都有压岁钱,我于是便提出了这样一个讨论的话题:你的压岁钱怎么用,让学生讨论。为了便于学生讨论和交流,我还将这个话题分解成两个小话题:(1)你用压岁钱做了什么?说给大家听听。(2)评一评谁的压岁钱用得有意义,谁说得清楚、明白。如此安排设计,是十分利于学生展开讨论,落实交际训练要求的。

2. 观看辩论赛的录像,重新组织一次辩论

辩论是指双方彼此用一定的理由来说明自己对事物或问题的见解,揭露对方的矛盾,以得到正确的认识或共同的意见。小学语文口语交际教学中所进行的辩论与一般意义上的辩论不同,它的侧重点不在于让学生通过辩论去解决某些问题,而是让学生以辩论的形式,初步感受辩论这种特殊的口语交际活动,学习辩论的基本方法,培养有理有据、以理服人的口语交际能力。为了让学生感受什么是辩论,怎样与别人进行辩论,我们可以组织学生观看辩论比赛的录像,然后再把学生分成两组,展开辩论。

例如,我曾经组织学生观看了大学生辩论比赛《愚公应不应该移山?》。学生在看完后,心中有很多话想说,都有自己的观点想表达,个个都跃跃欲试。我便给了他们一个表达的机会,以同样的话题组织了一次不正规的辩论赛。即把全班学生分成两组,每组每一轮选一个代表进行发言,发言好的就评出相应的得分。学生辩论的热情很高,个个都要求举手发言,经过多轮的比赛,老师给每一位发言的选手评分后,看看哪一组得分较高。通过这样的训练,不仅锻炼了学生的思维能力,还训练了学生辩论的技巧。

3. 利用课外教学资源引导学生开展评论训练

从生活、学习中选择一件事、一种现象,或者一句话、一个观点,让学生进行评议,发表自己的看法,这种口语交际训练就是评论。评论是建立在对事物、现象有深刻认识的基础之上的口语交际活动。也就是说,要对某个事物、现象、言语、行为发表看法,首先得深入了解和认识它。所以,选作学生评论的内容对象,必须是学生熟悉的、了解的,同时是便于学生评说的。

例如,为了训练学生进行评论,我播放了一段录像让学生发表各自的看法。这段录像讲的是有些同学在用完水后,不关水龙头,或者水龙头没关紧;还有些

同学乱踩草坪、乱摘花,等等。请同学评一评,这些同学的行为正确吗?为什么?学生在说之前,我们可以告诉学生评论的方法:进行评论,首先要判断所评的事情、观点或现象是对是错,是好是坏;然后进一步分析好、坏、对、错的原因;最后再表明自己的看法。

以下这篇案例就是本课题组利用课外教学资源进行口语交际教学的教学设计。

【案例9—2】

感谢与安慰
——人教版第七册口语交际教学设计

[设计理念]

语文从生活中走来,最终必回归生活。生活是语文教育的家园。一方面,衣食住行等日常生活是语文的关注点;另一方面,语文学习要从纷繁平淡的生活中发现美、创造美、体验美,是诗意生活的发现和创造。《感谢和安慰》一课的设计就在于引导学生感受与体验人间真诚的关怀,把心灵深处的美好情感转化为精神产品,付诸表达,练习口语交际的能力。

[教学目标]

1. 引导学生向帮助过自己的人表示感谢,向需要安慰的人表示安慰。

2. 通过师生、生生之间的交流活动,引导学生在表达的过程中注意条理、重点,增强学生的语言表达能力。

3. 引导学生感受与体验人间真诚的关怀,把心灵深处的美好情感转化为精神产品。

[教学准备]

1. 教师准备课件。

2. 学生准备汶川地震的资料,生活中曾帮助过自己的人。

[教学过程]

一、谈话导入

今天,老师来到你们班讲课,心情很紧张,你能说几句话来安慰我吗?

1. 师生交流。

2. 板书课题:感谢和安慰。

二、创设情境,学会安慰

(出示课件)四川省汶川地震图片,教师进行简介:

同学们一定不会忘记,2008 年 5 月 12 日 14 时 28 分,在四川省汶川发生了百年不遇的大地震,顷刻之间,无数的房屋倒塌,无数的生命消逝,原来美丽的城市变成了一片废墟,原来鲜活的生命像花朵般凋零,生命在这一刻变得如此脆弱。同学们也一定还记得这几张让人感动的照片:《敬礼男孩》中的这个孩子叫郎铮,当他被救援人员抬出废墟时,他用右手给在场的救援人员敬了一个队礼,由于他左臂被压的时间太长,无名指和小指被部分截肢。《永不停止的舞步》中这个热爱芭蕾舞的漂亮的 11 岁小女孩——李月,在地震中失去左腿,然而在残奥会赛场上,她用手臂代替足尖,轻点节奏,曼妙而舞,这一时刻,全世界为之动容。面对着这些在地震中失去家园、失去亲人、失去健康身体的朋友们,你想怎样来安慰他们?

1. 学生思考:你想对他们说些什么。

2. 把你想说的话向同桌说说。

3. 学生讨论交流怎样安慰别人。

4. 指名上台说。

5. 教师小结:安慰别人,就需要我们真心实意,用鼓励、同情、委婉、动情、得体的话语打动人心,使别人得到真正心灵上的安慰。

三、转换角色,学习感谢

天灾无情人有情,一方有难八方支援。就在大地震发生后,全国人民、港澳台同胞、世界友人向四川伸出援助之手,面对此情此景,同学们,你能代表灾区人民向他们说些什么吗?(课件出示图片)

1. 刚才这个画面,得感谢谁呀? 我们应该怎样表示感谢? 想想,还能说些什么来表示我们的感谢? 我们感谢他的态度应该怎样?

2. 谁能从灾区人民的角度对帮助他们的人当面表示感谢?

3. 师生互动,生生互动,引导学生在交际中"真心实意"表示感谢并及时给予评价。

4. 学生上台交流感谢。

5. 师小结:感谢别人要真心实意。

四、拓展延伸

1. 请大家想一想,在生活中还有哪些认识或不认识的人曾经关心、帮助过你们？如果他现在就站在你面前，你会对他说些什么？

2. 全班交流。播放屠洪刚的《感谢》。

3. 在音乐声中教师小结：同学们，这节课就要结束了，但感谢和安慰的话题却是永恒的。在今后的生活中，请你用明亮的眼睛去发现需要帮助的人，用真诚的心灵去安慰需要安慰的人，用热情的双手去奉献值得为之奉献的事业，用诚挚的行动去感谢所有的人，让我们收获感谢、享受感谢吧！

第十章

利用课外教学资源优化习作教学

新课程实施至今已经若干年了,可是,作文教学始终是一个老大难的问题,一直以来都没有改变。学生害怕写作文、不会写作文,这已成为小学语文教师最头疼的事。多年来,我们的教改在提高学生的写作水平方面也提出过许多建议,可是,似乎收效甚微。通过本课题的研究,我们发现,利用课外教学资源优化作文教学,可以说是一条有效的途径。

第一节 课外教学资源在习作教学中利用的可行性分析

课外教学资源在作文教学中利用的可行性如何? 这不能靠老师来说,而必须经过学生的检验,为此,我们专门做了一个问卷调查。

一、学生作文的现状调查

为了更好地了解学生的作文现状,在课题实施之前的 2007 年,我们抽取了我校三至六年级共 200 名学生进行问卷调查,调查的结果如下:

1. 你喜欢作文吗?   A. 喜欢;B. 一般;C. 不喜欢

对于这个问题,居然有 63% 的学生回答"不喜欢",有 21% 的学生回答"一般",只有 16% 的学生回答"喜欢"。可见,在语文教学中,作文是学生最头疼的问题,甚至影响了学生对语文的学习兴趣。

2. 你在写作时最大的困难是什么?   A. 没东西可写;B. 有东西写,但不知怎么写;C. 其他(请具体写明)

在回答这一问题时,有 46% 的学生选择了"有东西写,但不知怎么写";42% 的学生选择"没东西可写";另有 12% 选择了"其他"。但在陈述具体原因时,除"怕麻烦"等意志品质方面的问题,大多写的是"没信心""怕写不好"等等,其实也可以归于 B 项当中。由此可见,表达的困难和资源匮乏仍是学生作文中最大的问题。

3. 你在写作时最需要哪方面的帮助?　A. 老师的指点;B. 多一点课外资料;C. 多一点时间思考

对于这一问题,有 66% 的学生选 A,认为老师的指点最重要,可是,在经过老师的指点后,大部分学生还是不会表达,或者表达得不具体。这可能与老师的教学和指导有关系,但我们也不得不承认,影响学生作文水平还有其他一些重要的原因,那就是学生的资料很匮乏,因此,也有 28% 的学生选 B。如果多给学生一点写作的资源,学生的作文水平是否就可以提高呢? 这是我们要思考的问题。

结合问卷调查和教师长年的跟踪,综合起来,我们可以得出一点结论,即学生写不好作文,最主要的原因是学生缺乏对生活的感受能力,缺乏写作的资源或者素材,老师指点也不够到位,还有就是自信心的问题等。

当然,提高学生作文水平的方法多种多样,前人的研究也比较多,著述已经比较丰厚,在这里,我们只从怎样利用课外教学资源来优化写作教学这一点去研究。

二、课外教学资源在作文教学中利用的现状分析

课外教学资源在作文教学中的利用跟口语交际教学有点类似,即教师都不太重视课外教学资源的开发和利用。很多语文教师在上作文课时,都是以讲为主,告诉学生怎么怎么写,然后读一两篇例文就完了。到最后,学生还是不会写。造成这样的原因,主要是教师指导的问题,也就是说,教师指导的方法比较单一,特别是课外教学资源的利用比较少。为了了解教师进行作文教学时利用课外教学资源的现状,本课题组对我镇七所公办小学的 60 名语文教师进行了问卷调查,得出了如下的结果:

1. 你在进行作文教学时,会利用到课外教学资源吗?　A. 会;B. 比较少;C. 不会

在回答这一问题时,答 A 的比较多,占 62%,说明大部分教师都注意到课外

教学资源在教学中的重要作用。

2. 你在进行作文教学时,主要用到什么教学资源?　A. PPT 课件;B. 优秀作文选;C. 其他

在回答这一问题时,答 A 的占 56%,表明很多教师都能运用多媒体制作 PPT 文档;回答 B 的占 90%,表明绝大部分教师都会读例文给学生仿写;两者都选的占 54%,也说明了教师还是会用到课外教学资源进行作文教学的。

3. 你在作文教学时,制作的 PPT 主要是什么内容?(自己写)

在回答这个问题时,有 76% 的教师都写"PPT 主要是写上作文的要求",除此之外就是板书;回答可能会写上"图片、影视资料、课外阅读材料"等内容的极少,加起来不足 20%。可见,教师在作文教学中,对课外教学资源的利用还是比较少的,不利于作文指导。

造成这样的原因是多种多样的,主要有以下几点:

(一)教师对利用课外教学资源的重视不够。很多老师认为,作文教学只要把写作要点和要求讲透彻就可以了,学生自然就会写了,课外教学资源的作用不是很明显。

(二)没有时间和精力去开发课外教学资源。小学语文教师工作琐碎而且繁多,既要备课、改作业,又要处理班上的事务,经常忙不过来,因此,对于开发作文课的教学资源根本没有时间和精力。

(三)教学资源的缺乏。写作文需要大量的生活经验和材料,我们在作文教学时,要尽量把这些生活经验再现给学生,学生才有东西写。可是,教师恰恰就缺少这种教学资源,很少用到图片、影视资料、具体的环境及事物,等等。

三、在作文教学中利用课外教学资源的可行性分析

在作文教学中充分开发和利用课外教学资源是可行的,具体表现在:

1. 课外教学资源再现了生活的经验,更有利于学生创作。课外教学资源包括一些图片、影视资料、活动、具体的环境等,都是生活经验的再现。当老师布置一道作文题的时候,给学生出示这些资源,学生对曾经的生活经历非常熟悉,每一个过程都历历在目,只需要在写的时候组织好文字就行了。

例如,在写三年级的作文《记一次有趣的活动》时,我先带领学生到操场上去做游戏,然后把这些游戏的过程用录像拍摄下来。上作文课时,我把录像播放给学生看,再根据录像的内容引导学生具体地观察,指导学生抓住人物的动

作、表情等进行写作。这样,学生就能够把这次活动写得生动、具体。

2. 课外教学资源使作文教学更生动、形象,更利于学生接受。在作文课上,利用课外教学资源进行教学,通过多媒体课件展示生活中的录像或者图片,把一些枯燥的内容形象化、具体化,使之比文字材料更生动,学生一看便兴趣盎然,更容易接受。教师要求学生看完这些录像和图片后,再依据上面的内容,重新想象一遍,并且用文字表达出来,形成一篇文章,这样比教师空洞地说效果要好。另外,有些课外教学资源本身就是活生生的事物,我们可以带领学生去参观,一边参观一边给学生讲解,这样,学生的印象会更深刻,写作起来也更顺畅,写得更具体。

例如,在进行《秋天》的作文教学时,教师先引导学生回忆曾经学过的课文《秋天的雨》,看看课文中写了什么景物? 然后,教师可以出示关于秋天的古诗词以及一两篇写秋天的名篇佳作,让学生感受作家和诗人笔下的秋天是怎样的,有一个初步的印象。接下来,在悠扬的《秋日私语》的音乐声中,教师播放课件,向同学们展示一幅幅关于秋天的美丽图片,那悠悠的白云和雁阵、山坡上的野菊花、丛林里的落叶、金黄的稻田……一下子把学生的目光全吸引住了,他们心里有了一种强烈的写作欲望,想把自己眼睛里看到的秋天写下来。

3. 课外教学资源为学生提供了充足的创作素材。学生害怕写作,很多时候,正是因为他们手上找不到相应的写作素材,不知道从哪里下笔,所以导致无话可说。如果教师在写作教学中能够多利用课外教学资源,向学生展示各种图片,参观各种场所,观察周边的生活和环境,那么,就可以拓宽学生的视野,为学生提供充足的创作素材,学生在写作的时候,自然就会得心应手。

例如,在教学三年级《一件有趣的事》这篇作文时,有很多学生一看到题目,范围就局限在了"有趣的课间游戏"这一主题上,内容相当狭窄。为了拓宽学生的思路,我们可以多提供一点素材,让学生想象或者回忆生活中有趣的事。一方面,我们可以发挥学生资源的作用,让学生说说在生活中曾经历过哪些趣事。另一方面,又要发挥教师资源和课外阅读资源的作用,由教师引导学生回忆生活中的趣事,或者朗读课外读物中那些有趣的事。这样,就为学生提供了充足的创作素材,使学生在写作时不至于千篇一律都写有趣的游戏。

4. 课外教学资源拓宽了学生想象的空间。想象力是写作不可或缺的基本能力,很多时候,想象力是否丰富,往往能够决定一篇作文的成败,可见,想象力的培养在作文教学中的重要性。而充分地利用课外教学资源,往往能够培养学生丰富的想象力。

例如，在进行想象作文教学时，就要求学生的想象不仅要合理，而且要丰富。可是，小学生的阅读量有限，知识储量太少，要做到想象丰富这一点非常难。如果我们在教学中，多引用一些课外教学资源，带领学生进入想象的世界，帮助学生张开想象的翅膀，那么，他们的想象力将会变得非常惊人。如我们可以播放科幻电影，向学生讲解科普知识，启发学生观看科普图片等等，学生通过这些资源，了解了更多关于时间、宇宙、飞船等的知识后，想象的翅膀便轻松地张开了。

四、课外教学资源在作文教学中利用的实验结果分析

那么，课外教学资源在作文教学中的利用是否真的有效呢？我们在课题一开始实施的时候就作了跟踪调查和实验，把"课外教学资源在作文教学中的利用"设为自变量，因变量是"学生的作文水平"，普通班和实验班在实验前学生的作文水平相当，任教的教师都是已经教了五年以上、经验丰富，而且业绩突出的优秀教师。这项实验的结果到底如何呢？根据两年的跟踪，我们得出了如下的数据：

表 10-1　普通班和实验班学生实验前和实验后习作情况的对比

调查内容	实验前				实验后			
	对写作非常感兴趣	有一点兴趣	不感兴趣，也不讨厌	很讨厌写作	对写作非常感兴趣	有一点兴趣	不感兴趣，也不讨厌	很讨厌写作
普通班	9.2%、	18%、	42.3%、	30.5%	12.5%、	20.3%、	48.8%、	18.4%
实验班	9.5%、	17.8%、	44.1%、	28.6%	34.6%、	36%、	27.4%、	2%
调查内容	有信心把作文写好	有一点信心	信心不足	没信心害怕写作文	有信心把作文写好	有一点信心	信心不足	没信心害怕写作文
普通班	6.2%、	12%、	45.3%、	36.5%	11.8%、	18.7%、	46.3%、	23.2%
实验班	9.5%、	17.8%、	36.3%、	36.4%	34.6%、	36%、	22.4%、	5%
调查内容	写作时有充足的素材	有一些素材	素材较少	没有素材，脑袋空白	写作时有充足的素材	有一些素材	素材较少	没有素材，脑袋空白
普通班	23.8%、	32.2%、	27.5%、	16.5%	25.2%、	25.6%、	37.9%、	11.3%
实验班	24.2%、	33.5%、	26.1%、	16.2%	56.8%、	32.2%、	9%、	2%

续表

调查内容	实验前				实验后			
	写作时得心应手	完成得还算顺利	完成得很吃力	无从下笔,无话可说	写作时得心应手	完成得还算顺利	完成得很吃力	无从下笔,无话可说
普通班	14.3%	34.2%	37.9%	13.6%	20.5%	24.2%	44%	11.3%
实验班	14.3%	33.7%	39.6%	12.4%	39.8%	35.7%	19.5%	5%
调查内容	作文成绩优秀	作文成绩良好	作文成绩一般	作文成绩较差	作文成绩优秀	作文成绩良好	作文成绩一般	作文成绩较差
实验班	14.3%	34.2%	37.9%	13.6%	20.5%	24.2%	44%	11.3%
普通班	14.3%	33.7%	39.6%	12.4%	39.8%	35.7%	19.5%	5%

从上表的对比中,我们可以看出,经过两年的实验,实验班的学生作文成绩明显好于普通班的学生。这不仅表现在平时或考试时的作文测试上,更重要的是表现在作文的素质水平的差异上。例如,实验班的学生对作文的兴趣和写作的信心均比普通班的学生高出近四十个百分点;对写作素材的运用上,实验班的学生也比普通班高出近四十个百分点;而写作成绩优良的学生,实验班也比普通班高出百分之三十左右。

从自变量和因变量的关系来看,由于实验班运用了课外教学资源进行作文教学,所以因变量"学生的作文水平"很高。可见,适当地开发课外教学资源,并加强在作文教学中的运用,是可以提高学生的作文水平的。

以下这篇案例作者为本课题组成员黄小梅老师:

【案例10—1】

《一张相片的故事》习作教学设计

设计理念:由说学写,注重迁移,化难为易,增强习作的自信心,培养习作的兴趣。通过习作,激励学生热爱生活,展现自我,学会合作。

课前准备:布置学生选好、带好相片。

教学流程:

一、展示激趣,明确要求

1. 激情导入。

教师:生活是美好的,一张张相片就是一幅幅图画,一张张相片就是一个个故事。它留下了一个个美好的瞬间,唤起了我们对一件件往事的回忆。今天这节作文课,我们一起来看相片——说相片——写相片,用我们的笔使相片中瞬间的美丽成为一种永恒。

2. 展示相片。

请同学们自由上台,进行相片实物投影。虽然相片一闪而过,但它画面上的情、趣、美已经在学生的头脑中留下了深刻的印象,并引发了学生的生活体验。

3. 明确要求。

快乐的事,就应该和大家一起分享。可是我们怎么介绍这么一张静止不动的相片呢? 请同学们读一读习作要求,然后互相建议。

教师归纳建议,投影:

(1)介绍拍相片的时间和地点。

(2)介绍相片上的内容。

(3)介绍拍照时发生的事或相片背后的故事。

(设计意图:《语文课程标准》强调:"写作教学应贴近学生实际,让学生易于动笔,乐于动笔,应引导学生关注现实,热爱生活,表达真情实感。"教师用美好的语言来激发学生的写作兴趣,让学生进入"我要说,我要写"的精神状态,使教学目标悄然转化为学生内在的表达需要,在快乐的氛围中和同桌交流该如何介绍这张相片。)

二、示范引路,学习方法

1. 教师展示自己有趣的照片,绘声绘色地介绍有关内容。

2. 说说老师示范时注意了什么。

根据学生的回答,板书:言之有序、言之有物、言之有情。

(设计意图:教师起示范作用,率先讲讲自己有趣的事情,让学生在听中学、听中悟,从中领悟本次习作的要求,把握写作的重点。)

三、指名口述,评议引导

1. 最想听哪一张相片的故事,尊重学生的推荐,请几名学生边展示相片边口述。

2. 师生共同评议,引导学生补充。注意以肯定为主,激发学生表达的欲望,树立表达的信心。

(设计意图:尊重学生的推荐,让学生自由表达,自我表现,然后师生再共同评议,形成一个良好的氛围,让学生畅所欲言,教师适当点评,对学生的回答作肯定的评价,有利于激发学生的写作兴趣,为学生自主学习、主动探究创设了一定的条件。)

四、小组交流,尝试练说

学生以小组为单位,互相看相片,互相讲述故事,互相提出修改建议,取长补短。教师巡视,适时点拨、指导。

(设计意图:组织学生合作学习,以小组为单位进行交流,让学生之间的信息和情感通过交流,产生思维碰撞,在互相倾听、欣赏中受到启发,弄懂怎样才能突出重点,把相片中的故事写具体;然后通过教师的点拨,学生既明白了写作的方法,懂得如何写作,又在不知不觉中提高了自己的作文水平。)

五、动手练笔,评改习作

1. 典型示范,全班评点。

2. 自读习作,自我修改。

3. 互相宣读,互相修改。

(设计意图:叶圣陶先生曾经说过:作文难得一次成功,往往要改几次才算数。《语文课程标准》也要求:"重视引导学生在自我修改和互相修改的过程中提高写作能力。"通过自我修改和同学之间互相修改,改正错别字和不通顺的地方,从而提高学生的写作能力。)

第二节 作文教学中利用课外教学资源的途径

根据上面的调查可知,现在大多数小学生在平时写作文时最头疼的是没有什么材料可写,常常苦于无物可言。因此大部分学生在文章内容上容易出现两种极端:一是反复运用陈旧的写作素材,缺乏创意;一是胡编乱造,盲目求新。究其原因:一方面是由于小学生的生活空间较为单调狭小,视野不够开阔,缺乏生活积累;另一方面是遇事不注意观察,平时没有养成观察的好习惯,缺乏发现美的眼睛,让那些生动鲜活的好材料从眼前溜走了。总之,就是没有很好地开发和利用课外教学资源。因此,我们在作文教学中,要注意利用好课外教学资源,从而帮助提高学生的作文水平。

一、利用好社会和生活资源促进作文教学

新的语文课程标准对写作是这样要求的："学会多角度地观察生活，丰富生活经历和情感体验，对自然、社会和人生有自己的感受和思考。"文章是反映社会现实生活、反映客观事物的，因此写作材料的获取当然离不开生活现实。可以说没有对社会的了解，没有生活的积累，缺乏对事物的认识，是写不好文章的。生活是认识的对象，生活是表达的源泉。叶圣陶先生曾说过："生活就如泉源，文章又如溪水。泉源丰盈而不枯竭，溪水自然活活泼泼地流个不歇。"此外社会日趋开放，人们的意识信息多半来自社会交往活动中人与人之间思想的火花的自由碰撞。交往越频繁，交往的层次结构越合理，信息交流就越有深度、广度，开拓创造力就越强。"面壁苦读"这个观念也需要有所修正。但是由于学生长期与"世"隔绝，又由于年龄和身份的特点，不可能有丰富的生活积累，因此需要教师去为他们打开教室之门，引进生活的活水来滋润学生干涸的心田，让学生的脉搏与活生生的丰富多彩的时代生活一起跳动，让学生在老师的指导下用心去感受，去体验，让学生针对社会生活中的典型素材和自己的生活体验经历，去感悟去提高，这样才不至于写出立意稚嫩、事理脱节、缺乏生活厚度的文章。

"语文学习的外延和生活的外延相等"，"新课标"充分认识到这一点，它在语文课外教学资源的开发和运用上更注重贴近生活、贴近社会、贴近时代。新的《语文课程标准》提出："各地区都蕴藏着自然、社会、人文等多方面的语文课程资源，应积极利用和开发。"其实社会和生活中课外教学资源的内涵是极其丰富的，它包括"电影、电视、广播、网络、报告会、演讲会、辩论会、研讨会、戏剧表演、图书馆、博物馆、纪念馆、展览馆、布告栏、报廊、各种标牌广告等"，还有"自然风光、文物古迹、风俗民情、国内外的重要事件以及日常生活话题等"也都可以成为语文课程的资源。语文课外教学资源的开发就是寻找一切有可能进入语文课程，并能与语文教学活动联系起来的资源。

社会和生活中的课外教学资源如此丰富多彩、包罗万象，那么我们如何在写作教学中积极地利用它们，为我们所用，让它们成为学生写作的源头活水呢？这就是在教学实践中开发和利用课外教学资源的策略问题，这里将从两个方面进行探索。

1. 培养学生的观察能力，及时发现课外写作资源

很多学生反映生活太贫乏单一，教室、家里两点一线，没东西可写，其实不

然。的确,我们的现实生活中一般人所经历的大多是极平凡、细小的事情,可是真正让我们感动的往往就是这些平凡的人和事,不要认为事细事小就写不出好文章。一样的生活,不同的人会有不一样的感受。学习有烦恼,也有快乐;同学关系单纯,也有波澜。每个学生的心灵其实都是一片神奇的海洋,这都是写作中不尽的源泉和矿藏,关键看你有没有一双善于观察生活的眼睛,善于感悟生活的心灵。比如同样是写"父亲"一类题材的文章,如果让我们来写至多是歌颂其优秀的品质和对"我"的挚爱之情。但朱自清的《背影》却不是这样,经过仔细地观察,他着力描写了父亲到月台买橘子的艰难情景,从此"父亲"那双手攀爬月台、身体向上缩的背影,不但永远留在作者的记忆中,而且永远镌刻在读者的心中。也正是因为作者以生活为写作素材,通过细致入微的观察和感受,才把这一笔写活了。由此可见观察是积累写作素材的根本,通过观察,获得亲身的体验,积累丰富的表象材料,便可为日后的作文提供大量的素材;通过观察,可以获得写作的灵感,触发写作的动机;通过观察,把学生引到大自然或社会生活中去,让他们感到可写的东西是那么丰富,可以激发学生写作的兴趣。观察是开发和利用社会和生活中的教学资源的重要途径,因此在作文教学中重要的任务就是要指导学生善于观察,善于积累。

培养学生的观察能力,首先要激起学生观察的兴趣,这对提高他们的观察力是非常重要的。在观察实践中,能让学生感到乐趣,会提高他们自觉观察的积极性,引导他们自觉不自觉地接近对象、关注对象、步步深入、非了解个水落石出不可。兴趣是引导人们接近自然和社会的第一步,但如果只是一时兴起,忽冷忽热,观察的效果就不会很大。要保持长久兴趣,就得养成观察的习惯。有了习惯,你就会随时随地关注周围一切人、事、环境的变化,不致"视而不见""听而不闻"。

其次要指导学生掌握正确有效的观察方法。在观察前,要向学生提出观察的具体要求。无目的的观察留给人的印象是肤浅的,不完整的;有目的的观察得到的结果就比较清晰、准确。明确观察的目的,这样才能取得较好的观察效果。在观察过程中要根据具体情况选准观察点,选择好观察的方式。观察时要抓住事物的特征,因此要细致、深入、全面地观察事物。如观察人物时,不仅要从人物的外貌、衣着、举止、动作、语言、兴趣、爱好、生活习惯等各个方面去观察,还要把握住人物内在的本质特征,即与别人不同的思想、感情、性格特征。同时观察事物要思考研究,不能只满足于观察到的表面现象,还要动脑进行分析、比较,研究原因,综合归纳,透过生活的表象抓住事物的本质特征,发掘出生活现象的深刻含义。

2. 开展丰富的语文实践活动,积极利用好课外资源

新的《语文课程标准》提出:"在写作教学中,应注重培养观察、思考、表现、评价的能力。要求学生说真话、实话、心里话,不说假话,空话、套话。"我们要指导学生根据写作需要搜集素材,可以采用走访、考察、座谈、问卷等方式进行社会调查,通过图书、报刊、文件、网络、音像等途径获得有用信息。

这要求我们一定要改变把学生禁锢在课堂里,日复一日地重复口耳相授、单调枯燥的教学方式。采取多种多样的能充分体现学生自主学习、自主实践的形式,如上网、读课外书、在课前课后搜集资料、组织故事会和朗诵会、演课本剧等。让学生在丰富多彩、生动活泼的语文实践中学习语文,在讲述、讨论、交流、品评、操作等活动中促进发展,形成扎实的语文能力,并且体验语文学习的乐趣。同时要充分利用当地的自然、人文景观,如风景名胜、博物馆、纪念馆,引导学生在自然、社会的大课堂中观察、调查、获取信息,积累写作的素材。根据学生的心理特点和兴趣爱好,开展丰富多彩的语文实践活动。可以进行社会采访活动,带领学生跨出校门,走向社会,利用双休日或节假日深入工厂、医院、商店、农村搜集写作素材,进行社会采访。

采访前要指导学生先拟写采访提纲,围绕将采访的对象,构思采访时的语言,有条理地写在笔记本上,还要鼓励学生胆量要大,信心要足,敢说敢问,善思巧问,学会打开采访局面。在采访过程中鼓励学生全身心进入状态,要调动多种感官,进行全面采访。

首先要多打听,兼听则明,随时随地了解多方面的信息,善于发现新事物。其次要细致观察,亲自看是获得第一手材料的重要方法,触景才能生情,采访时要把观察与思考结合起来。采访中要观察体验生活,细心采撷生活的浪花,记录下一点一滴。这样就把作文教学的课堂搬到社会的大课堂中去了,引导学生投入到社会生活的海洋中,让学生广泛地接触社会、关注生活,及时把握社会、经济、科技的发展,培养对自然和社会的责任感。这样激发了学生的写作兴趣,广泛积累了写作素材,挖掘了社会深层的"宝藏",撷取了生活中的"闪光点"。学生可以根据自己的所见、所闻、所想和所感撰写作文,描写"我"眼中的生活,书写"我"内心的世界。从根本上解决了学生"无米下炊"的难题,最大限度地开发和利用了社会和生活中的课外资源。

在新课程改革的背景下,要改变对作文教学中课外教学资源研究的忽视态度,走出课外教学资源的思维定式,注意充分利用生活中的作文教学资源,通过创设生动活泼自主的学习方式,通过开展丰富多彩的语文实践活动,沟通课堂内外、学校内外的联系,寻找一切有利于作文教学的课外教学资源引入课程,使作文教学由狭变广、由静变动,实现写作空间的开放。

二、利用好课外阅读资源促进作文教学

语文教学的目的,无非是让学生阅读、欣赏、吸收和表达,如果能够让学生在阅读、欣赏、吸收的同时,学会恰当地表达,即让阅读教学与写作教学紧密联系,语文教学将会取得良好的成效。那么如何将课外阅读有效地融入写作的指导之中呢?

1. 利用课外阅读资源进行素材和语言的积累

鲜活的写作素材离不开丰富的积累。"读书破万卷,下笔如有神""熟读唐诗三百首,不会吟诗也会吟",道出了一个深刻的道理:文章源于丰富的语言积累。没有较多的"知识、思想、语言"积累,就不会有倾吐的内容,作文能力的形成和发展也无从谈起。只有语言积累到一定的程度才可能文思如涌,笔下生花。否则纵有万般思绪,笔下也难有片言只语。因此,习作教学应注意指导学生对写作素材的丰富积累。而通过加强课外阅读,就可以丰富这种积累。例如,指导学生阅读著名作家的名篇佳作,篇篇文质精美,内涵丰富,能给人以启迪,能充分让学生感受到祖国语言文字的魅力,是学生习作的典范。读完这些文章,教师可让学生摘抄优美句段,熟读成诵,融会贯通。长期坚持,日积月累,将美文的语言文字变成自己的储备和财富,一旦用时会自然涌上笔端,大大提高了学生写作素材的储备。其次,平时鼓励学生多看一些课外书刊、报纸、电视,上网关心时事,关注热点。既开阔视野,又能丰富写作材料,为提高写作水平做好坚实的铺垫。

另外,习作的语言也是在阅读中积累的,学生阅读面越广、读得越细,在记忆中就会形成一个语言材料库,在写作的时候随时可以调出来。这样,写作才能更得心应手。习作语言的积累应该是长年累月的,而不是一时半会的,因此,教师要长期辅导学生进行课外阅读。俗话说:"不积跬步,无以至千里。"这样,经过长期的积累和内化,学生写作的语言资料库就会不断丰富完善,写作时遇到的障碍就会大大减少,作文就能生动起来。

2. 利用课外阅读资源让学生学会仿写

叶圣陶先生曾说过:"语文教材无非是例子,凭这个例子要使学生能够举一反三,练习阅读与作文的熟练技能。"①小学生作文大多是模仿作文,即依据教材中课文或者课外阅读文章的某种写法进行摹写。这种方法可以让学生模仿范文的表达方式,提高学生遣词造句、布局谋篇,以至叙事、描写等作文基本功,为创造性地独立作文打好基础。例如,学生读多了《同步作文选》《作文大全》《作文大王》等书刊上的文章,就可以模仿这些文章进行仿写,学习别人写作的表达方式,学习别人的写作技巧,并结合自身的实际,进行写作。

仿写是引导学生领悟作文方法的有效途径,学生如果能善于模仿范文写作,就能从中学到有用的东西,从而逐步提高自己的写作能力。但是教师在引导学生仿写时,要注意同"抄袭"区别开来,让学生借用人家的方法和技巧,不能让学生对原文改头换面地照搬。

3. 利用课外阅读资源提升学生的思辨能力

课外阅读能提升写作所必需的思辨能力。思辨能力就是反思能力,就是用自己的眼光看事物,不断追问人生的精神意义,丰富理性,思考人生、社会、历史、自然、存在、生命等命题的意识。学生如果能在阅读文章、观察社会中明辨是非优劣,形成自己独特的观点和看法,便具备了思辨能力;学生如果能在习焉不察的生活素材中挖掘出意蕴,从貌似平凡的社会现象中提炼出启示,那他就具备了写作应有的思辨能力。

当然培养写作所必需的思辨能力可以通过许多途径,但阅读无疑是一条很重要的途径。因为阅读不是一种机械的认读,而是一种对书面信息所包含内容产生共鸣的复杂的情感活动过程。阅读过程是智力因素与非智力因素参与的过程,阅读过程伴随动机、兴趣、情感、意志等活动。通过阅读对世界、对人生的认识空间不断扩大,不断矫正自身对世界含糊不清的认识,改变自己的世界观和情感世界。可见阅读活动的本质内涵就是理解、解释和意义的获取,是一个真实的思维过程。

4. 课外阅读能为学生的习作提供范本

宋代朱熹告诉我们:"大抵观书,先须熟读,使其言皆若出于吾之口;继以精

---

① 叶圣陶. 叶圣陶文集:第三卷[M]. 北京:人民教育出版社,1994.

思,使其言皆若出于吾之心,然后可以得尔。"①阅读可以说是对美文意蕴及技巧信息的接受,通过吸收优秀的语言,并不断地将其提炼内化为自己的语言,从而培养语言文字表达方面的基本功,掌握包括字、词、句、段、篇、章以及修辞、逻辑等语言文字使用的基本规律,而写作则是在此基础上力求写出类似的美文,并通过创新,实现将阅读获取的信息转换为知识、能力,实现真正的写作。历史上的很多名篇佳作都能作为学生习作的范本,让学生从中学习这些作品的写作手法、谋篇布局、叙述方式、思想内涵,等等。学生通过多读,在头脑中记录了大量的"范本",当他们写作的时候,就能参照这些"范本",写出好文章来。

三、积极发挥学生资源的作用

从学生自身的角度来讲,学生的经验、情趣和学生之间的差异都是有效的课外教学资源。首先,学生的经验是一种教学资源。学生的经验实际上就是学生已有的知识水平、认知结构和社会阅历等,这是我们教学的起点,因为新知识的获取必须以学生已有的经验为基础。其次,学生的兴趣也是一种资源。兴趣是一种动力,要想取得理想的教学效果就必须把教学活动与学生的兴趣结合起来,以达到事半功倍的效果。再次学生的差异也是一种资源。差异普遍存在于学生中间,它会导致两种不同的情况:冲突和共享。学生之间会因差异而形成冲突,但如果引导得好,学生则可以在差异中丰富和拓展自己。学生资源普遍存在于每一个学生的身上,并随着学生的成长而发展。同时学生也构成了教学资源的开发主体,在现代信息技术广泛运用到教学与人们生活各个方面的背景下,学生获取知识与信息的途径已多元化,学生之间的相互交流与学习显得越来越频繁和重要了,学生本身成了特殊的教学资源的开发者。我们拥有如此丰富多元的学生教学资源,如果在作文教学中认真开发与充分利用,必将有效地提高作文教学的水平与容量,极大地提高学生写作的兴趣,培养学生的创造能力和大大丰富与提升学生的精神世界。

但是以往的教育理论将学生定位于课程资源的消费者,忽视了学生的其他角色。在作文教学中长期存在一个弊病:忽视学生的主体地位,漠视心灵,忽视对"人"自身的关怀,无视学生自身的感受。在作文教学中教师常常包办到底,教师教学生学,教师评学生听,教师用心良苦,但学生始终处于被动消极接受的

---

① 朱熹. 朱了家训.

位置,缺乏参与评改的主动性、积极性。作文教学通常采用命题作文的形式,束缚了学生写作的自由性,而且常常随便出一个题目,单调枯燥,几十年不变,不考虑学生的实际和心理,无法激起学生的写作欲望,反而迎合学生的惰性思维。还有教师过分强调思想,强调积极,甚至以命题者自己的主观愿望暗示指令学生去说命题者企图让学生说的话,忽视了学生对生活自身的感受,把学生完全置于被动尴尬的境地,学生也就只好去说违心的假话,搪塞应付一番。所以学生自身对写作的兴趣和需要、表达的欲望被完全压抑了,无视学生资源的存在。

海德格尔说过:"语言是存在的家,在它的住处住着人。思想家和诗人是这个住处的看守,他们通过他们所说的东西而使存在成为言语,并且在言语中保持存在。"①语言因为人而成为家,离开人,家也就成为空巢。如果作文教学不关注人,不关注意识独立、思维敏捷、感受细腻、个性鲜明的"人",那么语言就会颓败荒芜。因此在作文教学中要关注学生资源,积极探索开发和利用学生资源的策略。

1. 培养学生写作的自信心

学生们一提到写作都感到非常头疼,不愿意写。在他们看来,习作是一件苦差事,一种沉重的心理负担。要完成一次习作,简直比登天还难。为什么会出现这样一种现象呢? 原因是多方面的,其中,缺乏习作的自信心,是制约学生作文水平提高的一个重要瓶颈。因此,教师就应该多从培养学生习作的自信心方面去突破,激发学生的写作潜能,努力提高学生的习作水平。

2. 激发学生的写作兴趣

一切学习行为都是由动机引发的,驱使行为的力量分外在驱力与内在驱力。我国传统的写作教学是命题作文,它是建立在学生写作外在驱力基础上的写作方式,就是教师命题,学生不得不写,不会写也得写,不想写也得写。许多学生之所以厌恶作文、害怕作文,一个重要原因是:没有认识到写作是满足生活的需要,是抒发自我情感的需要,没有体味到写作中的乐趣,没有丝毫的写作欲望和兴趣,又怎么能写好文章呢? 在作文教学中必须有学习的主动性做保证。从这个意义上讲,兴趣是思维活动的兴奋剂。因此在写作教学中我们要着眼于学生写作的内驱力,激发学生的写作兴趣。

要激发学生的写作兴趣最方便、易于操作的是作文题目的设计。俗话说:

---

①　海德格尔. 关于人道主义的书信. 1946.

"题好一半文。"教师能否遵循学生身心的发展规律,充分考虑学生的年龄特点,与社会时代发展同步出一个能够激发学生写作兴趣、贴近学生生活实际、让学生有话可说的作文题目。因此教师要重视命题的艺术,要贴近学生的生活和思想,要出在学生的心坎上,要有一点思想和情感的冲击力。有了好的题目就能够引导学生关注现实,激发他们头脑里本来就有的关于现实生活的回忆、认识与感受。其次要注意寻找学习的兴奋点。小学生求知欲极强,因此在作文教学中教师应注意发现学生共同关心的热点、由于学生平时对这些问题关心,在体验上又很接近,其感情也较为丰富真实,抓住这一点就能使学生的心理处于亢奋状态,产生写作冲动。此时学生也会觉得有说的,有写的,并能说透写透,成功率较高。第三是在教学过程中坚持激励原则。这种激励原则不但应体现在课堂教学中,更多的则体现在对学生作文的个别指导上。教师在指导学生的过程中态度要诚恳,要有耐心,晓之以理,动之以情,善于发现学生作文的"闪光点"。教师要抓住"闪光点"及时表扬和肯定,使学生产生一种成就感,获得哪怕是微不足道的成功体验。反之如果教师在指导批改学生作文时发现其中的缺点就全盘否定和粗暴批评,就会严重挫伤学生的自尊心,使学生丧失学习的积极性。

3. 给学生写作的自由

小学生富于幻想,他们的生活五彩斑斓,加上他们的爱好、情趣、性格千差万别,在他们对社会生活有了一定认识和见解后,如果仍然按照教材要求单纯采用命题作文的形式,就有可能束缚学生的创造性。因此我们提倡通过练笔的方式给学生写作的自由,鼓励学生写自己的所感所想所喜所忧,要求他们一旦产生写作冲动,即拿起笔来,不限时间,不限篇幅内容,写自己最想写的东西,让学生在情感世界里自由驰骋。许多学生从写自己的生活、情绪、心态、愿望入手,抒发自己的真实情怀,真正地把"要我写"变成"我要写"。

四、积极开发和利用信息技术教学资源

二十一世纪是信息技术的时代,随着信息技术的发展,不仅改变着人类的生产、生活方式,也改变着人类的思维、学习方式。更为明显的是,信息技术在教育中的应用,促进着教育的改革和发展。因此研究信息技术与课程教学整合的特点和规律,在作文教学中开发和利用信息技术课程资源,具有多方面的重大意义。

语文学科的综合性极强，其本身在教学内容上的多样性、多元性，加之教学方法的灵活性等特点，使语文学科与信息技术的整合具有得天独厚的优势。尤其将现代教育技术手段引入到小学作文教学中，它为小学作文教学活动和学生习作活动提供了优越的支持，改变了作文教学的思维和模式，有效促进了作文教学模式的改革。因此我们要利用现代信息技术所固有的这些鲜明的特点和强项，结合习作的特点来进行教学。

　　1. 利用多媒体技术创设写作情境

　　建构主义教学理论认为：学习者要完成对所学知识的意义建构，必须要有理想的学习环境。而建立这种理想的学习环境，首先要为学生提供生动形象的情境，也就是说要让学生通过情境的体验去感悟、理解所学的知识。人们的语言表达离不开情境，需要有情境的诱因，但是问题在于我们的学生不可能人人亲自仰观自然奇景，不可能亲历工农商学兵各行各业的生产活动，而教师言语所描述的"情境"显然又十分苍白。而多媒体网络技术在作文教学中的有效运用，则可以使我们摆脱上述困境。在多媒体课堂教学中，声音、图像、文字并用，把抽象的文字所塑造的形象、揭示的内涵转换成音文并茂的可欣赏画面，从而展示出来，笼天地于形内，集万物于"屏"端，使学生有身临其境的感觉。如可以将我国人造卫星升天的情景再现在学生面前，让学生不必亲临现场就可感受到那场面的宏大和作为中国人的骄傲；也可以将一朵花的开放过程从头到尾地展现在学生眼前，让学生在这令人惊叹却难以把握的瞬间里体会生命的脉动。采用多媒体技术打破了时空限制，将写作的内容形象、生动、具体、真实地展现在学生的面前，学生一方面可以在教师的引导下对事物进行有序的观察，培养和发展观察能力，另一方面可以在这真切的情境中边说边写，再也不会说："没有东西可写了。"从而丰富学生的写作内容，使写作活动充满情趣和乐趣。

　　2. 展示资料，提供作文的源头活水

　　现代化信息技术是丰富生活储备的捷径，而充分的生活储备是文章写作的必要条件。作文教学可以借助各种媒介提供的丰富多彩、图文并茂、形声兼备的写作资源，把课本的知识向课外延伸，拓宽语文教学空间。网络是社会生活的缩影，它包罗万象，蕴涵无穷，成为学生观察社会生活的窗口，同时为学生高效率和大容量阅读提供了保障，学生通过阅读，学会有目的地搜索、筛选信息。学会把有用的作文材料下载下来，学会在写作过程中恰当地融会素材，引用文献，从而使阅读活动更为频繁，读写结合更为紧密。与传统语文教学中以教师或几本教材、参考书为仅有的信息相比,学生有了更大的自由选择空间。

3. 利用网络促进交流,使作文的交际功能更突出

作文教学是言语交际的最基本的表达训练,突出作文的交际功能有利于激发学生的写作欲望。可长期以来,小学作文教学忽视语言的交际功能,学生在写作时不明白为什么要写作,写作时想不到看作文的人有什么要求,而仅仅是把写作看成是完成教师任务的枯燥乏味事。这样写作活动也就成了没有动机、没有激情的被动表达训练。这也是长期以来作文教学低效的原因之一,而网络恰恰可以促进交流,教师与教师之间,教师与学生之间,学生与学生之间可以在任何时间、地点就感兴趣的话题展开讨论,发表各自的看法。每位学生在写作的过程中都有充分的机会向教师提出问题,得到教师亲自的指导和讲解,教师可以通过网络对学生完成家庭作业和课外活动等进行指导,从感情上进一步沟通教师与学生的联系。学生可以直接通过电脑进行写作并可以即刻把习作发给老师、同伴或其他对象,并能得到即时的反馈。学生还可以通过网络组成协助小组,开展合作写作。总之网络技术可更突出学生写作活动的交际功能,交流更适时、频繁,学生的写作兴趣更深,作文训练的效率更高。

4. 利用信息技术,进行多元化的作文评改

传统的作文批改方式,教师的负担很重,效率不高,效果也不好。利用现代信息技术,就可以使教师评改作文变得快捷而直观。在多媒体计算机教室里,教师可以将学生作文中存在的一些共同性问题转化为文字资料,制成 CAI 课件,在课堂上展示出来,让所有的同学参与作文的评改,再对照自己作文中类似的问题进行比较分析,提出修改意见,以克服作文中常见的错误;也可以展示美文佳作,学生通过阅读、练写,逐渐总结出写作中的一些规律。从中可以看出,信息技术条件下的作文评价是多元主体的评价,真正做到教师、学生、学校等的共同评价,学生可以从中获得更多的反馈信息、激励因素,全面客观地评价学生的作文取得的进步。其中学生既是评价的对象,又是评价的主体。在评价中,应充分发挥学生的主体作用,培养他们自我评价的意识和能力。可以借鉴国外教育评价前沿正在探索的"文件夹"式的评价模式,将每个学生在作文学习期间所写的作文、范文、获得的全部评语、各篇作品的点击率统计、写作经验交流用FLASH 和插图点缀成作文情境等整理成个人的"文件夹",反映出某阶段学生作文学习的全面发展状态和取得的进步,以此为学生的成长和进步记录。

现代信息技术的飞速发展和网络技术的广泛应用,突破了各种资源的时空

限制,使得课程资源的广泛交流与共享成为可能,给学校教育带来了新的发展机遇,也使学校教育面临严峻的挑战。学校课程以及课程内容的载体(特别是教材)将越来越不是学生学习的唯一渠道,或者说课程与教材的内涵与外延将发生越来越大的变化。为此教师一方面要充分利用各种网络资源为教育教学工作服务,同时也要积极参与网络资源的建设。另一方面要认识到信息技术是把双刃剑,教学中要避免走误区,不要让机器主宰课堂,甚至唯技术至上,过分依赖网络资源。现代信息技术仅仅是手段而不是目的,语文教育的最终目的是在积累丰富的语文知识、形成语文综合能力的同时,继承和弘扬祖国语言所承载的文化和精神。

以下这篇案例,作者为本课题组成员王丽兰老师:

【案例10—2】

关于小学生写作教学有效性的探索(节选)

从客观生活入手,捕捉写作素材。

1. 教师引导学生观察大自然。

大自然是人生最美的课堂,它以神奇的笔墨为我们创造了多彩美妙的世界,这是取之不尽、用之不竭的习作源泉。不说各地壮美秀丽的自然景观,单就是春、夏、秋、冬、刮风、下雪、下雨、炎热气候就有写不完的内容。一次习作课前,春雨绵绵、淅淅沥沥地下了好几天,走进教室,我问大家,下了这么几天的春雨,你们有什么感触? 开始只有个别同学发言,我又接着问:"你们喜欢春雨吗?为什么?"大家都说喜欢,因为春雨让植物生长,使城市干净、空气清新。"那么,花、草、树木、青蛙、燕子喜欢春雨吗? 它们又是如何喜欢的呢?"学生的思路打开了,大家说:"小草探出头来淋雨,青蛙为春雨的到来呱呱唱歌。"今天,请大家以"春雨"为题,把你们对春雨的喜爱,通过对动植物的描写表达出来。学生兴趣盎然,抓起笔把心中的爱倾吐出来了,连作文基础最差的学生也有话可说了。

2. 生活是写作的源泉,要引导学生观察记录生活中的事物。

激发学生对生活的热爱是长期、复杂的工作。作为教师,要善于引导和指导。学生产生对生活的热爱,要靠一定的兴趣和体验。当一个事物或现象出现时,要引导学生留意观察,并指导他们与已有的生活经验联系起来,找出感受最深的地方,体验一下。例如看到一辆巡警车,如果只满足让学生写巡警车的大小、繁忙、颜色,那只是对巡警车的"复印";如果引导学生观察巡警车为人民服务,排忧解难,具体在风中、雨中的工作,对巡警车有热爱之怀,他们笔下的巡警车就会被赋予某种品质,写得活灵活现。作文离开生活就会变成无源之水,无木之本。要引导学生关心生活,观察生活,爱生活,投入生活,就会有取之不尽、用之不竭的源泉。

3. 引导学生观察采访生活中熟悉的人物。

儿童生活在人群中,与人朝夕相处,可你让他写成文章,却抓不住特点。"我"的父亲同"他"的父亲没有多大区别,都是浓眉大眼、工作勤奋、关心我学习的父亲。如何抓住特点写出特色来呢? 动笔之前,我让学生先对所写的人(父亲或母亲,或老师,或同学)进行调查了解,先当"记者"采访方方面面的人。例如:写《我的父亲》,可采访爷爷、奶奶,了解父亲小时候的情况;采访母亲,了解父亲的为人及工作情况等等,写出采访记录,再加以整理,就会写出一个活生生的、有特点、有个性、有血有肉的父亲了。

第十一章

利用课外教学资源优化语文综合性学习

综合性学习是在综合性人才培养的时代要求下,顺应语文课程改革与发展趋势而提出的一种语文学习方式。在语文综合性学习的实施过程中,教师可以开发和利用学校、社区、家庭、自然等课外教学资源,指导学生自主选择和确定活动主题,进行资料的搜集、整理和研究,形成和展示丰富多样的学习成果,在具有开放性、自主性、实践性、合作性的实践活动中促进学生语文素养的发展和提高。

第一节　为什么要在语文综合性学习中利用课外资源

一、语文综合性学习的内涵

"语文综合性学习"这一概念第一次明确出现,是在 2001 年颁布的《语文课程标准》中"课程的基本理念"部分:"语文综合性学习有利于学生在感兴趣的自主活动中全面提高语文素养,是培养学生主动探究、团结合作、勇于创新精神的重要途径,应该积极提倡。"接下来,在阶段目标中,课程标准又把综合性学习和识字与写字、阅读、写作、口语交际并列在一起,作为语文课程的重要内容,明确表述了在各个学段的教学中综合性学习的目标要求,并预测了综合性学习在某种情形下应该出现的结果。这种立足于教育价值基础上提出的概念,要想理解其内涵,我们就必须了解当初提出小学语文综合性学习时人们赋予了它怎样的意义和价值。

作为一种课程形态,专家们对小学语文综合性学习的意义和价值的理解很丰富,现举出其中具有代表性的一种。①

1. 综合性学习是综合性课程

综合性学习沟通了听说读写,沟通了语文课程与其他课程,沟通了课内外,沟通了校内外,沟通了书本学习与实践,是一种综合化了的课程。它引导学生综合运用语文知识去分析问题、解决问题,有利于促进学生语文素养的整体提高,有利于学生知识能力与情感态度价值观的协调发展。

2. 综合性学习是生活化的课程

综合性学习开放了语文课程,使语文课程从封闭的课堂中走出来,走向了生活和家庭,走向了自然和社会,拓展了语文学习的空间。它与传统教学不同,每次学习的目标、过程、结果都是开放的。

3. 综合性学习是经验性的课程

与阅读、写作等传统意义上的学术课程不同,综合性学习是一种经验性课程。根据建构主义的观点,人的经验也是一种很重要的知识。综合性学习大多以"问题——解决"和"活动——探究"为载体。这样的学习活动,更注重学生的参与和体验,有利于学生丰富自己的阅历,整合知识,运用知识,生成新的知识,获得组织、协调、合作等能力以及情意态度的发展。

4. 综合性学习是个性化的课程

综合性学习不再是标准化、模式化的学习,它是一种充满个性化创造性的学习,特别容易激发学生的好奇心、求知欲和进取精神。每个学生都有可能根据自己的兴趣爱好去选题、探究、活动、创造与表现。

可以看出,综合性学习是语文课程的一个重要组成部分,是为了改变语文教学相对封闭的状态,为了改变课本是唯一的课程资源的状况,更是为了克服偏重接受性学习的弊端,旨在倡导自主、合作、探究的学习方式,培养学生的创新能力和实践能力,在语文课程改革上采取的一个重要举措。"体现了在分科视野下对课程综合化的追求,成为语文课程创新的一大特色和改革的亮点。"②因此,我们对综合性学习的理解不能只是停留在课程内容的层面,更要把它当作语文学习的一种方式。

---

① 陆志平. 语文课程新探:新课程理念与语文课程改革[M]. 长春:东北师范大学出版社,2002:95—96.

② 倪文锦. 小学语文新课程教学法[M]. 北京:高等教育出版社,2003:190.

这样,我们可以对综合性学习的内涵作如下的理解:小学语文综合性学习是在教师的指导下,立足于小学生的生活和经验,以实践活动为主要形式,有意识地综合开发和利用学生生活、社会生活以及其他学科等课程资源,运用合作、探究等学习方式,在感兴趣的自主活动中发展提高学生语文素养的一种语文学习方式。①

二、为什么要在语文综合性学习中利用课外教学资源

语文综合性学习与传统语文学习不同,它不再刻意追求语文知识的系统和完整,而是在学生的自主活动中全面提高语文素养。作为一种语文学习方式,小学语文综合性学习具有自身的特点,对课程实施也提出了相应的要求。正是由于综合性自身的特点决定了综合性学习离不开课外教学资源,它和课外教学资源是紧密相连的,离开了课外教学资源,综合性学习也就不存在了。

1. 综合性学习的开放性决定了必须利用课外教学资源

(1)语文综合性学习向其他学科的开放

综合性学习的开放性表现为语文与其他学科之间的开放。语文课程本身具有很强的综合性,其内容涉及天文、历史、地理、艺术、物理、化学、生物等方面的知识。我们要善于从语文课程与这些学科的结合点中建立语文与这些学科的内在联系,从其他学科中汲取语文学习的营养。我们不能因为有了其他学科的出现,就简单地认为是语文本体的丧失。语文是学好其他学科的基础,而学好其他学科同样也可以成为学好语文的基础。综合性学习要打破学科本位的思想,也要树立应有的"语文意识",主动积极地引导学生在活动中有意识地运用语文知识和能力,发现问题,解决问题,巧妙利用学科整合,促进学生对于语言的理解和把握,提供运用语文的丰富机会,拓展语文运用的领域,切实体现和发挥语文的实践功能,为学生语文素养的发展、提高打下坚实的基础。比如,人教版小学语文教材第六册安排了两次综合性学习活动,一次是调查周围环境,一次是回忆、了解父母的关心爱护。这两个主题具有很强的融合性,美术课、音乐课、环境教育课、品德与生活课、科学课甚至数学课的内容都有涉及,为了防止学科教学的无谓重复,减少教学浪费,同时也是为了促进各学科教学形成合力,我们应加强各学科之间的沟通与合作。

---

① 杨九俊,姚烺强. 小学语文新课程教学概论[M]. 南京大学出版社,2005:230.

（2）语文综合性学习向现代信息技术开放

随着信息技术的不断发展和广泛应用，多媒体计算机在语文教育中扮演着重要的角色，语文教育时空得到大大拓展。教师可以利用多媒体计算机将语言符号转化为形象生动、声色兼备、动静结合的教学内容，调动学生的多种感官，协同作用，突破重点难点，增强学习兴趣，提高学习效果。不仅如此，学生也可以通过多媒体计算机对自己的语文学习成果进行编辑设计，制作成图、文、声并茂的电子文本，有利于激发学生的语文学习兴趣，提高实践应用语文的能力。特别是互联网技术的发展，必将逐渐打破语文课堂教学的传统格局，世界各地的语文教育资源都将得到开发和利用，为开展语文学习实践提供丰富的机会。

（3）语文综合性学习向社会生活开放

生活中蕴藏着丰富的自然、社会、人文等课外教学资源，语文学习和实践运用的机会无处不在、无时不有。家庭、学校、社区是语文学习的摇篮，独特的自然环境、文物古迹、风俗民情、节日文化等等，是开展语文实践的物质和文化基础。我们应该植根于社会生活，开发和利用丰富多彩的社会生活资源，超越传统语文教学限于课堂的狭小空间，把视线投向广阔的社会生活，极大地拓展语文学习和实践的领域，构建开放而富有创新活力的语文课程。

2. 自主性：让师生成为课程开发和实施的主体

相对传统的课堂教学，语文综合性学习有较大的自主创造空间，时刻要求教师和学生置身于课程中，把自己作为课程开发和实施的主体。前面我们已经阐述了教师和学生本身就是一种教学资源，因此，综合性学习的自主性决定了其离不开利用教师和学生资源。

（1）教师资源的利用

在语文综合性学习中，教师不仅是课程的实施者，更是课程的创造者和开发者。教师要时刻运用自己独到的专业眼光去理解和体验课程，超越教材的安排和要求，将自己独特的人生融入渗透到课程实施的过程中，创造出鲜活的课程经验，不断地探索和创造有效的实施策略。教师自主性的发挥，特别表现在综合性学习实施过程时刻把学生放在自己意识和行为的中心，从学生的需要和实际出发，根据学生主体的发展要求，选择、处理课程的内容和实施。教师自主性的发挥，意味着对教师专业权利的尊重，只有自主性的教师，才能真正发挥出对学生语文素养发展的专业引领，促进学生学习自主性的形成。

（2）学生资源的利用

在综合性学习中，学生的自主性一方面是指综合性学习活动的开展要以学生的现实生活和可能生活为依据，让学生在力所能及的活动中发挥和发展自己的语文学习潜能；另一方面指学生在综合性学习活动过程中的自主能动性。

首先，学生要自主进行活动主题的选择以及活动的设计和组织。语文综合性学习注重建立和形成旨在充分调动和发挥学生主体性的学习方式，在教师的指导下，学生通过自主的尝试、体验和实践，主动发现问题、解决问题，获取知识，发展能力。语文综合性学习不完全是教师的"预设"，学生也不能通过对教师"预设"的复制，完成自己的成长。在活动中，教师要发挥课程主体的自主性，及时了解学生的兴趣和关注的事物，培养学生的语文学习意识，引导和激励学生自主性的发挥，自觉地将这些资源转化为综合性学习活动，以自己独特的视角和判断选择学习主题，自由组合学习小组，自主设计、组织和开展活动，共同商定评价指标并进行评价。

其次，学生自主选择学习方式。综合性学习为学生进行个性化学习提供了广阔的空间，学生应该有权自主选择适合自身或能体现自身优势的学习方式，如说、写、画、唱、表演、摄影等等。在肯定学生长处的基础上，教师逐步引导运用多种方法，从不同的角度进行多样化的探究，丰富学生的语文学习方法、以体现学习的自主性和创造性。这种多元化的自主学习，为学生之间的相互理解和合作提供了必要和可能，增添了学习组织的活力，有利于实现学生的个性发展与和谐发展的统一。

3. 实践性：让活动型资源促进综合性学习的开展

语文综合性学习主要体现为一种探究性的语文活动，强调学生亲身的实践活动，在实践活动中积累语文知识，发展语文能力，促进多种多样的语文学习方式方法的运用，促进情感、态度和价值观的变化，从而不断认识自我，发现自身价值，形成整体的语文学习经验，产生对事物的独特感受和体验，发展提高自身的语文素养。语文综合性学习追求的是过程而不是结果，只有在实践活动的过程中，语文综合性学习的价值才能得到根本的体现。不重视实践，就等于抛弃了综合性学习中最具生命力的一部分。

而活动型资源本身就是学生实践的重要内容，如调查、采访、观察、查找资料等活动就是学生的一种实践活动，而这种活动本身又是一种活动型的资源。可见，综合性学习的实践性使之与活动型资源密不可分，而恰恰是活动型的资源促进了综合性学习的有效开展。

4. 合作性：实现教师、学生、家长、社区资源的有效沟通和融合

语文综合性学习是一种跨领域的学习，需要与其他学科结合起来进行。因此，无论是教师还是学生，有时凭借个人的力量去完成学习任务是远远不够的，它需要进行合作，形成学校、家庭、社区整体教育的合力，为语文综合性学习提供充分的人力、物力和文化保证，让学生与不同类型的人进行广泛交流，体验自我与他人的价值，体验共生的意义，实现与教师、学生、家长、社区人员的共同成长。

以下这篇案例是本课题组主持人范锦飘老师撰写的：

【案例11—1】

畅游谐音乐园

——小学五年级语文综合性学习设计

【设计背景】

在语文的世界里，谐音的现象十分普遍。我们常常在生活中遇到谐音的例子，例如谐音歇后语、谐音对联、谐音笑话、谐音广告语等等。这种有趣的现象极大地吸引了学生学习语文的兴趣，因而"以人为本""投其所好"，组织他们去探究、学习，自然成为学生所需和综合性学习的大好契机。

【设计理念】

《语文课程标准》指出："综合性学习应强调合作精神，注意培养学生策划、组织、协调和实施的能力。""综合性学习应突出自主性，重视学生主动积极地参与，主要由学生自行设计和组织活动，特别注重探索和研究的过程。"因此，在教学中，我们应积极挖掘身边的学习资源，帮助学生从生活中选择感兴趣的内容，让学生在对生活的感受和体验过程中，加强语文学科与社会生活之间的联系，从而提高学生的语文综合素养。

【设计意图】

通过这项综合性学习活动，让学生了解我国灿烂的传统文化，了解汉字的特点，培养学生热爱祖国语言文字、热爱传统文化的情感，养成良好的学习语文的习惯；培养学生的学习兴趣，加深对汉语言文字的了解，初步掌握汉字研究的方法；培养学生搜集和利用信息的能力、团队意识和交往的能力、创新精神和实

践能力等。

【活动计划】

一、师生交流,探讨活动主题。

二、确定任务,自由分组。

三、制订行动方案。

四、分头行动,展开学习探究活动。

五、交流成果,形成结论。

六、评价总结,拓展延伸。

【活动过程】

一、师生交流,确定主题

在汉语的世界里,你对什么现象最感兴趣? 你知道谐音的现象吗? 对它了解有多少?

1. 分组交流。讨论对谐音现象的认识情况。

2. 提出问题。你还想知道有哪些语言现象具有谐音的特点呢?

(师生互动,共同确定活动的主题,提出学生感兴趣的问题,使活动更有针对性,更容易激发学生学习的积极性。)

二、确定任务,自由分组

1. 合并归类。引导学生对提出的谐音现象进行合并归类。大致有以下几个方面:(1)谐音歇后语;(2)谐音对联;(3)谐音诗歌;(4)谐音笑话;(5)谐音广告语。

(共同讨论学习的内容,有效地提高了学生学习的主动性)

2. 自由选择。学生自主选择最感兴趣的组合伙伴,加入不同的小组,即:(1)歇后语组;(2)对联组;(3)诗歌组;(4)笑话组;(5)广告语组。

(自由选择感兴趣的小组,能使学生更主动地参与活动,更好地发挥合作意识,提高活动的效果。)

3. 制订计划,各组分头商量行动方案。应包括这样几点:(1)解决本组问题所需运用的方法。如调查访问、翻阅资料、上网查询等。(2)综合性学习的时间进度安排和步骤。(3)小组成员的具体分工。(4)综合性学习的相关准备。如调查范围、采访对象、调查表等。

(综合性学习应该从小培养学生按计划行事和分工合作的良好习惯,学生之间既分工合作又独立自主地开展学习活动。)

4. 教师帮助。教师适当提出要求和建议。一般有如下几项：(1)活动目的方面的要求。(2)安全纪律方面的要求。(3)提供部分网站地址、书报名录。

（教师在综合性学习中的主导作用不容忽视。）

三、分头行动，展开学习

1. 利用一切可资利用的资源搜集信息。谐音的现象十分常见，无论是在书本上还是在生活中都存在着谐音现象。教师可指导学生根据所选的研究项目进行信息的搜集，例如利用图书馆、上网、电视等途径搜集信息。

（综合性学习的重要目的之一就是要教会学生具备搜集信息的能力，因此，我们应指导学生利用一切可利用的资源进行信息的搜集。）

2. 分析处理信息。在汇总时，教师可引导学生分类整理出适合学生口味的、易于记忆的资料。如有趣的笑话、通俗易懂的对联、歇后语等。

（单单学会搜集信息是不够的，学生还必须学会处理信息，这两种能力缺一不可。）

3. 筛选要点，形成报告。报告的内容和形式可以丰富多彩，可是歇后语、对联大串联，可以是笑话比赛，或者是诗歌背诵，或者写出小研究报告等。

（让学生针对自己感兴趣的问题，把自己小组所了解的知识用自己最喜欢的方式呈现出来，既尊重了学生的意愿，又能使他们的个性魅力得到充分展示。）

4. 请教老师，接受指点。教师可以根据学生的研究活动给予适当的点评和辅导。

（培养实事求是、崇尚真知的科学态度，也应当是本次综合性学习的重要目标之一。）

四、交流成果，形成结论

1. 根据本组报告，练习交流介绍。自我准备，训练口头表达的条理性、生动性、感染力等。

2. 小组成员合作，提出改进意见。特别要注意是否有自己的观点和想法，而不是一味重复所搜集到的信息和材料。

3. 推荐骨干汇报，互为补充修正。同组和其他组的同学在倾听汇报的过程中，教师要引导他们发挥主体意识，积极参与，加强交流与合作。各组汇报代表也要学会客观分析和辩证地思考问题，还要善于申辩。

（个人训练、小组交流、全班汇报，既能进一步扩大学生视野，又可提高其合作学习的能力。）

4. 综合归纳提炼,形成阶段性结论。可以通过开研讨会、出墙报、手抄报等方式加以表达和呈现。

(阶段性结论展示活动能够继续为学生搭建实践的舞台,提升他们的成就感。)

五、评价总结,拓展延伸

1. 学生畅谈活动感受。自由交流在综合性学习活动中的酸甜苦辣,与同学分享,也可以鼓励学生写成活动后感想。

(学生交流获得的独特情感体验,回顾活动,总结经验,吸取教训,还可为以后开展活动进行经验积累。)

2. 教师进行全面总结。

(教师的总结能对学生进行方向性的指导,帮助学生总结得失,为下一次综合性学习活动打好基础。)

【成果展示教学案例】

一、导入新课

1. 同学们,你们知道这几个数字的读法吗?

(出示数字 3. 1415926,指名学生读出谐音:山顶一寺一壶酒爱路)

2. 讲笑话。同学们,老师给大家讲一个笑话:有一个人给爱车选了个自认为很好的车牌号码是 00544(咚咚吾试试),他整天心情舒畅地开着车子满大街跑。但是有一天,他的车却被撞了,他生气地从车上下来,想找撞他的人算账。结果看见对方的车牌号码 44944(试试就试试),他马上像泄了气的皮球,哑口无言了。

(综合性学习要吸引学生去研究,必须先从学生感兴趣的内容入手,因此,教学的导入要做到新颖、有趣。)

二、阅读五年级上册课本第五单元中的歇后语部分

1. 指名说,课本为我们写了什么内容。

2. 小组内讨论:这些歇后语有什么特点。

(综合性学习可以结合课文中相关的内容开展探究性学习活动。)

三、齐读歇后语并背诵

1. 分男女读,男生读前半部分,女生读后半部分。

2. 反过来读。

(通过读课文加深印象,使学生通过读去理解感悟。)

四、写出歇后语中的谐音字

如：青—清 书—输 鸣—名

1. 指名回答，其他同学对答案，全对的同学请举手。

2. 指名读歇后语。

（让学生加深对谐音字的认识。）

五、谐音作家乐园

1. 根据句子意思用歇后语来形容。

如：（1）最近我打牌老是输给老强。（2）她成了全国模特大赛的冠军，她的名字无人不识。（3）我说错话既得罪了小芳又得罪了小强，在他们面前不知怎么做人才好。

2. 用你收集到的谐音歇后语说一句话。

（除了教会学生搜集资料，还要让学生会运用知识，培养学生的语文综合素养。）

六、谐音广告语、谐音对联、谐音诗歌

1. 学生展示搜集到的资料。

2. 在生活中学会运用这些知识。

第二节 课外资源在语文综合性学习中的利用

语文综合性学习资源广泛存在于社会生活之中，涉及自然、社会、文化等领域，但社会生活本身并不天然就是语文综合性学习的资源，而需要有意识地加以开发和利用，才能为语文综合性学习服务，发挥其教育功能。

一、校内资源在综合性学习中的利用

校内资源是存在于学校范围内的所有资源，包括校内的物质资源和人力资源。

（一）校内物质资源在综合性学习中的利用

校内物质资源非常广泛，包括校内各种馆室设施，都可以开发成为语文综合性学习的资源。为了更好地利用这些资源为语文综合性学习服务，可以从以下几个方面着手。

1. 列出校内现有资源的清单

对校内的物质资源进行调查统计,开列清单,在确定活动主题后,可以立刻知道校内有哪些物质资源可以利用。例如,我校的物质资源包括:图书馆、生物园、小树林、网络中心、多媒体电教室、校史展览室、风雨活动场、儿童游乐园、电子阅览室、科学探究室、文化长廊等。

2. 充分利用校园物质资源,发掘活动主题

学校的物质资源虽然有限,但如果加以充分利用,仍然可以在其中发掘出适合的活动主题。例如我校校园文化长廊,就可以从中开发出不少的综合性学习主题。由于我校文化长廊的展品有不少是古代的文学作品,因此,可以引导学生去探究古典诗词,或者引导他们研究书法、诗词、对联等传统文化。又如校园内的生物园,也可以开发出不少语文综合性学习的主题。可以引导学生观察大自然的变化,到生物园中去找春夏秋冬四季;可以进行花木的管理,记管理日记,写下自己的心得体会;可以让学生查找资料,认识植物的名称和习性,给花木配上标志牌;也可以让学生查找有关植物的诗歌、文章,举行一个“植物与文学”的主题展览会。

3. 充分利用校内物质资源,搜集资料

校园内有电脑网络、有图书馆,这些都为学生开展综合性学习时搜集资料提供了方便。例如,要开展关于《古诗中的秋天》这样一次综合性学习活动,那么,学生就可以充分利用图书馆的资源,查找《唐诗三百首》、《宋词三百首》等;也可以借助网络资源,上网搜索有关的资料,并进行整理。

4. 充分利用校内物质资源,展示综合性学习的成果

综合性学习研究出一些成果后,不能放在一边让它默默无闻,我们应该充分发挥它的功用,展示给其他学生看。对其他学生来说,这本身又是一种学习的资源。学生综合性学习的成果包括图画、手抄报、习作、笔记、活动感受、研究报告等等,内容丰富多彩。对于这些成果,我们可以充分利用校园内的宣传栏、黑板报、课室的墙壁、走廊等进行集中展示,供其他同学参观和学习。

(二)校内人力资源在综合性学习中的利用

一个学校就是一个小社会,具有丰富的人力资源。其中的教师、校工、管理人员、学生都是综合性学习的重要资源。

1. 要列出校内现有的人力资源清单。调查了解校内人力资源的专业、特长爱好、成长经历等等,并不断充实,以备开展活动。

2.　充分开发人力资源的潜能,互助合作。学校的教职工,每个人都拥有自己的专业岗位、爱好特长和丰富的人生阅历,这些都是潜在的语文综合性学习资源。

一方面,我们要引导学生,在与教职工和其他人员的交流中发现探究的问题;另一方面,要进行适当的培训,增强教职工的资源意识,适应学校课程改革的潮流,挖掘出自身的潜能,发挥各自的特色,互助合作,扬长补短,承担起相应的活动任务,为学生语文素养的发展和提高,营造良好的人际环境。

3.　要积极发挥教师资源的指导作用。

教师这种资源是非常独特和重要的,在小学语文综合性学习活动过程中,除了一般的语文学习活动外,教师还需要有针对性地对资料的搜集、整理与研究、成果的形式和展示活动进行相应的指导。

(1)资料的搜集指导。

在研究性较强的综合性学习中,资料的搜集是主要活动。无论是主题选择,还是活动实施和成果展示,都需要尽可能通过各种渠道搜集相应的资料,为我所用。小学生由于接触生活的范围较窄,处理事务的能力有限,在资料搜集过程中可能会遇到种种困难,帮助解决这些困难是教师的责任。

第一,指点信息源。一般情况下,教师、家长、图书馆、阅览室、书店、电视、网络等都是直接的信息来源。这些信息源所提供的信息量大,方便快捷,但仅靠这些,有时难以得到实用的、鲜活的第一手资料,还需要开辟信息渠道,与学生一起分析信息可能存在的处所,特别是与研究主题相关的人、单位、场馆等取得联系,多方咨询。必要时,教师还要带领学生,进行实地考察和社会调查,自己寻找、发现、获取资料。

第二,资料搜集的方法指导。要想学生获得搜集资料的能力,教师就必须指导他们掌握一定的方法,使学生终身受用。教师可根据不同信息源进行相应的指导。例如,指导学生上网搜寻资料,指导学生到图书馆查阅资料,指导学生开展问卷调查活动等。

(2)资料整理与研究的指导。

那么,教师应该怎样指导学生进行资料的整理和研究呢? 可以从以下几个方面着手:指导学生进行资料的登记、对资料进行遴选、对资料进行归类整理、结合研究主题进行分析研究等。这些活动,如果没有教师的指导,学生是很难开展的。

（3）活动成果的形成与展示指导。

虽然综合性学习重过程，但并不意味着可以忽视成果的形成与展示，让学生放任自流。因此，需要老师对学生在成果形成与展示阶段可能存在和出现的问题予以足够的关注，进行适当的建议、点拨、参与，给成果的形成和展示提供最有力的支持。

第一，研究结论的形成。教师要深入学习小组，对整理的资料进行进一步的分析，对学生提出的观点，充分肯定正确的一面，并引导改进不足，帮助形成一致的意见。对学生当中存在的不同见解，应引导学生互相尊重，以丰富自己对事物和社会的认识。

第二，成果的展示形式。综合性学习成果的展示形式丰富多样，可以有文字表达类、口语表达类、表演类、图片类、演示类等等，学生对这些形式的特点和具体方式可能缺乏应有的认识，需要教师结合具体主题以及所获取的资料帮助确定，尽可能采用多种形式，多角度、多层次地展示学习成果。

确定展示方式以后，老师还要加强活动的演练和方法指导，如辩论会的组织、辩论技巧的指导及演讲稿的写作、表达技巧等等，让学生在活动中进一步锻炼提高自己的语文能力。另外，老师还应做好成果展示的宣传工作，争取获得学校、社会的理解、接受和支持，使学习成果产生广泛的社会影响，进一步激发学生的语文学习热情。

4. 要积极发挥学生资源的作用

综合性学习归功到底还是学生自主的活动，教师只是活动的组织者和指导者，活动本身还是要由学生自身来完成，因此，我们要积极发挥学生资源的作用，让综合性学习更贴近学生的生活，符合学生的实际，锻炼学生的能力。

（1）充分发挥综合性学习小组组长的作用

每个综合性学习小组都应该安排一个成绩优秀、组织能力强的组长，作为这个小组的灵魂人物。这个小组长在开展综合性学习活动的时候作为一个组织者，也是其他学生学习的榜样。因此，教师可以把每一个阶段的活动交由小组长负责，做好组织、记录、调查等工作，使活动能真正落到实处。

（2）利用学生的好奇心确定活动的主题

学生的好奇心往往是教师可以抓住的另一个重要的教学资源。小孩的好奇心是与生俱来的，从他来到这个世界的那天起，就在不断地观察和思考着身边的一切，并且随着年龄的增长，很多的为什么便从他的小脑袋里蹦出来，令很多家长和教师都无法回答。恰恰是这样的问题为教师寻找教学资源提供了新的途径。对于这些问题，教师不一定能够回答，这个时候，我们可以把这些问题纳入到综合性学习活动中，以主题探究的方式，引导学生进一步探究和思考。

二、校外教学资源在综合性学习中的利用

校外的社会生活丰富多彩，是一个巨大的语文综合性学习资源库。一般可以分为三类：社区资源、家庭资源和自然资源。

1. 社区资源的利用

社区资源可以分为物质、人力、文化资源三大类。物质资源包括社区居民小区、体育场、少年宫、图书馆、博物馆、文化古迹、商场、公园、工厂、机关、医院、农业生产基地等等；人力资源包括社区公务人员、企业界人士、专家学者、离退休人员、社会服务人员等等；文化资源包括当地的民间习俗、节日庆典等文化活动。

（1）积极利用社区的"人力资源"。这里主要包括的是对某一历史事件或者某个特定历史发展时期有亲身体会或者感受的关键人士。例如，根据大岭山镇的实际，为了研究莞香的有关知识，我们可以组织学生采访鸡翅岭村专门种植莞香的汤洪焕老人，让他讲述莞香的历史和药用价值、经济价值，使学生能更有效地开展综合性学习活动。

（2）积极利用社区的"活动资源"。这里主要指具有历史教育意义的一个事件、活动，或者学生参加的一次社会实践活动。我们可以积极利用社区中组织的一些活动，例如文艺演出、舞龙舞狮、大扫除、环保宣传等，让学生展示综合性学习。

（3）积极利用社区的"地点资源"。这里指的是可以供语文教学使用的地点或场所，包括自然地理环境和人为物质环境等。例如，在开展《走近东纵》的综合性学习中，为了让学生更多地了解东江纵队的故事，我们带着学生来到了大岭山镇大岭村的广东东江纵队纪念馆参观，听讲解员讲解，对东江纵队的故事有了真实的了解。东江纵队纪念馆成了我们开展综合性学习的"地点资源"。

（4）积极利用社区的"实物资源"。这里指的是社区里那些可以使用的工具或物品，例如社区图书馆、各类建筑、花草树木、交通工具、文字音像制品、传统工艺等。例如，我们可以以调查家乡的特色为主题开展综合性学习，让学生回去调查家乡的传统手工艺品、传统小吃、古建筑等。

（5）积极利用社区的"文化资源"。我国地大物博,各地的风俗习惯千差万别、文化各异,因此,我们可以积极利用各地不同的"文化资源"开展综合性学习。例如,我们可以让学生调查家乡的传统文化,包括风俗习惯、节日庆典、对联等。

2. 家庭资源的利用

"家校合作"是世界教育发展的一个重要趋势。目前,已有相当数量的教育工作者,还有家长已经认识到儿童教育过程中家庭与学校配合的重要性。因此,我们可以积极利用家庭资源开展综合性学习活动。在家庭中,家长是非常重要的资源。

（1）吸引家长作为活动的参与者,自愿为活动服务。老师要加强与家长的沟通与联系,以邮件、电话或其他方式,与家长取得联系,及时告知家长有关的活动情况,发挥家长参与教育的热情,吸引家长,让家长成为活动的自愿参与者和支持者。家长可作为老师的辅助人员,就某个方面的活动进行指导;可以结合自身经历给学生作非正式报告;可以利用自己的特殊才能对学生的语文实践活动进行课外辅导。另外,还可以让家长参与活动的决策。家长最了解孩子所处的家庭环境,对孩子的性格、能力等个性特征也有相当的了解,因此,让家长参与活动决策,一方面可以让活动更贴近学生的个人实际,另一方面,可以通过决策增强家长在活动中的责任感,使活动更顺利地进行。

（2）鼓励学生参与家庭活动。鼓励学生积极参加家庭活动,如烹饪、家庭聚会、家庭卫生、旅游、居室的布置等活动,发现语文综合性学习活动的主题,丰富语文实践的机会。

三、信息资源的利用

信息技术的迅猛发展,互联网的不断完善,为学校教育提供了无数可以利用的语文综合性学习信息。加以取舍和开发,就能真正为语文综合性学习服务。

1. 指导学生运用现代信息技术搜集资料

运用信息资源首先必须教会学生使用电脑、学会上网、能够运用现代信息技术查找资料。在现实生活中,信息技术是搜集资料的重要手段,其使用不是单一的,往往是与其他教学资源的利用联系在一起的。因此,除了一些技术学习以外,最关键的是老师要加强指导,提高学生鉴别信息、筛选信息、获取有用信息的能力。

利用信息技术的语文综合性学习,只有与相关的主题活动结合起来时,才能真正发挥其价值。如果漫无目的,就是掌握了网络使用技术,拥有的大量信息也只能是无用信息,不能发挥提高学生语文学习能力的作用。

2. 利用网络的互动功能,推动活动的深入

在语文综合性学习活动中,还可以充分利用网络强大的互动功能,进行语文综合性学习的交流活动,扩大活动的影响。通过网络平台,学生可以不受地域限制进行多向的对话和交流,就某个话题与专家学者、同学、网友进行深入探讨。

并且,学生也可以利用网络技术,及时将自己的语文学习成果转化成"超文本"的形式,在网上发布,享受成功的喜悦。同时,接受读者的批评和建议,进一步提高自己的语言运用能力。

语文综合性学习是一个崭新的课题,任何活动的开展,不可能仅仅依靠某一种课外资源,但我们也不能贪多求全,以为涉及的课外资源领域越多越好。必须在一定的学习活动主题的指引下,根据当地资源的实际情况,正确处理好各种资源之间的关系,合理配置,才能真正促进资源的整合,提高资源利用效率,为学生提供丰富多样的语文综合实践机会。

四、利用课外资源选择和确定综合性学习的主题

综合性学习是以学生为主体的学习,主题的选择和确定要基于学生已经具备的知识和能力的储备。教师要帮助学生了解自己所处的世界,关注周围的社会和生活,了解他人并与他人沟通。在主题选择和确定的过程中,首先应该考虑学生关心什么,对什么感兴趣,充分开发和利用生活中广泛的教学资源,把握机遇,诱导启发,讨论、协商,激发学生的学习兴趣和问题意识,发挥学习主体性,把这些兴趣和问题提升为有意义、有价值的主题,为综合性学习活动的开展提供明确的指向。

1. 从生活实践中发现问题,提取主题

生活是儿童的存在方式,是儿童成长与发展的过程,也是学生语文学习的源头活水。儿童对于自然、社会、人生具有强烈的探究意识和追问欲望,有了这种探究和追问,生活才呈现出多姿多彩的内容,儿童也因此实现着自身的成长。但是,由于儿童生活阅历的局限,对生活的认识容易停留于事物或

现象的表面,难以看清事物或现象的本质,从而提出有价值的问题。而且这些问题往往具有很强的综合性,需要综合运用语文知识才能得到很好的解决。

因此,综合性学习应该引导学生从生活实践中发现问题,从中提取综合性学习主题,发挥"其内在的生活意义,唤醒人的生命意识,启迪人的精神世界,建构人的生活方式,以实现人的价值生命"。①

例如,在生活中,用一次性塑料袋买菜的现象非常普遍,面对这样一个学生可能熟视无睹的现象,有老师设计了"关注'菜篮子'"的语文综合性学习活动。首先,引导学生进行市场调查,观察有多少人用篮子买菜,多少人用一次性塑料袋,大概统计一下这一个菜市场一天用掉多少一次性塑料袋。接下来,采访父母长辈、朋友邻居,了解过去买菜用什么,为何塑料袋取代了菜篮子。让学生充分观察和体验生活。然后,再去查阅资料,点击相关网站,了解一次性塑料袋的生产原料、生产过程、成本及其危害。

在这个例子中,教师发挥了对学生语文素养发展的专业引领作用,促进了学生学习自主性的形成,让学生自己从生活实践中发现问题,形成活动主题,学生真正成了语文综合性学习活动的创造者和开发者。

2. 从学科整合中提炼主题

《语文课程标准》提出,综合性学习"提倡跨领域学习,与其他课程相结合"。在活动中,要打破传统语文教学的学科壁垒,与音乐、美术、科学、社会等其他学科沟通,整合不同学科的力量,让学生徜徉于学科之间,汲取多方面的营养,综合性地学语文、用语文,全面提高语文素养。

例如,在学习《蜜蜂》一课后,我班上的学生对蜜蜂比较感兴趣。于是,我带领几个对蜜蜂感兴趣的同学来到了后山李寿华老人的家里参观,了解蜜蜂的习性、养殖和授粉的情况,了解蜜蜂授粉对荔枝结果的影响。在这个过程中,既有语文的知识,也有生物学的知识和科学的知识,这就是学科的整合。而在这个整合的过程中,学生找到了一个感兴趣的问题进行研究,提炼出了"养殖蜜蜂提高糯米糍荔枝的产量"这个主题。后来,我把同学们的这个研究报告送去参加广东省青少年科技创新大赛获得了二等奖。

---

① 郭元祥. 生活与教育:回归生活世界的基础教育论纲[M]. 武汉:华中师范大学出版社,2002:141.

3. 从地方文化活动中开掘主题

地方文化包含了地方的节日庆典、文艺活动、民间工艺、民间习俗等内容，这些内容是学生生活的有机组成部分，为学生成长营造了良好的社会文化氛围，语文综合性学习要引导学生关心当地的文化生活。教师可以"依据儿童当前的经验、需要、兴趣等，选择某一普遍化或理想化的文化生活侧面，寻找足以满足和培育这些需要的材料，从而使儿童对自己目前的生活和环境有更深的理解"。① 在了解和促进地方文化事业发展的同时，提高学生的语文能力，发展全面的语文素养。

例如，我抓住了大岭山镇一个文化习俗——当地人嫁女儿时嫁妆里要带上一些莞香的枝叶，于是，我引导学生深入地研究这个现象，从而对莞香文化有了进一步的了解。于是，在引导学生充分思考的基础上，我和同学们共同归纳出一个综合性学习研究的主题——"走近莞香，认识莞香"。

以上所述，并不是语文综合性学习主题选择的全部。在日常的教学和社会生活中，语文综合性学习的资源无处不在，只要我们提高教学资源的开发和利用意识，做生活的有心人，一定能引导学生发掘出更多精彩的学习主题，开展丰富多样的综合性学习活动，为学生的语文实践和语文素养的提升开辟更为广阔的天地。

以下这篇案例是本课题组成员李小燕老师撰写的。

【案例 11—2】

汉语啄木鸟

选题背景：

在小学语文四年级"园地八"的"我的发现"中提出了广告乱改成语的事，并让学生去发现和讨论这样做好不好。汉语语言文字出现的错误何止单单是成语篡改呢？其使用混乱的状况实在令人担忧。汉语语言文字使用混乱不是个别、偶然现象，而是较为普遍的。请留意我们生活周围，大街小巷、电影电视的汉语错误，几乎到了俯拾即是、见怪不怪的地步，甚至一些有权威的书籍、报刊也屡有错误发生，在某些方面甚至泛滥成灾。祖国语言的纯洁性正在受到严重侵害。这些在使用汉语过程中所暴露出来的问题将影响祖国下一代的成长，

---

① 郑金洲．教育文化学[M]．北京：人民教育出版社，2000．

影响我们的学习,影响中华文明的声誉及其传承。保卫祖国的汉语文字,刻不容缓!

活动目标:

1. 能提出学习和生活中的问题,尝试运用语文知识和能力解决简单问题。

2. 通过社会用字调查,增强学生规范用字的意识,努力为纯洁祖国的语言文字做些力所能及的事。

3. 在活动中,学会制订计划,并能统筹安排落实计划的实施;学会撰写调查报告。

【目标的制订要符合各年级段的特点和要求。】

活动时间:两周

活动过程设计:

第一阶段:活动方案

时间:一课时

一、确立课题

我们确立了"汉语啄木鸟"这一课题后,师生经过讨论确立了以下子课题:(一)寻找汉语运用的错误;(二)收集因汉语运用错误而引发的笑话或事例;(三)访问站;(四)谈谈汉语错误的危害;(五)撰写调查报告;(六)纠正汉语错误的建议。

【课题的确立要切实可行,要充分利用现有的资源进行综合性学习活动。】

二、教师指导制订计划

【《课标》指出:综合性学习能在老师的指导下组织有趣味的语文活动。】

1. 学生围绕"汉语啄木鸟"这个主题提出自己最想了解的知识或最感兴趣的方面,自主组成小组,全班共分成六个小组,要求人人参加,个个动手。

【《课标》指出:综合性学习应突出学生的自主性,重视学生主动积极的参与精神,强调全体学生共同参与。】

2. 各小组推荐一名小组长。

3. 小组成员共同制订活动计划,并给自己的小组设计一句口号。老师先指导各小组组长,撰写活动方案,要求根据各人具体情况分配不同的任务。

【《课标》指出:综合性学习应强调合作精神,注意培养学生策划、组织、协调和实施的能力。】

制订计划方案：

＿＿＿＿＿＿＿＿小组活动计划

口号是：＿＿＿＿＿＿＿＿

组长：＿＿＿＿＿＿＿

组员：＿＿＿＿＿＿＿＿＿＿＿＿＿＿＿＿＿＿＿＿＿＿

时间：＿＿＿＿＿＿＿＿地点：＿＿＿＿＿＿＿＿＿

活动内容：＿＿＿＿＿＿＿＿＿＿＿＿＿＿＿＿＿＿＿＿

＿＿＿＿＿＿＿＿＿＿＿＿＿＿＿＿＿＿＿＿＿＿＿＿＿

活动过程：＿＿＿＿＿＿＿＿＿＿＿＿＿＿＿＿＿＿＿＿＿

＿＿＿＿＿＿＿＿＿＿＿＿＿＿＿＿＿＿＿＿＿＿＿＿＿

展示方法：＿＿＿＿＿＿＿＿＿＿＿＿＿＿＿＿＿＿＿＿＿

分工：＿＿＿＿＿＿＿＿＿＿＿＿＿＿＿＿＿＿＿＿＿＿＿

第二阶段：活动实施

时间：两周

活动准备：

笔、笔记本、摄像机等

学习方式：

观察了解、请教师长、上网搜索、查阅资料、互相交流、社会调查等等

收集资料——火眼金睛，创意寻找

时间：一周

1. 教师带领学生调查社会用字：去大街观察广告牌、招牌；搜集电视、报刊中出现的汉语错误，走进人群寻找汉语言运用中出现的错误、翻开同学的作业本寻找汉语错误等，记录、拍摄或用其他方式记录下来。

2. 搜集因汉语运用错误发生的笑话或因汉语运用错误造成不良后果的事例。

开展调查、研究，并写调查报告

时间：一周

1. 各小组交流收集情况。

2. 访问用错汉语的人，或有一定语言权威的人。

3. 学会分析问题，学习撰写调查报告。

4. 指导写简单的调查报告（以调查错别字为例）

调查报告一般可以分三个部分：

（1）调查的时间、地点、调查的目的（发现招牌广告上的错别字，向有关单位提出改正建议）。

（2）对调查到的材料作分析，主要是统计和分类，如调查了多少商店，发现了招牌、广告上有错别字的有多少家；这些错别字大致有哪些类型；产生这些错别字的原因有哪些。

（3）提出整改建议。

5. 小小建议书

在社会用字调查中发现的问题，可以给有关部门、当地政府或给写错别字的同学写一封建议书，建议改正错别字。

三、指导学生整理资料，为展示作准备

同学们收集的资料非常广泛，指导学生整理资料，为展示作准备。

【根据有关教研专家建议：综合性学习中要强调教师的主导作用，培养学生收集、整理资料的能力。】

第三阶段：成果汇报

时间：一课时

一、展示台：

用各小组搜集的资料、图片，及自己写的文章，制作成小报、漫画在班级举办展览，展示本次学习的成果。展示方式如下：

1. 口述展示

2. 漫画展示

3. 相片展示

4. 录像展示

5. 手抄报展示

6. 表演展示

……

【成果展示其实是活动过程的展示，它是对活动过程的一种肯定。】

二、活动评价：

1. 你在本次综合性学习中最大的收获或最大的感受是什么？说一说，写一写。

【能在活动后谈自己的收获或感受是综合性学习的最大收获。】

2. 小组完成活动评价表。

【《课标》指出:关于综合性学习的评价,除了教师的评价之外,要多让学生开展自我评价和相互评价。】

3. 老师对学生的综合性学习过程及成果汇报的评价,总结综合性学习的成果。

【《课标》指出:教师的评价应多元化,评价时要充分注意学生在解决问题的过程中所采用的思路和方法。对不同常规的思路和方法,尤其要给予足够的重视和积极的评价。】

4. 在学习中继续探究有关汉字的问题。

如识记汉字的方法,防止错别字的办法等。

【《课标》指出:综合性学习要尊重和保护学生学习的自主性和积极性,鼓励学生运用多种方法,从不同的角度,进行多样化的探究。】

第十二章

课题研究总报告

一、研究背景

(一)新课程改革的要求

受苏联影响,新中国成立后中小学课程资源只有单一的学科资源,且课程结构不合理,大多以学术性课程为主,脱离了生活;同时对学生要求过于统一,缺乏弹性,导致了学生课业负担过重,新学知识与生活实际脱节,不利于学生生动、活泼、主动地发展,很难完成全面提高学生素质、促进学生个性健康发展的艰巨任务。

随着我国新一轮课程改革的不断深入,开发和利用课外教学资源已成为大家的共识。《基础教育课程改革纲要》指出,语文教师要高度重视课程资源的开发和利用,创造性地开展各类活动,增强学生在各种场合学语文、用语文的意识,多方面提高学生的语文素养。可见,重视语文课外教学资源的开发与利用,是语文课程观的更新和完善,也是现代语文教育发展和新世纪语文教学改革方向的必然。搞好语文课外教学资源的开发与利用,对于全面提高语文教育质量必将产生深远而深刻的影响。长期以来,由于多种原因,把教材视为唯一的课程资源,教师们为了单方面提高学生的测试成绩,对于教材上罗列的知识点,要求学生不断重复,进行枯燥、烦琐、机械的训练,严重扼杀了小学生的想象力、创造力,导致学生学习兴趣下降,阻碍了小学生语文素质的全面发展。这种观念已不能适应当前语文教育的改革与发展的步伐,也不能适应社会的发展,要想全面提高学生的语文能力和综合素质,就必须合理开发利用语文课外教学资源。

(二)国际语文教学发展的趋势

母语、数学和科学三科在许多国家被定为核心学科。各国母语课程改革均是本国课程改革的重要内容。近几十年来,所有国家的课程改革都贯穿了一个基本思路:把提升母语教育质量作为参与地区竞争、国际竞争的重要保证。

在美国、德国、日本等发达国家,母语教学都十分重视教学资源的开发和利用,从而拓宽母语学习的空间。这些国家在课外教学资源的开发方面有几个特点:

1. 语文课外教学资源内容的丰富性

以德国和美国为例,德国的语文课外教学资源的开发内容十分丰富,名人逸事、广告、作家传记、报道、《圣经》文章、卡通、文件、歌曲、卷宗、戏剧、研究报告、漫画、采访、随笔、课外活动等都可作为资源开发的对象。还有一些反映社会时代进步和知识更新的内容,以使语文教学具有时代感。美国的语文教育内容更加注重向社会生活的各方面拓展,课内外的阅读以时文为主,报纸、杂志、各种单行本都可以作为重要的教学资源,甚至把路标、图表、时间表、新闻栏目、社会实践活动等都作为教学的补充内容。

2. 语文课外教学资源的多元价值取向

语文教育功能多重性的确立有许多复杂的因素,但其重要的背景之一就是语文教学资源(包括课内和课外)的多元价值取向。不同的国家传统和不同的社会需要都从自己的视角和立足点对语文教学资源的价值进行取舍,以使教学资源的开发和利用与语文教育工作者的功能构成对话。如法国的语文教学资源可以履行四种功能:①意识形态和文化功能;②参照性功能;③资料性功能;④工具性功能。这些功能中的某一项可能一时占有强势,但教学资源的多元价值取向在一定程度上使得语文教育的多种功能在不同情境下交替优先或同时并存。

3. 教师和学生都是不可或缺的教学资源

一方面,语文教师的知识与态度、情感与价值观,以及教师在成长过程中认知结构的不断充实都是语文教学资源的重要源泉。因此,教师在语文课外教学资源开发与利用中的地位举足轻重。首先,语文教师是课外教学资源的重要仲裁者;其次,教师本身就是课外教学资源的重要源泉。教师在主动探究教育教学活动的行为中,其智慧的释放和创造性价值的实现,是课外教学资源发展的不竭动力。对教师教学资源意义的关注,代表了教学研究的时代走向。

另一方面,学生又是最容易被忽视的资源。从学生自身的角度来讲,学生的经验、情趣和学生之间的差异都是有效的课程资源,因此在课程资源的开发与利用中,对学生资源的价值是无法置之不理的。同时,学生也构成了课程资源的开发主体,尤其是在现代信息技术广泛运用到教学与人们生活的各个方面的背景下,学生获取知识与信息的途径多元化,学生之间的相互交流与学习显得越来越频繁和重要了,学生本身成了特殊的课程资源的开发者。

(三)本地区和我校语文课外教学资源开发利用的现状

通过调查,我们可以发现,在普通小学中,语文教师对课外教学资源的认识及开发利用基本处在初级阶段。

第一、教师在思想认识上与现实的差距。几乎所有的教师都一致认定课外教学资源对于提高学生语文素养有促进作用,但是,我们调查的教师中有88%对课外教学资源的概念、内涵和作用并不是很了解,仅仅知道一点;只有12%的教师对课外教学资源的概念比较了解。

第二、狭义理解课外教学资源。虽然91%的教师都能认识到教材并不是唯一的教学资源,但大多数教师只把在教学过程中会用到的各种诸如教科书、课件、报纸、杂志、影视资料等认为是教学资源,而没有意识到教师自己和学生的知识、经验、情感、态度、价值观等也是教学资源。对课外教学资源概念理解的缺乏将会成为制约教师进行课外教学资源开发的因素。

第三、教师对自己在课外教学资源开发和利用中的主体地位不清晰。对谁是课外教学资源开发的主体的认识上,接受调查的教师中有45%的人认为教育专家是课外教学资源开发的主体,28%的人认为是教育主管部门,27%的人认为教师应该成为课外教学资源开发的主体。这说明教师忽略了自己在课外教学资源开发利用中的主体地位,缺少课外教学资源开发的动力与意识,这也成为制约教师进行课外教学资源开发的因素。

第四、由于学校对课外教学资源开发利用不太重视,影响了语文教师对课外教学资源开发和利用的主动性和积极性。在进一步的访谈中,有90%的教师认为在普通小学中,学校对语文课外教学资源的开发与利用不太重视,学校最关注的仍然只是学生最终的考试成绩。

站在新课程改革的关键点上,面对一些新的教学理念,如何转变我们语文学科的教学观念?如何更好地开发和利用语文课外教学资源?如何使我们的语文教学更有活力、更吸引学生、更有效益呢?据此,我校从2006年9月开始着手研究本课题,即"建立农村小学语文课外教学资源库的研究",并于2007年正式向市申报立项,成为东莞市教育系统"十一五"第三批立项课题。从2007

年9月开始,在市课题指导小组成员刘台芳老师和大岭山镇教育办胡绍舫老师的指导下,以我校语文课外教学资源库的建立为突破口,积极研究语文课外教学资源开发的内容和途径,以及在语文教学中如何利用课外教学资源的策略。我们力图通过研究建立一个语文课外教学资源库,并用于指导语文的教学,从而推进语文课程改革,提高教师的教学水平和语文学科的教学成绩,提高学生的整体语文素养。

二、课题解说

(一)课程资源

课程资源是新一轮基础教育课程改革的一个重要概念,要开发和利用各种课程资源,就必须对课程资源的概念有一个恰当的理解和认识。

凡是有助于实现课程目标的一切因素都可以叫作课程资源。简单地说,课程资源就是与课程相关的一切资源;具体地说是课程设计、实施和评价过程中可利用的一切人力、物力以及自然资源的总和。包括教材以及学校、家庭和社会中所有有助于提高学生素质的各种资源。

(二)课外教学资源

所谓"课外",并不是指课堂之外,而是指除了教科书以外。因此,课外教学资源,指的是凡有助于教师落实课程目标的、教科书以外的一切因素。它与课程资源有较大的联系,同时又有区别。课程资源包括课内和课外两种资源,包括教科书。而课外教学资源,仅是指课外的资源,不包括教科书。

(三)小学语文课外教学资源

了解了课外教学资源的概念以后,我们就更容易理解什么是"小学语文课外教学资源"了。它是指,在小学阶段,凡有助于教师落实语文课程目标的、除了小学语文教科书以外的一切因素。

三、本课题研究的意义

在这次新课程改革中,语文课程的目标体系发生了重要变化,要求语文课程要加强综合性,沟通与其他学科的联系,拓宽学语文、用语文的天地,在语文课程中建立跨领域的学习平台,因此深入挖掘语文的课外教学资源对于语文教学具有重要的意义。

（一）继承传统语文教学有效经验的需要

传统语文教学强调语文知识的积累。包括基础知识（常用文字符号、词汇、语法等）和语言典范（古今中外精彩语篇）、语言规律（听、写、理解等）的积累。古人云"读书破万卷，下笔如有神"，说的就是积累的道理，因为小学生的语文素养，是在长期的模仿学习、语言实践中反复多次感性接触形成的，这就要求学生通过大量的读、写来达到这一目的。它必须以大量的阅读材料为依托，而如果学生阅读的材料仅限于教材本身，那么学生所得就非常有限，不利经验的传承和知识的积累。要想提高学生综合的语文素养，培养学生的人文精神、积累优秀的文化成果，除了教材以外，还必须通过有效地利用课外教学资源才能更好地达到这一目的。所以从"传承经验"这一方面来说，强调语文积累是学好语文的一个行之有效的手段。例如，小学语文教材中有关传统文化的知识是十分有限的，而这些知识对于提高学生的人文素质和语文素养又是十分必要的，因此，我们就应该更多地去开发课外资源，引导学生学习人类优秀的文化遗产，包括让学生学习更多的诗词歌赋，了解更多的作家、作品等。学生积累得越多，反过来又会对语文能力的提高具有促进的作用，不管是运用语言的能力，还是阅读理解和写作能力都将大大提高。

（二）语文学科自身特性的需要

"语文是最重要的交际工具，是人类文化的重要组成部分，工具性和人文性的统一，是语文课程的基本特点"。因为语言是交际工具，是表情达意、交流思想、传递文化的工具，学语文就是要让学生牢固掌握地语言工具，在社会中应用。因此，必须学习书本以外的东西，教会学生运用语言工具与人沟通。同时语言作为载体，它所载负的文化科学知识都具有一定的思想情感内涵，语言是交流思想感情的工具，是思维的工具，尤其是文学作品，其表情达意的功能更强，不管是工具性还是人文性都决定了语文学科的这一大背景，这就需要大量的资源进行补充，才能完成语文学科的教学任务。充分利用语文课外教学资源，使学生在掌握科学文化知识的同时，还学会了如何更好地运用语言进行交际、表达思想感情等。学生是社会的个体，个体的成长离不开环境，学生应该更多地从社会和自然环境中汲取营养，并把它内化为知识加以积累，才能适应社会生存和发展的需要。如果学生的学习脱离社会、脱离现实，而只限于教材的内容，那么，学生又如何与人交往、如何更健康地成长呢？毕竟教材是死的，而人是活的，不能充分地认识到这一点，就不能很好地在生活中运用已经学过的知识,就不利于学生更好的发展。

(三)新课改目标落实的需要

新课标要求改变课程过于强调接受学习、死记硬背、机械训练的现状,倡导学生主动参与、乐于探究、勤于动手,培养学生搜集和处理信息的能力,获取新知识的能力,分析和解决问题的能力,交流合作的能力。因此小学语文教学要与生活紧密相连,也就意味着要从生活中吸收大量的语文资源。学生学习课外资源的过程,也是一个积极主动地参与和探究的过程。学生通过有目的、有计划、有组织地开发和利用课外资源,既丰富了自身的知识积累,又发展了自身的能力。如果只是整天围绕着语文课本"读死书,死读书",那么,既读不好,读了也不会用,压抑了学生的个性,扼杀了学生的创造力。因此,语文教学既要"依标靠本",又不能只阈于课本,而应该帮助学生开拓更大的学习空间,才能培养学生全面的能力。

(四)社会发展的需要

社会的发展取决于全民的素质,全民素质的提高关键在教育。一方面,全面提高教育质量,必须全面提升教师素质。充分利用教师本身的人才资源,也是语文课外教学资源的一个较为重要的内容。所以,加强教师的培训与学习,提高其教育水平,促进教师专业发展,并在此基础上不断积累经验,从而引领学校各项工作向纵深发展,这也需要大量的资源做基础。另一方面,社会的快速发展要求人们不断地学习,学会学习,必须树立"终身学习"的思想,才能适应社会、改造社会。因此,开发和利用课外教学资源的过程,也是培养学生自学能力、帮助其树立"终身学习"思想的基础。

四、研究的目标

(一)研究的总体目标

通过本课题的实践与研究,建立小学语文课外教学资源库,并运用于语文教学中,推进语文教学改革,提高教师的教学水平和教学成绩,提高学生的整体语文素养。

(二)具体目标

1. 建立小学语文课外教学资源库,探讨语文课外教学资源开发的内容和途径。

2. 研究课外教学资源在语文教学中利用的途径。

3. 设计利用课外教学资源进行语文教学的典型教学片段、教学案例、教案等，并验证其合理性。

五、研究内容

（一）语文课外教学资源开发的内容和途径

本课题提出的语文课外教学资源开发的内容和途径主要是：

1. 校内场馆资源的开发

学校的教室、走廊、墙报、宣传栏、图书馆等是学生在学校的主要学习和活动场所，如何有效地开发和利用好这些主要的场馆资源，使之体现以学生发展为本的教育理念，成为丰富学生物质和精神生活的重要场所，是所有学校都要面对却又常常被忽视的问题。

生物园——"活"的语文课外教学资源。近两年，随着新课程改革的不断深入，生物园作为重要的课程资源，焕发出了青春和活力。建设和利用好生物园，使之在师生的语文学习、实践活动和探究活动中扮演重要角色，对语文课程改革会有较大的帮助。

图书馆（室）——语文课外教学资源的宝库。书籍是人类进步的阶梯，图书馆（室）在小学语文教学中有着不可替代的作用，因此，要建设好、使用好图书馆（室）的教学资源。图书馆本身就是教育文化设施，与语文课外教学具有一种天然的联系。学校图书馆的发展、建设和管理，在语文课外教学资源的开发和建设中，发挥着积极作用。那么，应怎样开发图书馆的资源呢？首先，要利用图书馆资源，教给学生搜集和处理信息的能力。其次，可以在图书馆上阅读指导课，教给学生读书的方法。

校园文化长廊——语文课外教学资源的长廊。文化长廊不仅是校园中一道独特而亮丽的风景，而且是重要的语文课外教学资源，具有启迪智慧、陶冶情操、净化心灵、提升精神境界等育人功能。我们可以在校园内建设传统文化长廊、图书文化长廊、"趣味语文"长廊、作文长廊等，从而丰富学生的课外生活，提高学生语文学习的兴趣，使学生在良好的校园环境中健康、快乐地成长。

运动场——会"动"的语文课外教学资源。运动场是学校重要的组成部分，运动场也是一个教育教学的场所，不能忽视运动场作为素材性资源的作用。我们同样可以在运动场上语文课，如在运动场上作文课、观察课等，让学生通过真实的感受，体会生活的多姿多彩。

2. 社区语文教学资源的开发

社区语文教学资源指的是学校所在社区周边环境中蕴含的具有语文学科教学价值的各种资源的总和。主要包括社区人员、工厂、农场、田园、科技实验基地、植物园、动物园、各类场馆(如图书馆、科技馆、博物馆、少年宫)等。

(1)社区语文教学资源的内容

我们可以把社区语文教学资源分为以下几类:即社区"人力资源"、社区"活动资源"、社区"地点资源"、社区"实物资源"、社区"文化资源"等。

(2)开发社区语文教学资源的主要方法

学校、教师、学生是社区语文教学资源开发的主体,同时社会各机构、家长以及社区居民应该积极地配合学校的工作,进而发展到积极为学校和学生提供服务和实践的机会,从而形成一个大的社会教育实践环境。在现阶段,这样的环境还尚未建立起来,因此仍需要学校、教师和学生主动地获取社区语文教学资源。具体可以参考以下几个做法:即直接观察法、问卷调查法、分析现有文献法和访谈法等。

(3)社区语文教学资源开发的原则

社区语文教学资源开发的原则主要有三个:第一,要善于捕捉机会,勤于积累资源;第二,关注热点、难点,整理资料归类;第三,认真调查研究,按学生的兴趣开发社区语文教学资源。

(4)如何有效地开发社区语文教学资源

学校要有效地开发社区语文教学资源,以支持学校语文课程发展,其前提是建立起学校与社区的有效互动机制,其途径是建立起社区语文教学资源与语文课程的有效融合机制。

3. 现代教育技术资源的开发

随着我国现代化水平的不断提高,一些新的技术和设备也应用到了教育领域,包括电视机、幻灯片、投影仪、电脑、互联网等。尤其以电脑为载体的多媒体及网络技术在当今的教学中发挥着日益重要的作用,对改进教师的教学手段、提高教学水平和教学质量起着举足轻重的作用,现代教育技术成为语文课外教学资源建设的一个重要生长点。

(1)现代教育技术资源在语文教学中的功能和作用

第一,运用现代教育技术,提高学生学习的兴趣;第二,用现代化教育技术,优化课堂结构,提高教学质量;第三,用现代教育技术,突出教学重点,突破教学难点;第四,用现代教育技术,培养学生的创新思维和实践能力。

(2)如何开发现代教育技术资源

开发和应用现代教育技术资源是教育面向现代化的重要途径和重要标志,以多媒体计算机和通信技术为核心的现代科学技术,是教育现代化的技术基础。现代教育技术应用于教学,将对教学质量和效益的提高产生巨大的影响,它不仅可以改变传统的教学模式、教学方法,而且可以促进教育观念、教学思想的转变。通过人机交互,信息共享,不仅可以大大拓展教师和学生的视野,而且有利于培养学生的创造性思维,提高学生获取信息、分析信息、处理信息的能力。更为重要的是现代教育技术的应用,将不仅使学生而且也使教师在全方位地接触和应用现代教育技术的过程中,增强继续学习和终身学习的能力,从而提高对现代社会的适应能力。要达到这一目标,必须创造一系列条件:信息的快速传递,丰富的多媒体教学资源,方便的课件组合平台,灵活的课件播放机制和一支热心改革与探索的师资队伍。为此,我们提出了从建网(计算机互联网络)、建库(教育信息资料库)、建队伍(网络管理、教育信息资料开发、教育信息网络应用的队伍)三个方面来开发现代教育技术资源的工作思路。

(3)网络资源的开发

随着网络技术的日益普及,大量的语文课外教学资源可以在网上获得。就教育而言,我们教师也必须充分有效地利用这一巨大的课程资源宝库,来为我们的教育教学工作服务。要利用网络资源,首先我们要清楚,网络中有哪些资源对我们有用。大致归纳一下,应该有以下几类:第一,各类时事专题以及社会上流行的热点问题;第二,各类教育教学网站;第三,各类大学、科研机构、电台和电视台、杂志期刊电子版等资源库;第四,校网——学校自建的网络系统,也是教师可以挖掘和利用的资源。

(4)现代教育技术与语文教学活动的整合

现代教育技术与语文教学活动的整合,是指在教学设计与实施中,利用各种多媒体和网络信息资源与共享技术优势,引进先进的教学思想、观念、方法及与之相应的教学模式,解决传统教学手段难以或无法解决的问题,以收到更好的教学效果,培养学生的认知能力和创新能力。整合的核心是把计算机技术融入教学中,就像使用黑板、粉笔、纸和笔一样自然流畅。在语文教学中,教师教、学生学、学生做以及学生在技术的支持下,复习、运用旧知识,探索新知识,真正做到"教学做合一"。简单地说,就是要使现代教育技术变成教师教和学生学的工具,用现代教育技术教,用现代教育技术学。

那么,应该怎样整合呢? 现代教育技术作为教和学的工具,怎样应用于实际操作过程中呢? 我们可以从以下几方面来考虑:第一,现代教育技术作为教学演示工具;第二,现代教育技术作为教学交流的工具;第三,现代教育技术作为教学辅导的工具;第四,现代教育技术作为获取信息的工具。

4. 人力资源的开发

人是最重要的资源之一,离开了人,教育教学活动就无法进行。人力资源本是一个社会学的概念,但它也可以应用在语文教学中。充分地开发人力资源,对提高小学语文的教学效率有重要作用。

(1)教师资源的开发

从教学资源的角度看,教师的教育经验、实践智慧、特长技能、道德修养、为人处世的方式等可以是重要的教学资源。

一般来讲,教师经过3-5年的教学实践,都会形成自己的教学经验和心得体会,这些都是教师在实践中逐渐发展和积累起来的。教育经验包括很多方面,概括地说是指教师在教学实践中形成的对教材、学生、教学、组织管理和科研等方面的理性认识和能力的积累。

另一方面,教师的实践智慧也是一种重要的教学资源。什么是实践智慧? 简单地说,就是教师在教学实践中应用和体现出来的智慧。它包括三个方面:其一,是指教师对教育合理性的追求。其二,是指教师对当下教育情景的感知、辨别与顿悟。其三,是指对教育道德品性的彰显。

最后,教师的情感投入,是独特的教学资源。在学校,有一个不容争辩的事实就是:许多学生往往是因为喜欢某个教师而喜欢上该教师所教的学科。显然,情感在这里起了作用。在教学过程中,教师起主导作用,更需情感做支撑。积极的情感投入是提高教学质量必不可少的前提条件。如果教师能把学生的好奇心、求知欲、紧张感、成就感等积极的情感因素调动起来,引入课堂教学之中,那么我们的课堂教学势必会出现一个崭新的面貌。

(2)学生资源的开发

课程改革的目的是为了学生的发展。学生是有血有肉、有思想、发展中的人,是否正确认识、开发和利用学生的资源,直接影响学生创新能力的培养和全面发展。一般来说,学生资源指在课内外表现出的、可被教师利用的、有利于教学的、学生已有的知识结构、人格质量和经验等。它具有生成性、动态性、待开发性、多样性、难以复制性、直接性、有效性、丰富性和再生性等特点。

学生资源的开发包括:学生的提问、学生的错误、学生的好奇心和学生的反思等几个方面。我们应该积极地开发学生的这些资源,使其能为我们的语文教学服务。

(3)家长资源的开发

家长是语文教学资源的生命载体之一,家长自身的知识结构、一言一行同教师、教学用书等其他物质形式的课程载体一样,对语文教学活动发挥着重要的作用,因此,我们要重视家长资源的开发。

(二)课外教学资源在语文教学中的利用

1. 利用课外教学资源优化识字教学

识字是阅读与写作的基础,是小学语文教学的一项重要任务。《语文课程标准》明确指出:"识字教学要将儿童熟识的语言因素作为主要材料,同时充分利用儿童的生活经验,注重教给识字方法,力求识用结合。运用多种形象直观的手段,创设丰富多彩的教学情境。"在小学语文识字教学中,如何加强与语文课外教学资源的整合,是我们一线教师值得深入研究的问题。

《小学语文新课程标准》指出,要"努力建设开放而有活力的语文课程"。语文课外教学资源对学生的发展具有独特的价值,语文课外教学资源是丰富的、大量的、具有开放性的,它以其具体形象、生动活泼和学生能够亲自参与等特点,给学生多方面的信息刺激,调动学生多种感官参与活动,激发学习兴趣,使学生如身临其境,在愉悦中增长知识、培养能力、陶冶情操。如果能把生活引进识字教学,实现语文课外教学资源与识字教学的整合,这样的语文识字课将是开放的、生动有趣、充满活力的。

那么,如何利用课外教学资源来优化识字教学呢?我们可以从以下几个方面去努力:第一,加强识字教学与多媒体教学资源的整合。在识字教学中引进并运用多媒体资源,能够为传统的识字注入新的活力。多媒体能够激发学生识字的兴趣,能够运用丰富的图像化难为易,创设情境,引导学生自主地识字。第二,加强识字教学与活动性资源的整合。低年级的学生刚踏入小学的校门,如果在他们稚嫩的心灵上过早地压上沉重的学业负担,不但达不到识字的目的,而且会影响他们今后的学习。因此我们要尽可能通过动手操作、游戏、模拟等各种活动,让他们的眼、口、手、脑、耳一起动起来,学生就能在轻松、有趣的氛围中记住汉字。第三,加强识字教学与生活资源的整合。学生生活的外延有多大,学习的外延就有多大。在丰富多彩的社会生活中到处都有汉字,学生的校内外生活都是识字的天地。如广告牌、商品、路标、电视都是学生识字的材料,学生随时随地都在跟文字打交道。我们有意识地引导学生自主地把识字和生活资源紧密地联系起来,不仅激发了学生识字的兴趣,也有效地提高了他们识字的能力。第四,加强识字教学与课外阅读资源的整合。《新课程标准》指出,低年级的识字要求是多识少写。之所以要多识,目的是为了让学生能够尽早尽快尽可能多地认字,以便及早进入汉字阅读阶段。我们可以鼓励学生通过阅读,把识字与理解语言结合起来,节省时间,提高阅读教学和识字教学的效率。

2. 利用课外教学资源优化阅读教学

《语文课程标准》指出:语文学习是"一个长期积累的过程,只有'厚积'才能'薄发'",强调要"丰富语言的积累,培养语感"。为落实这一指导思想,语文课程目标首先从阅读的数量着手,它提倡扩大阅读面,并规定小学阶段课外阅读总量不少于145万字。然而,农村小学受主客观条件的限制,课外阅读活动的开展始终处于一种自发、盲目、低效的状态,学生的阅读活动无法真正由课内逐步向课外过渡;另一方面,由于受条件的限制,不少教师在进行阅读教学时,手段落后,限于照本宣科,很少整合其他课外资源用于阅读教学。这是导致阅读教学效率不高、学生阅读能力较差的主要原因之一。

(1)我们应该怎样利用课外教学资源来培养学生的阅读能力呢? 第一,要通过课外阅读,培养学生的认读能力。我们可以通过让学生加强课外阅读提高学生的识字量,培养学生理解字义、词义,教给学生速读的方法等,来提高学生的认读能力。第二,利用课外教学资源培养学生的阅读理解能力。我们应该教会学生查阅资料,让学生学会在合作中解决疑难,让学生在多读、熟读和深思中解决疑难。第三,课外教学资源与学生活用能力的培养。活用,是学生学习的最终目的,也是学生学习的最高要求。因此,活用能力就是学生学习的最高能力。可是,根据我们的调查,小学生的阅读活用能力是较差的,需要大力培养;而利用课外教学资源培养小学生的活用能力,不失为一条有效的途径。

(2)课外教学资源与阅读的基本训练。研究表明,小学生的阅读理解能力,离不开词语理解、句意整合、篇章探究,从中学习推理理解、归纳概括、情感体会、评价赏析、综合运用。而在这一过程中,还要贯穿读的训练和语文知识的融入,这是全国"小语会"前会长崔峦先生的研究所得。那么,我们又怎样通过课外教学资源来优化阅读的基本训练呢? 在这里,阅读的基本训练包括词、句子、语文知识和课外阅读等几个方面。我们都可以通过课外教学资源的利用,来优化词语、句子、语文知识和朗读的教学,加强阅读训练。

(3)课外教学资源与阅读课堂教学。随着课程改革的推进,越来越多的语文教师注意合理利用与课文相关的文字、图片、音像等资料,拓宽了学生的眼界,拓展了文本的内容,使阅读课堂教学与课外教学资源完美地结合起来,有利于提高课堂教学的效率。

3. 利用课外教学资源优化口语交际教学

口语交际教学就是引导学生在具体的实践活动中学习口语交际知识,掌握口语交际方法,培养口语交际能力的教学活动。它是语文教学的重要组成部分,其主要任务是:发展学生的口头语言,培养学生的口语交际能力和良好的口语交际习惯。那么,应该怎样更好地加强口语交际教学呢? 方法无疑是多种多样的,而其中一个十分重要的方面是,要重视课外教学资源在口语交际教学中的利用。

(1)课外教学资源在口语交际教学中的作用。课外教学资源在口语交际教学中有什么作用呢? 首先,它可以激发学生口语交际的兴趣;其次,它可以创设口语交际的情境;再次,可以让学生在实践中训练口语交际;最后,作为课外教学资源之一的生活资源,是口语交际训练不竭的源泉。

(2)课外教学资源与口语交际技能的训练。口语交际教学的核心任务是培养学生基本的口语交际能力。这种能力是由表达、倾听、应变、交往等技能组成的。口语交际教学的过程就是通过一系列训练,让学生获得相应技能的过程。凡技能都需训练,舍此无法获得。那么,应该怎样进行口语交际技能的训练呢,方法多种多样。其中,利用课外教学资源优化口语交际技能的训练不失为一种好方法。例如,运用课外教学资源可以提高学生的表达能力,训练学生把话说得有理、有神、有情等等。运用课外教学资源还可以训练学生倾听的技能、交往的技能和应变的技能,这些都是口语交际的基本训练。

(3)利用课外教学资源优化口语交际教学的方法。口语交际教学,我们可以把它分为独白类的、交往类的和议论类的等几种。在教学中,我们可以利用图画、多媒体、生活资源、学生表演等,激发学生进行口语交际的欲望,提高教学的效果。

4. 利用课外教学资源优化习作教学

新课程实施至今已经若干年了,可是,作文教学始终是一个老大难的问题,一直以来都没有改变。学生害怕写作文、不会写作文,这是小学语文教师最头疼的事。多年来,我们的教改在提高学生的写作水平方面也提出过许多建议,可是,似乎收效甚微。

课外教学资源在作文教学中利用的可行性如何? 通过研究,我们发现,在作文教学中充分开发和利用课外教学资源是可行的。具体表现在:(1)课外教学资源再现了生活的经验,更有利于学生创作。(2)课外教学资源使作文教学更生动、形象,更利于学生接受。(3)课外教学资源为学生提供了充足的创作素材。(4)课外教学资源拓宽了学生想象的空间。

那么,在习作教学中,我们应该怎样利用课外教学资源呢? 首先,我们要利用好社会和生活资源。教师要培养学生对生活的观察能力,及时发现生活中的写作资源,这样学生在写的时候就会有很多素材;另外,教师还可以组织开展丰富多彩的实践活动,让学生在活动中感受生活,从而描写生活。其次,要利用好课外阅读资源,促进作文教学。我们可以利用课外阅读资源,让学生增强写作素材和语言的积累,可以利用阅读资源让学生学会仿写,可以利用课外阅读资源提升学生的思辨能力。另外,课外阅读还为学生的习作提供了范本。再次,要积极利用好学生的资源。我们要培养学生写作的自信心,激发他们写作的兴趣,以及让学生自由地写作。最后,要积极开发和利用好信息技术教学资源。将现代教育技术手段引入到小学作文教学中,它为小学作文教学活动和学生习作活动提供了优越的支持,改变了作文教学的思维和模式,有效促进了作文教学模式的改革。因此,我们要利用现代信息技术所固有的这些鲜明的特点和强项,结合习作的特点来进行教学。

5. 利用课外教学资源优化语文综合性学习

综合性学习是在综合性人才培养的时代要求下,顺应语文课程改革与发展趋势而提出的一种语文学习。在语文综合性学习的实施过程中,教师可以开发和利用学校、社区、家庭、自然等课程资源,指导学生自主选择和确定活动主题,进行资料的搜集、整理和研究,形成和展示丰富多样的学习成果,在具有开放性、自主性、实践性、合作性的实践活动中促进学生语文素养的发展和提高。

1. 为什么要在语文综合性学习中利用课外教学资源呢? 那是由综合性学习本身的特点决定的。综合性学习开放性、自主性、实践性和合作性的特点,决定了综合性学习和课外资源密不可分的关系。可以说,如果没有课外资源,也就不存在综合性学习。

2. 我们在开展综合性学习的活动中应该怎样充分利用课外资源呢？首先，我们可以充分地利用校内资源，包括校内的场馆资源、物质资源、人力资源等，人力资源又包括教师资源和学生资源。其次，发挥校外资源的作用，包括社区资源和家庭资源等。如利用社区的人力资源、活动资源、地点资源、实物资源和文化资源给学生提供综合性学习的内容和帮助。再次，要积极利用好信息技术资源。学生要进行综合性学习，查找资料是必不可少的，因此，我们要引导学生学会运用电脑，学会上网，自主地利用信息技术资源开展综合性学习。

（三）语文课外教学资源开发和利用要注意的问题

1. 切忌太多太滥。有的老师认为，在课堂上运用课外教学资源越多越好，越能培养学生的综合素养。其实，语文课还是以语文知识的学习为主，所有的课外教学资源的利用都是为了更好地完成教学任务。如果在一堂课上用了太多的课外教学资源，反而没有完成教学任务，或者偏离了教学的重点，那么这堂课就是失败的。另外，课外教学资源的利用也不宜太滥，不要在所有的课堂上都运用课外教学资源。学生容易产生感觉疲劳，有时候，还是要"简简单单地教语文"。总之，课外教学资源的利用宜精不宜多，重在实用。

2. 课外教学资源的开发和利用切忌模式化、形式化

笔者曾在一次评优课活动中听数位参赛者执教《找春天》，他们无一例外都使用了多媒体课件，其中都有一幅幅精美的图片，都有优美的音乐，更为"巧合"的是，有四位参赛者在课上播放或让学生齐唱歌曲《春天在哪里》。这样"巧合"或"不约而同"的例子在当今的语文教学中其实是很常见的：学习写景散文，"必然"要展示图片；学习歌颂母亲的课文，往往要播放类似《懂你》这样的歌曲；学一篇课文，常常还要再拓展阅读其他文章……这就提示我们思考一个问题：语文教学，是否在一定程度上出现了一种课外教学资源开发与利用的模式化、形式化现象？如果像这样采用模式化、形式化的做法，对学生语文学习的帮助其实不大，这种教学资源开发与利用的做法显得流于形式而谈不上有多少实效。

3. 课外教学资源的开发与利用切忌非语文化

语文课的阅读文本涉及生活的方方面面，作为课外教学资源的开发者和利用者，教师面对的似乎是"处处皆是"的资源，这就带来一个资源利用适切与否的问题。

例如教说明文与教一些具有较深远历史和特定社会背景的文章时，为了帮

助学生理解课文,教师会补充相关资料,介绍说明对象或有关背景。我们看到,有的教师执教《蟋蟀的住宅》时,让学生收集和阅读了大量有关蟋蟀习性的资料。然而,这节课的主要任务是学习课文生动的说明语言,体会法布尔的科学精神。也就是说,有关蟋蟀习性的"资源",对于这节课的学习意义不大,其过度引入,反而会喧宾夺主,把语文课上成生物课。有的教师执教《颐和园》,引入大量颐和园的照片,花大量的时间让学生欣赏和讨论皇家园林的美丽景色,却忽略了学习这篇课文的一个重要任务,即在整体感知的基础上理清思路、筛选信息,而不是把语文课上成美术课或者参观课……这种对于资源的实际价值不加研究、信手拈来、随意利用的做法是极不可取的。语文教学是有其特定的教学目标的,引入课外资源,不应偏离这一目标。教学过程中,课外资源的随意介入,使得教学呈现非语文化倾向,是一种低效、无效甚至是起反效的资源开发与利用。

"语文的外延与生活的外延相等",这就要求教师一方面要善于发现资源,一方面又要能够面对处处皆是的资源准确认识、果断取舍、恰当利用。还以《蟋蟀的住宅》的教学为例,我们可以让学生拓展阅读《法布尔传略》,让学生了解法布尔痴迷昆虫研究的动因、生平抱负、知识背景、生活状况等等。这对于他们深入理解法布尔的科学精神及其在《昆虫记》中渗透的人文关怀会很有帮助;再者,让学生拓展阅读法布尔《昆虫记》的其他篇章,可以令他们进一步领略作者那生动活泼的文笔及对生命的尊重和热爱。这样的课外资源引入,是指向语文学习本身的,是有利于学生对课文的解读的。

六、研究过程

（一）动员宣传,成立课题组

本课题虽然于2007年9月被立为东莞市教育系统"十一五"第三批基础教育课题,但早在2006年10月底就已经开始启动。在准备阶段,我校语文科组率先组织教师学习课改的有关理论文章,并开展了"课外教学资源与语文教学"的教师论坛活动,从而使教师们提高了认识,明晰了思路,达成共识,为发动教师开展课题研究打好了思想基础。为了保障课题研究顺利实施,我校组建了以范锦飘老师为组长、语文教学骨干教师为主体的课题组,把新教师也充实到实验教师的队伍里来,既有以老带新,又有一股朝气,使学校能集中力量开展课题研究,解决实验过程中出现的新情况、新问题,以推动课程改革工作向深层次发展。

（二）加强培训，注重专业引领

本课题的实验研究，对教师提出了更高的要求。而一线教师最缺乏的是理论，他们迫切希望得到专业支持、理论引领。因此，在开展本课题的研究阶段，我们深深认识到专业引领的重要性。三年来，一共有50多人次到广州、佛山、江门、莞城、长安、寮步和镇内各兄弟学校听课、学习。我们还聘请了市课题指导小组成员刘台芳老师和大岭山镇教育办胡绍舫老师作为课题研究的顾问，定期到我校对实验教师进行学科培训。不断的培训、学习、思考，使实验教师不仅认识了自己平时在语文教学中存在的诸多问题、不足，同时领会了"新课标"下语文教学的性质、任务和提高语文教学质量的策略和方法，特别是研究出一条通过开发和利用课外教学资源提高语文学科教学水平和成绩的有效方法。

（三）加强理论学习，制订研究方案

教学研究必须有科学的理论做指导。教学杂志和有关课改的刊物、资料是获取课题相关理论和信息的首要来源。在课题的启动阶段，每个课题组成员都利用各种信息渠道搜集和语文课外教学资源有关的理论学习资料，进行研读。学校还订阅了《小学语文教学》《课程、教材、教法》《小学各科教与学》《福建教育》和《广东教育》等杂志；《语文课程标准》《新课程的深化与反思》等是课题组业务学习的主要内容。通过大量的理论学习，使实验教师进一步更新了教学观念，获取信息，吸取经验，指导语文教学的实践。同时，也促使教师增强了"教研就是学习，学习就是工作"的意识，努力改变新课程理念下的教育教学行为，向研究型教师发展。

在培训和学习的基础上，课题组制订了课题研究的实施方案，本着"务实求真"的研究态度，开始并不急于立项，而是在实验的过程中不断修改和完善方案，方案修改前后达五六次。

（四）立足"行动研究"，增强研究的实效性

"行动研究"立足寻求问题的解决，是一种旨在提高教师自我反思意识和调节行动能力，以解决问题、取得成效为最终目标的科研方式。其核心是问题、反思。因此，在课题研究的不同阶段，我们总是不断地抓问题，抓反思深化，以问题推动课题研究，较好地实现了教师教学行为的改变。

为增强课题研究的实效性，做好"研什么"的实验工作，课题组通过大量调查研究，发现三维目标在语文课堂教学中的有机整合问题，教师对语文课外教学资源的开发和利用问题等都是语文教师共同面临的主要问题。这些问题如

果不能很好解决,将影响着课改的顺利推进。为了集中力量做好研究,我们将这些语文课程改革中的困难点、关键点整理、归纳为 24 道思考题,12 位实验教师各从中选取一题作为自己的子课题进行研究。教师们通过专题理论学习,结合自身的教学实践,撰写了与本课题有关的语文教学论文。从教师对问题解决的办法与课堂的变化证明,通过研究,这些实践中的热点与难点正逐渐成为课改成功的兴奋点。

课题研究中存在的又一突出问题是教师不善于将具体的操作实践与语文课外教学资源的有关理论相衔接。如对自己或别人成功的教学设计与过程不能融入理性的思考加以阐述,对精彩的教学案例不能作理性的分析与归纳,对教学实践经验不能提升为认识成果。教师研究方法的滞后,正是影响教师专业发展的原因。为了加强“怎么研”的方法指导,在一学期的理论学习基础上,于2008 年 3 月深入开展课堂教学研究,全面参与到“课外教学资源在语文教学中的利用”这一点上来。在针对具体的课堂教学情景的研究中,课题组教师共同构建一种相互促进学习的“合作性同事”关系,以“授课、反思”为活动中心,通过“教研课题——集体备课——教学设计——课堂教学观摩——说课——反思——集体评课”的研究活动,及时发现和分析实验过程中出现的各种问题,探索与实施如何在语文教学中有效利用课外资源的教学模式与策略,总结得失,层层推进,扎扎实实地把实验工作一步步引向深入。在两年中,实验教师上的镇级以上研究课达 10 节,每人精心撰写两份以上教学案例或教学研究论文,召开了 12 次课题实验研讨会。研讨会以“科研沙龙”活动为研究交流的载体,研讨焦点针对授课中的“困惑”和“乐趣”,教师们说出自己对所观察到课例的质朴感受,提出自己的反思、设想及做法,从而把“科研沙龙”作为一个开放民主、互动生成、研讨交流、启迪分享的平台,促使教师在学习中实践,在实践中研究。在这两年的实验过程中,实验教师不仅在理论层面上接受了课外教学资源,而且在具体的教学实践中逐步开发和利用课外教学资源,以及积极探索开发利用课外教学资源的途径和方法。

七、研究成效

（一）初步建立了我校的语文课外教学资源库

我校语文科组积极开发课外教学资源,目前已初步建立了我校的语文课外教学资源库。其中包括校内的场馆资源、图书室的藏书、社区的各类资源,教师所制作的课件和撰写的教学设计、作业设计、试题库,以及课外的补充资源等。我们把这些教学资源全部保存在一部电脑上,在校内网络上共享,每一位教师需要时都可以从中调出来使用,非常方便。

(二)初步建成了课外教学资源在语文教学中利用的实践体系

通过课题研究,初步建成了课外教学资源在语文教学中利用的实践体系。根据实践体系,并以《语文课程标准》为依据指导实践活动;讨论了利用课外教学资源优化语文教学的课堂教学模式,运用此模式的常式和变式,设计撰写了各年级的语文课教学片段、教学案例、教学叙事及教案;我们重点研究了课外教学资源在识字、阅读、口语交际和习作教学中的利用,以及研究出了怎样利用的具体策略,并将其运用到课堂教学上。

(三)更新教学观念,增强教科研能力

在为期两年多的课题研究实践中,课题组逐步实现了由经验向理论的提高,确立了"利用课外教学资源提高小学语文阅读教学实效"的理念,凸显了教学的科研含量,并在此基础上形成了一定的教学模式。这个过程本身,也是教师的教学经验与本课题理念互动的过程。促使不少实验教师养成了"学习——实践——反思——再学习——再实践"的习惯,学会反思自己的教学行为,使他们凭经验设计的课堂教学行为变成一种有意识地追寻教学规律的行为,提高了语文教师的理论水平和研究能力,提升了教师的素质,形成了一种新的教师文化。一支科研意识和能力都较强的语文"名师"队伍正在茁壮成长。

(四)立足课堂,在教学研究中成长

本课题的研究,教师以"研究者"的身份从事课堂教学,充分把握教育教学现场的真实状态,置身于现实的场景,以实录、叙事的形式进行真实的记录与反思。在这个过程中,教师们对自己所习以为常的课堂进行新的审视,对自己的行为意义进行不断的追问……使教育理论和教育实践两者在相互的滋养过程中都得到了丰富和提高,从而使课题的研究在课堂实践中不断推进和完善。更重要的是课题研究改变了原来的课堂现状,新型的语文课堂正在构建,实验教师也正在慢慢形成自己的教学风格,并在各级各类课堂教学评比和研讨中脱颖而出。如2008年,本课题组的成员吴小梅老师参加东莞市优质课比赛获得了三等奖;2010年,范锦飘老师参加东莞市青年教师阅读教学观摩活动获二等奖等。

(五)以人为本,促进学生发展

确立"以人为本"的新理念,关注每一位学生,促进学生全面、和谐、充分、持续地发展,我们的实验教师正在努力地实践这一目标。

在课程目标上,实验教师从"为了每一位学生的发展"出发,从学科本位走向了学生发展的本位,师生摆脱了教材的束缚,以真实的自我融入心灵对流的交往互动中。在广阔的教学空间里,双方的知识经验、潜能得以激活,新的体验、新的价值观不断地生成,学生积极主动的学习态度和具有创造性的学习方法在"双基"的获取中实践性地形成和生长,从而为学生的终身发展奠定基础。

在教学过程中,学生从以往单纯地听教师讲变为教师、同学之间的交流与互动,共同在合作中分享,在探究中学习、体验。学生敢于大胆质疑,能够发表独到的见解,学习兴趣、参与意识明显增强。师生、生生之间生动、和谐、活泼的课堂氛围正在形成。其中,特别重视师生通过交往、互动对给定教学内容产生的自我理解和独特体验,如老师们常常让学生将课文中的"话"根据自己的感受变为"画"、故事、游戏等。这样,教师就能创造性地引发学生潜智潜能的多向发散,学生以生命体验的融入激活课程内容和知识结构,并赢得对知识有价值的深度建构,真正使课程实施的过程变成师生深度参与而逐步展开的生成与创造过程。近三年来,我校虽然学生人数比较少,但参加各类比赛获得的镇级以上奖励有50多项。其中,2006年11月,我校学生陈晶晶的综合性学习研究小论文《养殖蜜蜂提高糯米糍荔枝的产量》参加东莞市青少年科技创新大赛获一等奖,2007年5月又获得了广东省青少年科技创新大赛二等奖;2007年9月,黄春梅同学参加小学生书信创作比赛获市一等奖;2007年11月,黄淑怡、肖若琳同学撰写的综合性学习小论文《种植桉树改善旧采石场环境的研究》在东莞市青少年科技创新大赛中获得了三等奖。

在师生关系上,教师变支配控制为平等合作的民主关系,由教学中的主角变成"平等中的首席",由知识的传授者变成学生在学习活动中的组织者、交往者、合作者。

在教学方式上,变学生的被动接受为主动探究的"创新"。认为学生学习的过程是学生主动探究、自主体验、促进个性自我实现的过程。"以学促教",强调了学生要在师生双方的交往、互动中生成与创造性地学习。此外,学生学习的内容也宽泛多了,经常能够接触社会,从生活中学习、思考;作业形式丰富,有读课外书、背古诗、手工制作、画图画、讲故事、查资料等,活动性、实践性的作业比书面作业明显增多。

八、研究后的反思

开发和利用小学语文课外教学资源，给我校的语文教学注入了前所未有的生机。教学目标和内容的深化、教学观念和学习方式的改变，激发了学生极大的学习积极性和创造性，实验成果让人刮目。然而，任何事物都是一分为二的，在实验成果令人欣慰的同时，教学也出现了一些新的动向、新的问题。我们的反思主要是：

（一）如何不断提升教师的综合素养

本课题的实验与研究对教师的综合素养有很高的要求。实际上有个别实验教师由于自身素质和知识基础的局限，或缺乏学习和实践的主动性，还在自觉不自觉地"穿新鞋，走老路"，感到开发和利用课外教学资源力不从心，教学不尽如人意。

（二）如何使课题的研究成果植入每一位教师的教学实践中

虽然我校的语文教师都参与了课题的研究工作，但是，有些教师除了在研究中撰写了一些案例和论文外，在教学中并没有按照我们研究的模式去实践。如何创设一个评价机制，使每一位教师都能在课外教学资源理论的指导下，开展语文的教学实践活动，积极开发和利用语文课外教学资源，从而全面提高语文的教学质量，是我们要进一步思考的问题。

（三）研究的不均衡问题

本课题组中，有些老师能力强，有较强的钻研精神，积极探讨新问题、新方法，不断创新实践，有大量的论文或案例获奖和发表。但有些教师则缺乏这种能力和精神，仅当成是一种任务，应付学校的工作，没有真正深入地去研究和实践，也没有什么东西获奖，教学成绩一般。另一方面，有些问题研究得比较深入，但另一些问题研究得比较浅显，还有待进一步地深入研究，等等，这些都是研究的不均衡现象。

（四）如何正确处理好新理念和传统教学之间的关系

例如，在听课和研讨中发现，有些老师上课生怕别人说他太传统，没有用到课外教学资源，就花样百出，牵强附会，追求形式。有些则片面追求课外教学资源的丰富多彩及课件的华丽，而忽视了对教学重难点的突破和学法的指导，等等。

（五）课外教学资源库还有待进一步充实和完善

目前，虽然建立了一个课外教学资源库，但该资源还不够充实，有些资源还没有放进去,或者还没有开发出来。今后要进一步完善资源库的建设,争取收录更多的教学资源,以利于语文教学。

附录:

连平小学语文课外教学资源库

一、校内场馆资源

1. 植物园:可供学生参观学习、写作、观察植物等。

2. 图书馆:现有藏书23526册,报纸、期刊60多种,可供学生阅读,培养学生的阅读和写作能力。

3. 电子阅览室:有电子图书10万册,可供学生阅读,培养学生的阅读和写作能力。

4. 运动场:我校有一个足球场、三个篮球场、一个羽毛球场、一个风雨活动场、六张乒乓球台和一个儿童游乐场,可供学生运动和玩耍。教师也可以把语文课堂搬到这些地方,培养学生的写作能力和观察生活的能力。

5. 宣传栏:定期出版宣传板报,可作为知识橱窗,提高学生的知识修养水平。

6. 文化长廊:在各教学楼走廊的墙上,展示我国传统文化中的文学作品,提高学生对传统文化和古典文学的认识。

7. 展览馆:在我校行政楼一楼,每学期定期展示学生的习作、书法、绘画作品,以及展览各种以文化知识或政治历史为内容的图片和文字资料。

8. 校史展览室:在行政楼三楼,展示我校的办学历史和校情图片。

二、社区资源

为了有效地进行社区语文教学资源开发,我们对社区教学资源的类型进行了归纳,构建出适合小学生、学校发展的社区语文教学资源结构体系。社区语文教学资源的结构分类方法多种多样,根据我校实际,社区语文教学资源分为两类:语文综合性学习活动课与兴趣特长课。语文综合性学习活动课是指全体学生或几个年级学生参加的社区语文教学资源,如搜错别字活动、广告语收集活动、春联收集活动等。兴趣特长课是指有共同兴趣的部分同学参加的小组活动,如采访活动,调查活动等。

经过一年多的实践研究,我们已经开发了许多有大岭山镇特色的社区语文教学资源。(附:连平小学社区语文教学主题资源库)

连平小学社区语文教学主题资源库

序号	社区资源	主题或活动	适合对象	设计者	与相关教学内容的整合
1	东江纵队革命陈列馆	弘扬民族精神	4—6年级	刘辉霞	阅读教学、综合性学习
2	烈士陵园	缅怀革命先烈、清明节扫墓	4—6年级	刘辉霞	阅读教学
3	华润、天和超市	绿色食品调查	4—6年级	黄小梅	综合性学习
4	莞香种植基地	乡土资源、环保活动	3—6年级	范锦飘	综合性学习
5	户外的广告牌	广告语的搜集	3—6年级	李小燕	语文实践活动
6	学校周边的村落	民俗、传统文化	3—6年级	吴小梅	综合性学习
7	大岭山公园	环保活动	3—6年级	刘辉霞	阅读教学、综合性学习
8	商场、社区宣传栏、路牌等	错别字的调查	1—6年级	刘梦萍	识字教学、综合性学习
9	信立农批市场	农产品的调查	3—6年级	幸建新	综合性学习
10	环卫所	垃圾的处理	4—6年级	刘辉霞	综合性学习
11	东莞图书馆	阅读活动	1—6年级	范锦飘	阅读、作文教学
12	大岭山广场	采访、写作	5—6年级	范锦飘	口语交际、写作教学
13	连平村荔枝园	调查、采访、参观、写作	3—6年级	李小燕	写作、综合性学习
14	蜜蜂养殖基地	调查、采访、参观、写作	3—6年级	范锦飘	阅读、综合性学习

三、现代教育技术资源

1. 硬件资源

我校每位教师都配有一台电脑,各班的课室也配有电脑、大屏幕电视、投影仪等设备。我校校园网络流量大,所有的电脑都能快速上网,能迅速地在网上找到需要的资源。

2. 软件资源

(1)我校现在有《悠悠课堂》语文课件一至十二册共 48 张碟片(每班两张),《名师课堂》《青年教师优质课》比赛录像等碟片共 25 张。

(2)我校现有人民教育电子音像出版社出版的小学语文配套录音带一至十二册共 24 盒(每班一盒)。

(3)我校教师开发的课件资源:近年来,我校语文教师共开发了 92 个课件,以下是我校教师开发的课件清单:

序号	年级	课件名称	格式	开发者
1	一年级	《汉语拼音》	ppt	欧阳婉玲
2	一年级	《日月明》	ppt	刘丽如
3	一年级	《蒲公英》	ppt	刘丽如
4	一年级	《雨点儿》	ppt	欧阳婉玲
5	一年级	《小蝌蚪找妈妈》	ppt	欧阳惠友
6	一年级	《称象》	ppt	刘辉霞
7	一年级	《小小的船》	ppt	欧阳婉玲
8	一年级	《爷爷和小树》	ppt	欧阳婉玲
9	一年级	《比尾巴》	ppt	欧阳婉玲
10	一年级	《柳树醒了》	flash	欧阳惠友
11	一年级	《松鼠和松果》	flash	欧阳惠友
12	一年级	《春雨的色彩》	flash	欧阳惠友
13	一年级	《荷叶圆圆》	flash	刘辉霞
14	一年级	《夏夜多美》	flash	刘辉霞
15	一年级	《要下雨了》	flash	刘辉霞
16	一年级	《识字三》	ppt	欧阳惠友
17	二年级	《植物妈妈有办法》	ppt	欧阳惠友
18	二年级	《称赞》	ppt	欧阳惠友
19	二年级	《北京》	ppt	欧阳惠友
20	二年级	《窗前的气球》	ppt	欧阳惠友

序号	年级	课件名称	格式	开发者
21	二年级	《丑小鸭》	ppt	刘丽如
22	二年级	《秋天的图画》	ppt	刘丽如
23	二年级	《泉水》	ppt	刘丽如
24	二年级	《找春天》	flash	刘辉霞
25	二年级	《黄山奇石》	flash	刘辉霞
26	二年级	《山行》	flash	刘辉霞
27	二年级	《一株紫丁香》	flash	刘辉霞
28	二年级	《笋芽儿》	flash	刘辉霞
29	二年级	《画风》	flash	刘辉霞
30	二年级	《小鹿的玫瑰花》	flash	刘辉霞
31	三年级	《秋天的雨》	ppt	范锦飘
32	三年级	《一个小村庄的故事》	ppt	范锦飘
33	三年级	《荷花》	ppt	范锦飘
34	三年级	《花钟》	ppt	范锦飘
35	三年级	《赵州桥》	ppt	范锦飘
36	三年级	《富饶的西沙群岛》	ppt	范锦飘
37	三年级	《美丽的小兴安岭》	ppt	范锦飘
38	三年级	《翠鸟》	ppt	范锦飘
39	三年级	《玩出了名堂》	ppt	王丽兰
40	三年级	《盘古开天地》	ppt	王丽兰
41	三年级	《女娲补天》	ppt	王丽兰
42	三年级	《夸父逐日》	ppt	王丽兰
43	三年级	《和时间赛跑》	ppt	王丽兰
44	三年级	《爬天都峰》	ppt	黄小梅
45	三年级	《月球之谜》	ppt	黄小梅
46	三年级	《太阳》	flash	范锦飘
47	四年级	《触摸春天》	ppt	黄小梅
48	四年级	《尊严》	ppt	黄小梅

续表

序号	年级	课件名称	格式	开发者
49	四年级	《长城》	ppt	黄小梅
50	四年级	《观潮》	ppt	黄小梅
51	四年级	《记金华的双龙洞》	ppt	黄小梅
52	四年级	《巨人的花园》	ppt	黄小梅
53	四年级	《鸟的天堂》	ppt	黄小梅
54	四年级	《秦兵马俑》	ppt	范锦飘
55	四年级	《生命，生命》	ppt	范锦飘
56	四年级	《给予是快乐的》	ppt	范锦飘
57	四年级	《去年的树》	ppt	范锦飘
58	四年级	《桂林山水》	ppt	范锦飘
59	四年级	《蟋蟀的住宅》	ppt	李小燕
60	四年级	《一个中国孩子的呼声》	ppt	李小燕
61	四年级	《颐和园》	ppt	李小燕
62	四年级	《爬山虎的脚》	flash	李小燕
63	五年级	《父母的爱》	ppt	范锦飘
64	五年级	《圆明园的毁灭》	ppt	范锦飘
65	五年级	《地震中的父与子》	ppt	吴小梅
66	五年级	《钓鱼的启示》	ppt	吴小梅
67	五年级	《桂花雨》	ppt	吴小梅
68	五年级	《开国大典》	ppt	吴小梅
69	五年级	《狼牙山五壮士》	ppt	吴小梅
70	五年级	《草原》	ppt	吴小梅
71	五年级	《再见了，亲人》	ppt	吴小梅
72	五年级	《新型玻璃》	ppt	刘梦萍
73	五年级	《晏子使楚》	ppt	刘梦萍
74	五年级	《走遍天下书为侣》	ppt	刘梦萍
75	五年级	《鲸》	ppt	刘梦萍
76	五年级	《景阳冈》	ppt	刘梦萍

序号	年级	课件名称	格式	开发者
77	五年级	《冬阳·童年·骆驼队》	ppt	刘梦萍
78	五年级	《桥》	ppt	刘梦萍
79	六年级	《凡卡》	ppt	李小燕
80	六年级	《穷人》	ppt	李小燕
81	六年级	《只有一个地球》	ppt	李小燕
82	六年级	《跨越百年的美丽》	ppt	李小燕
83	六年级	《北京的春节》	ppt	李小燕
84	六年级	《匆匆》	ppt	李小燕
85	六年级	《卖火柴的小女孩》	ppt	李小燕
86	六年级	《千年梦圆在今朝》	ppt	幸建新
87	六年级	《山中访友》	ppt	幸建新
88	六年级	《最后一头战象》	ppt	幸建新
89	六年级	《我的伯父鲁迅先生》	ppt	幸建新
90	六年级	《少年闰土》	ppt	幸建新
91	六年级	《这片土地是神圣的》	ppt	幸建新
92	六年级	《桃花心木》	flash	范锦飘

四、试题库资源

我校订了一套试题,另外,每年教师还自己出一些试题,形成了一个试题库资源。

五、教案资源

几年来,本课题组把教师上公开课的教案收集起来,共50多篇,形成了一个教案资源库。

六、课文补充资料库

几年来,本课题组把教师们收集的与教学有关的课外补充资料共30多篇,集成了一个资源库。

主要参考文献

1. 王道俊,王汉澜. 教育学[M]. 北京:人民教育出版社,1999.

2. 余文森,吴刚平. 新课程的深化与反思[M]. 北京:首都师范大学出版社,2004.

3. 江山野. 简明国际教育百科全书·课程[Z]. 北京:教育科学出版社,1991.

4. 余文森. 新课程教学的基本走向[J]. 福建师范大学学报. 哲学社会科学版,2008(06).

5. 刘淼,韩晓蕾. 论国外语文课程资源的开发与利用[J]. 中学语文教学,2003(11).

6. 陆志平. 新课程教师学科教学培训教材. 语文. 小学版[M]. 北京:北京大学出版社,2004.

7. 陈钰. 语文教师开发利用课程资源的研究. 中国硕士论文资源库,http://lsg.cnki.net.

8. 吴忠豪. 语文课程资源的开发与利用[J]. 小学语文教学,2004(7-8).

9. 胡君. 基于新课程的语文教学[M]. 杭州:浙江大学出版社,2006:4.

10. 韩辉,夏永庚,周扬. 小学课程资源开发和利用的实践智慧[M]. 北京:高等教育出版社,2004.

11. 雷少波. 社区教育资源的开发及其价值思考[J]. 教育理论与实践,2001(7).

12. 叶忠海. 试论学习化社会的基础:学习化社区[J]. 教育发展研究. 2000(5).

13. 马云鹏,丁锐. 新课程实施中社区课程资源的开发与利用[J]. 中小学教育,2005(2).

14. 王丰泼．社区课程资源的开发及其价值[J]．教育发展研究,2004(11).

15. "中小学校本课程资源开发的研究与实验"课题组．校本课程资源开发指南[M]．北京:人民教育出版社,2004.

16. 郑大军．现代教育技术与语文教学的整合探讨[EB/OL]．http://www.lmzxx.com.

17. 吴德芳．论教师的实践智慧[J]．教育理论与实践,2003(4).

18. 邓友超,李小红．论教师实践智慧[J]．教育研究,2003(9).

19. 董伟．浅谈语文教师的情感投入[J]．新语文学．中学教师,2007(3).

20. 边艳红,李叶．巧用家长资源[J]．教学与管理．小学版,2005(8).

21. 严卫林,朱玉林．家长,不可忽视的有效资源[J]．教学与管理．小学版,2008(1).

22. 彭敦运,艾启海．学生参与促进教育新资源的生成[J]．网络科技时代,2008(3).

23. 张晓玲．多元化识字教学的尝试与探索[J]．高等函授学报(哲学社会科学版),2008(4).

24. 吴忠豪．小学低年级学生识字能力的调查和研究[J]．上海师范大学学报(哲学社会科学．教育版),2003(9).

25. 佟乐泉,张一清．小学识字教学研究[M]．广州:广东教育出版社,1999.

26. 杨九俊,姚烺强．小学语文新课程教学概论[M]．南京:南京大学出版社,2005.

27. 谷生华,林健．小学语文学习心理[M]．北京:语文出版社,2002.

28. 张海峰．资料性课程资源在阅读教学中的效用例谈[J]．语文教学通讯,2004(34).

29. 谢雄龙．小学口语交际教学导引[M]．上海:上海教育出版社,2005(8).

30. 楚晓庆．我谈作文教学[M]．北京:中央民族大学出版社,2004.

31. 张学萍．让作文走近学生[M]．北京:中央民族大学出版社,2004.

32. 傅琦．走出开发和利用课程资源的误区[J]．中学语文教学,2007(3).